JN249256

AIT 愛知工業大学

「工学部」「経営学部」「情報科学部」 ものづくりを中心とした“工科系総合大学”です。

本学は1912年に設立された名古屋電気学講習所を母体に，1959年に名古屋電気大学としてスタートしました。以来，「ものづくり」の盛んな地域に位置しているという特性を生かし，一貫して実学教育に取り組み，産業界に多くの優れた人材を送り出してきました。

現在では「工学」に加え，「情報」「経営」といった産業や社会にとって重要な分野に関する教育・研究も行っており，日本の大学の中でもトップクラスを誇る最新設備を備え，地元産業界との共同研究も積極的に行いながら，先進的な教育を実施しています。

今後も，「ものづくり」の盛んな中部地区に立地する「実学・実践教育」の大学というスタンスを守りながら，世界の産業界に羽ばたく人材の育成を目指します。

八草キャンパス全景

八草キャンパス
（工学部・情報科学部・経営学部［スポーツマネジメント専攻］）

自由ヶ丘キャンパス
（経営学部［経営情報システム専攻］）

学部・学科構成

学部・学科・専攻		
工　学　部	電気学科	電気工学専攻
		電子情報工学専攻
	応用化学科	応用化学専攻
		バイオ環境化学専攻
	機械学科	機械工学専攻
		機械創造工学専攻
	社会基盤学科＊1	土木工学専攻
		都市デザイン専攻＊2
	建築学科	建築学専攻
		住居デザイン専攻

学部・学科・専攻		
経　営　学　部	経営学科	経営情報システム専攻
		スポーツマネジメント専攻
情報科学部	情報科学科	コンピュータシステム専攻
		メディア情報専攻

＊1　2024年4月，土木工学科から名称変更予定。
＊2　2024年4月，防災土木工学専攻から名称変更予定。

◇**お問い合わせ先**
愛知工業大学 入試広報課
〒470-0392　愛知県豊田市八草町八千草1247
TEL 0565-48-8121（代）　FAX 0565-48-0024
URL　https://www.ait.ac.jp
E-mail　koho@aitech.ac.jp

愛知工業大学
テレメールによる資料請求方法

スマートフォンから
QRコードからアクセスして請求
パソコンから
教学社 赤本ウェブサイト(akahon.net)で請求

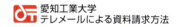

■2024年度　入学試験実施日程

<table>
<tr><th colspan="2">入試区分</th><th>入試名称</th><th>出願期間</th><th>試験日</th><th>試験会場</th><th>合格発表日</th></tr>
<tr><td colspan="2" rowspan="4">学校推薦型
選　抜</td><td>女子学生推薦</td><td rowspan="4">11月1日(水)
〜
11月6日(月)</td><td rowspan="3">11月11日(土)</td><td rowspan="4">工学部・情報科学部：
本学(八草キャンパス)
経営学部：
本学(自由ヶ丘キャンパス)</td><td rowspan="4">12月1日(金)</td></tr>
<tr><td>スポーツ推薦</td></tr>
<tr><td>工学部推薦</td></tr>
<tr><td>一般推薦</td><td>11月12日(日)</td></tr>
<tr><td rowspan="6">前期日程</td><td rowspan="3">一般選抜</td><td rowspan="2">前期日程A方式
前期日程Aw方式[*1]
(最高得点重視型)</td><td rowspan="5">1月5日(金)
〜
1月16日(火)</td><td>1月27日(土)</td><td>本学(八草キャンパス),
本学(自由ヶ丘キャンパス),
一宮，豊橋，岐阜，四日市，
津，浜松，静岡，富山</td><td rowspan="3">2月8日(木)</td></tr>
<tr><td>1月28日(日)</td><td rowspan="2">本学(八草キャンパス),
本学(自由ヶ丘キャンパス),
一宮，豊橋，岐阜，四日市，
津，浜松，静岡，富山，金沢，
松本，岡山，福岡</td></tr>
<tr><td>前期日程M方式
(マークセンス式)</td><td>1月29日(月)</td></tr>
<tr><td rowspan="2">共通テスト
プラス[*2]</td><td>共通テストプラス
A方式</td><td rowspan="2">独自試験は
なし</td><td rowspan="2">—</td><td rowspan="3">2月16日(金)</td></tr>
<tr><td>共通テストプラス
M方式</td></tr>
<tr><td>共通テスト
利用入試</td><td>共通テスト1期C方式
(3教科利用)</td><td>1月5日(金)〜
1月19日(金)</td><td>本学が課す
試験はなし</td><td>—</td></tr>
<tr><td rowspan="3">後期日程</td><td>一般選抜</td><td>後期日程M方式
(マークセンス式)</td><td rowspan="2">2月15日(木)
〜
2月26日(月)</td><td>3月4日(月)</td><td>本学(八草キャンパス),
豊橋，岐阜，四日市，津，浜松</td><td rowspan="2">3月14日(木)</td></tr>
<tr><td rowspan="2">共通テスト
利用入試</td><td>共通テスト2期C方式
(2教科利用)</td><td rowspan="2">本学が課す
試験はなし</td><td rowspan="2">—</td></tr>
<tr><td>共通テスト3期C方式
(3教科利用)</td><td>3月1日(金)
〜
3月6日(水)</td><td>3月20日(水)</td></tr>
</table>

[検定料に関して]●一般選抜，学校推薦型選抜は35,000円，共通テスト利用入試は20,000円，前期日程Aw方式・共通テストプラスは5,000円。

●一般選抜は，指定教科が同じ場合は全学部で併願ができます。1専攻目35,000円，2専攻目以降は1専攻20,000円になります（前期日程A方式の両日受験でも割引きは適用されます)。

＊1　前期日程Aw方式は前期日程A方式を受験していることが出願条件になります。日にちごとに出願できます。

＊2　共通テストプラスA方式は前期日程A方式，共通テストプラスM方式は前期日程M方式を受験していることが出願条件になります。

※入試日程，及び，検定料は変更する場合があります。必ず募集要項で確認してください。

■学校推薦型選抜の出願資格・要件及び選抜方法

●一般推薦入試

出願資格

高等学校または中等教育学校を2024年3月に卒業見込で出身学校長の推薦がある者

出願要件

工学部・経営学部・情報科学部

高等学校または中等教育学校における教科・科目全体の評定平均値が3.4以上，または志望する学部が指定する資格を1つ以上取得している者

選抜方法

入学者の選抜は，推薦書，調査書，出願要件確認書，小論文（600字以上800字以内／60分）及び面接（口頭試問を含む／個人面接）の結果を総合して行う。

※口頭試問の範囲については募集要項で確認してください。

●女子学生推薦入試

出願資格

高等学校または中等教育学校を2024年3月に卒業見込で出身学校長の推薦がある女子

出願要件

工学部・経営学部・情報科学部

高等学校または中等教育学校における教科・科目全体の評定平均値が3.4以上である者

選抜方法

入学者の選抜は，推薦書，調査書，小論文（600字以上800字以内／60分）及び面接（口頭試問を含む／個人面接）の結果を総合して行う。

※口頭試問の範囲については募集要項で確認してください。

●スポーツ推薦入試

出願資格

高等学校または中等教育学校を2024年3月に卒業見込で出身学校長の推薦がある者

出願要件

本学が指定する部活動の競技実績が基準を満たしている者（募集要項でご確認ください）

選抜方法

入学者の選抜は，推薦書，部活動実績，調査書，小論文（600字以上800字以内／60分）及び面接（口頭試問を含む／個人面接）の結果を総合して行う。

※口頭試問の範囲については募集要項で確認してください。

●工学部推薦入試

出願資格

高等学校または中等教育学校を2024年3月に卒業見込で出身学校長の推薦がある者

出願要件

ものづくりに興味があり，将来的に工業分野での社会貢献が期待できる者

選抜方法

入学者の選抜は，推薦書，調査書，志望理由書，面接（口頭試問を含む／個人面接）の結果を総合して行う。

※口頭試問の範囲については募集要項で確認してください。

■一般選抜の試験教科／科目

・科目範囲等の詳細は募集要項を確認のこと。

・配点は各教科200点。

・試験時間は前期日程Ａ方式のⒶパターンで受験する場合の数学のみ90分，それ以外は全て60分。

<table>
<tr><th></th><th>学部・専攻</th><th>教科</th><th colspan="3">科目</th><th>判定方法</th></tr>
<tr><td rowspan="3">Ⓐ</td><td rowspan="3">工学部
・全専攻
経営学部
・全専攻
情報科学部
・全専攻</td><td>数学</td><td colspan="2">●数学Ⅰ・数学Ⅱ・数学Ⅲ
・数学Ａ・数学B(数列，ベクトル)</td><td>必須</td><td rowspan="7">・A方式は３教科で判定
・M方式は３教科を受験し，高得点の2教科で判定</td></tr>
<tr><td>外国語</td><td colspan="2">●コミュニケーション英語Ⅰ・コミュニケーション英語Ⅱ・英語表現Ⅰ</td><td>必須</td></tr>
<tr><td>理科</td><td>●物理基礎・物理
●化学基礎・化学</td><td>試験時に２科目から１科目選択</td><td>必須</td></tr>
<tr><td rowspan="4">Ⓑ</td><td rowspan="4">工学部
・都市デザイン専攻
・住居デザイン専攻
経営学部
・全専攻
情報科学部
・メディア情報専攻</td><td>外国語</td><td colspan="2">●コミュニケーション英語Ⅰ・コミュニケーション英語Ⅱ・英語表現Ⅰ</td><td>必須</td></tr>
<tr><td>数学</td><td colspan="2">●数学Ⅰ・数学Ａ</td><td rowspan="3">出願時に３教科から２教科選択</td></tr>
<tr><td>国語</td><td colspan="2">●国語総合(古文・漢文を除く)・現代文B</td></tr>
<tr><td>地理歴史・公民</td><td>●日本史B
●現代社会</td><td>試験時に２科目から１科目選択</td></tr>
</table>

＊工学部「都市デザイン専攻」「住居デザイン専攻」，経営学部「全専攻」，情報科学部「メディア情報専攻」は，ⒶⒷの教科間で得点調整を行うことがあります。

2023年度入試結果

前期日程A方式

学　部	学　科	専　　攻	募集人員	志願者数	受験者数	合格者数
工　学　部	電気学科	電気工学専攻	35	346	339	89
		電子情報工学専攻	35	417	412	101
	応用化学科	応用化学専攻	20	262	258	114
		バイオ環境化学専攻	13	79	77	24
	機械学科	機械工学専攻	42	586	574	109
		機械創造工学専攻	21	193	192	44
	土木工学科	土木工学専攻	18	207	205	50
		防災土木工学専攻	11	87	86	12
	建築学科	建築学専攻	36	387	380	93
		住居デザイン専攻	21	144	141	32
経 営 学 部	経営学科	経営情報システム専攻	21	90	89	23
		スポーツマネジメント専攻	6	18	17	6
情報科学部	情報科学科	コンピュータシステム専攻	31	384	378	71
		メディア情報専攻	21	190	190	31
総　　　計			331	3,390	3,338	799

※合格者数には奨学生合格者数を含む。

前期日程M方式

学　部	学　科	専　　攻	募集人員	志願者数	受験者数	合格者数
工　学　部	電気学科	電気工学専攻	18	179	178	55
		電子情報工学専攻	18	183	182	67
	応用化学科	応用化学専攻	10	100	98	48
		バイオ環境化学専攻	7	42	42	20
	機械学科	機械工学専攻	21	287	283	66
		機械創造工学専攻	11	101	98	22
	土木工学科	土木工学専攻	8	96	94	30
		防災土木工学専攻	6	52	52	16
	建築学科	建築学専攻	18	167	164	46
		住居デザイン専攻	10	89	88	15
経 営 学 部	経営学科	経営情報システム専攻	10	51	50	19
		スポーツマネジメント専攻	3	14	14	6
情報科学部	情報科学科	コンピュータシステム専攻	16	178	176	28
		メディア情報専攻	11	126	125	23
総　　　計			167	1,665	1,644	461

大学へのアクセス

■八草キャンパス【工学部，経営学部(スポーツマネジメント専攻)，情報科学部】

〒470-0392 愛知県豊田市八草町八千草1247

●リニモ・愛知環状鉄道「八草」駅下車徒歩約10分

　※八草駅からは無料シャトルバスが利用できます

■自由ヶ丘キャンパス【経営学部(経営情報システム専攻)】

〒464-0044 愛知県名古屋市千種区自由ヶ丘2-49-2

●地下鉄名城線「自由ヶ丘」駅下車すぐ

大学入試シリーズ

442

愛知工業大学

教学社

はしがき

入力した質問に対して，まるで人間が答えているかのような自然な文章で，しかも人間よりもはるかに速いスピードで回答することができるという，自然言語による対話型のAI（人工知能）の登場は，社会に大きな衝撃を与えました。回答の内容の信憑性については依然として課題があると言われるものの，AI技術の目覚ましい進歩に驚かされ，人間の活動を助けるさまざまな可能性が期待される一方で，悪用される危険性や，将来人間を脅かす存在になるのではないかという危惧を覚える人もいるのではないでしょうか。

大学教育においても，本来は学生本人が作成すべきレポートや論文などが，AIのみに頼って作成されることが懸念されており，AIの使用についての注意点などを発表している大学もあります。たとえば東京大学では，「回答を批判的に確認し，適宜修正することが必要」，「人間自身が勉強や研究を怠ることはできない」といったことが述べられています。

16～17世紀のイギリスの哲学者フランシス・ベーコンは，『随筆集』の中で，「悪賢い人は勉強を軽蔑し，単純な人は勉強を称賛し，賢い人は勉強を利用する」と記しています。これは勉強や学問に取り組む姿勢について述べたものですが，このような新たな技術に対しても，侮ったり，反対に盲信したりするのではなく，その利点と欠点を十分に検討し，特性をよく理解した上で賢く利用していくことが必要といえるでしょう。

受験勉強においても，単にテクニックを覚えるのではなく，基礎的な知識を習得することを目指して正攻法で取り組み，大学で教養や専門知識を学ぶための確固とした土台を作り，こうした大きな変革の時代にあっても自分を見失わず，揺るぎない力を身につけてほしいと願っています。

＊　＊　＊

本書刊行に際しまして，入試問題や資料をご提供いただいた大学関係者各位，掲載許可をいただいた著作権者の皆様，各科目の解答や対策の執筆にあたられた先生方に，心より御礼を申し上げます。

編者しるす

そもそも

赤本とは…

受験生のための 大学入試の過去問題集！

60年以上の歴史を誇る赤本は，600点を超える刊行点数で全都道府県の370大学以上を網羅しており，過去問の代名詞として受験生の必須アイテムとなっています。

Q. なぜ受験に過去問が必要なの？

A. 大学入試は大学によって問題形式や頻出分野が大きく異なるからです。

マーク式か記述式か，試験時間に対する問題量はどうか，基本問題中心か応用問題中心か，論述問題や計算問題は出るのか──これらの出題形式や頻出分野などの傾向は大学によって違うので，とるべき対策も大学によって違ってきます。
出題傾向をつかみ，その大学にあわせた対策をとるために過去問が必要なのです。

赤本で志望校を研究しよう！

赤本の掲載内容

傾向と対策

これまでの出題内容から，問題の**「傾向」**を分析し，
来年度の入試にむけて具体的な**「対策」**の方法を紹介しています。

問題編・解答編

年度ごとに問題とその解答を掲載しています。
「問題編」ではその年度の試験概要を確認したうえで，実際に出題された過去問に取り組むことができます。
「解答編」には高校・予備校の先生方による解答が載っています。

ページの見方

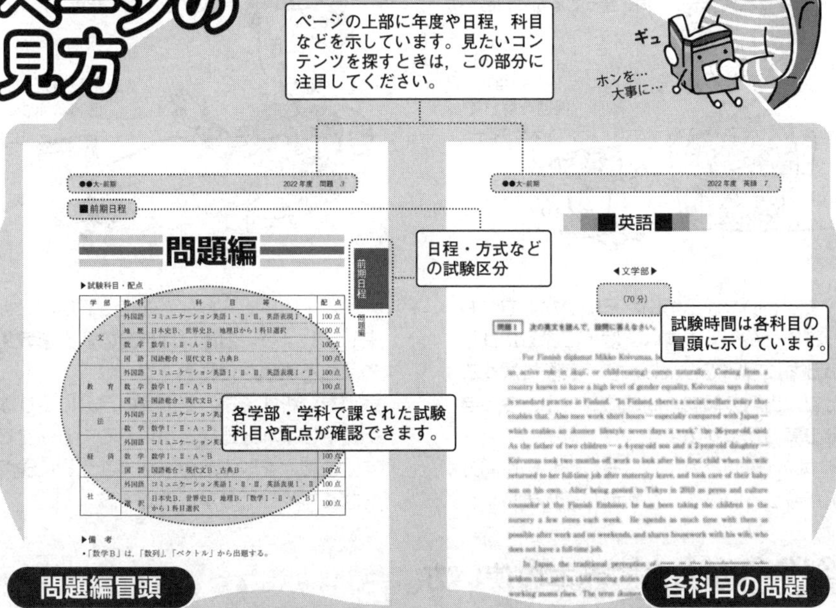

他にも赤本によって，大学の基本情報や，先輩受験生の合格体験記，在学生からのメッセージなどが載っています。

● 掲載内容について ●

著作権上の理由やその他編集上の都合により問題や解答の一部を割愛している場合があります。なお，指定校推薦入試，社会人入試，編入学試験，帰国生入試などの特別入試，英語以外の外国語科目，商業・工業科目は，原則として掲載しておりません。また試験科目は変更される場合がありますので，あらかじめご了承ください。

受験勉強は過去問に始まり，過去問に終わる。

STEP 1 なにはともあれ まずは解いてみる

過去問をいつから解いたらいいか悩むかもしれませんが，まずは一度，**できるだけ早いうちに**解いてみましょう。**実際に解くことで，出題の傾向，問題のレベル，今の自分の実力がつかめます**。
赤本の「傾向と対策」にも，詳しい傾向分析が載っています。必ず目を通しましょう。

STEP 2 じっくり具体的に 弱点を分析する

解いた後は，ノートなどを使って自己分析をしましょう。**間違いは自分の弱点を教えてくれる貴重な情報源です**。
弱点を分析することで，今の自分に足りない力や苦手な分野などが見えてくるはずです。合格点を取るためには，こうした弱点をなくしていくのが近道です。

合格者があかす赤本の使い方

傾向と対策を熟読

(Fさん／国立大合格)

大学の出題傾向を調べることが大事だと思ったので，赤本に載っている「傾向と対策」を熟読しました。解答・解説もすべて目を通し，自分と違う解き方を学びました。

目標点を決める

(Yさん／私立大合格)

赤本によっては合格者最低点が載っているものもあるので，まずその点数を超えられるように目標を決めるのもいいかもしれません。

時間配分を確認

(Kさん／公立大合格)

過去問を本番の試験と同様の時間内に解くことで，どのような時間配分にするか，どの設問から解くかを決めました。

過去問を解いてみて，まずは自分のレベルとのギャップを知りましょう。
それを克服できるように学習計画を立て，苦手分野の対策をします。
そして，また過去問を解いてみる，というサイクルを繰り返すことで効果的に学習ができます。

STEP 3 志望校にあわせて

重点対策をする

分析した結果をもとに，参考書や問題集を活用して**苦手な分野の重点対策**をしていきます。赤本を指針にして，何をどんな方法で強化すればよいかを考え，**具体的な学習計画を立てましょう**。
「傾向と対策」のアドバイスも参考にしてください。

STEP 1▸2▸3… サイクルが大事！

実践を繰り返す

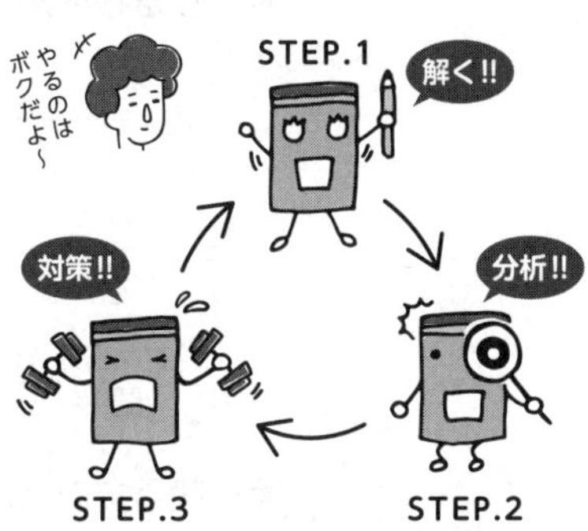

ステップ1～3を繰り返し，足りない知識の補強や，よりよい解き方を研究して，実力アップにつなげましょう。
繰り返し解いて**出題形式に慣れること**や，試験時間に合わせて**実戦演習を行うこと**も大切です。

添削してもらう
（Sさん／国立大合格）

記述式の問題は自分で採点しにくいので，先生に添削してもらうとよいです。人に見てもらうことで自分の弱点に気づきやすくなると思います。

繰り返し解く
（Tさん／国立大合格）

1周目は問題のレベル確認程度に使い，2周目は復習兼頻出事項の見極めとして，3周目はしっかり得点できる状態を目指して使いました。

他学部の過去問も活用
（Kさん／私立大合格）

自分の志望学部の問題はもちろん，同じ大学の他の学部の過去問も解くようにしました。同じ大学であれば，傾向が似ていることが多いので，これはオススメです。

目　次

掲載内容についてのお断り

一般選抜後期日程は掲載していません。

Trend & Steps

傾向と対策

傾向と対策を読む前に

科目ごとに問題の「傾向」を分析し，具体的にどのような「対策」をすればよいか紹介しています。まずは出題内容をまとめた分析表を見て，試験の概要を把握しましょう。

■注意

「傾向と対策」で示している，出題科目・出題範囲・試験時間等については，2023 年度までに実施された入試の内容に基づいています。2024 年度入試の選抜方法については，各大学が発表する学生募集要項を必ずご確認ください。

また，新型コロナウイルスの感染拡大の状況によっては，募集期間や選抜方法が変更される可能性もあります。各大学のホームページで最新の情報をご確認ください。

■来年度の変更点

2024 年度入試においては以下の変更が予定されている（本書編集時点）。

- 前期日程A方式において，受験教科のうち最高得点の１教科の得点を２倍し，合否を判定する Aw 方式（最高得点重視型）が実施される。
- 工学部土木工学科の学科名および専攻名変更
  土木工学科（土木工学専攻，防災土木工学専攻）→社会基盤学科（土木工学専攻，都市デザイン専攻）
- 上記の名称変更に伴い都市デザイン専攻では，文系型（外国語必須＋「数学，国語，地理歴史・公民の３教科から２教科選択」）の試験も選択できるようになる。

分析表の記号について

☆印は全問マークセンス式採用，★印は一部マークセンス式採用であることを示す。

英 語

年度	区分		番号	項 目	内 容
2023	★前期A方式	1月27日	〔1〕	読 解	空所補充，語句意，発音・アクセント，英文和訳，内容真偽
			〔2〕	文法・語彙	語句整序，空所補充
			〔3〕	文法・語彙	空所補充
			〔4〕	文法・語彙	同意表現
			〔5〕	会 話 文	空所補充
		1月28日	〔1〕	読 解	空所補充，語句意，発音・アクセント，英文和訳，内容真偽
			〔2〕	文法・語彙	語句整序，空所補充
			〔3〕	文法・語彙	空所補充
			〔4〕	文法・語彙	同意表現
			〔5〕	会 話 文	空所補充
	☆前期M方式		〔1〕	読 解	空所補充，語句意，発音・アクセント，英文和訳，内容真偽
			〔2〕	文法・語彙	語句整序
			〔3〕	文法・語彙	空所補充
			〔4〕	文法・語彙	同意表現
			〔5〕	会 話 文	空所補充
2022	★前期A方式	1月27日	〔1〕	読 解	空所補充，語句意，発音・アクセント，英文和訳，内容真偽
			〔2〕	文法・語彙	語句整序，空所補充
			〔3〕	文法・語彙	空所補充
			〔4〕	文法・語彙	同意表現
			〔5〕	会 話 文	空所補充
		1月28日	〔1〕	読 解	空所補充，語句意，発音・アクセント，英文和訳，内容真偽
			〔2〕	文法・語彙	語句整序，空所補充
			〔3〕	文法・語彙	空所補充
			〔4〕	文法・語彙	同意表現
			〔5〕	会 話 文	空所補充
	☆前期M方式		〔1〕	読 解	空所補充，語句意，発音・アクセント，英文和訳，内容真偽
			〔2〕	文法・語彙	語句整序
			〔3〕	文法・語彙	空所補充
			〔4〕	文法・語彙	同意表現
			〔5〕	会 話 文	空所補充

傾向　総合力を問うオールラウンドな出題

1　出題形式は？

前期Ａ方式は例年大問５題で，マークセンス式による選択式と記述式の併用である。問題構成は，選択式の解答個数が 41 個，記述式が英文和訳３問と空所補充３問（解答個数は合わせて９個）となっており，ここ数年間変更はなく，2023 年度も例年通りであった。前期Ｍ方式は例年大問５題で，解答個数は 50 個。全問がマークセンス式で，こちらもここ数年同じ構成になっている。試験時間はいずれも 60 分。

2　出題内容はどうか？

各方式・日程とも出題内容はほぼ同じで，Ａ方式とＭ方式の違いは記述式の英文和訳と空所補充の有無である。Ｍ方式では下線部を和訳させるものではなく，選択肢の中から下線部の和訳として最も適当なものを選ばせる形式となっている。〔１〕の読解問題は，教科書で扱われるポイントが，発音・アクセント（英文中の単語の最も強く発音する部分と同じ発音を含む単語を選ばせるもの），語句意（下線部の適切な和訳を選ばせるもの），空所補充，英文和訳，内容真偽と多様な形式で問われる良問である。また，大問の最後で出題される内容真偽の設問は，選択肢が正しければＴを，誤っていればＦをマークする形式で出題されるのが特徴である。〔２〕～〔４〕の文法・語彙問題は語句整序，空所補充による短文の完成，同意表現が問われ，〔５〕の会話文問題は流れに沿って空所に適切な文（発言）を補充する形式となっている。

3　難易度は？

いずれも基本～標準レベルであるとはいえ，問題の分量を考えると，試験時間 60 分は余裕があるとはいえないだろう。〔２〕～〔４〕の文法・語彙問題を 20 分程度，〔５〕の会話文問題を 15 分程度で解答し，〔１〕の読解問題にあてる時間を十分に確保するようにしておきたい。

対　策

1 読解力・語彙力をつける

読解問題の対策が主眼となるだろう。学校の授業で説明される事項がそのまま設問となっているような良問なので，何より授業を大切にしたい。目標として，問題英文が 500 語前後の標準レベルの読解問題を 20～25 分で解答する読解力を身につけたい。『大学入試 ぐんぐん読める英語長文〔STANDARD〕』（教学社）などがよいだろう。単語・熟語は，読んだ英文の中で覚えるのはもちろんのこと，市販の単語集・熟語集を使って覚えていくのもよい。発音・アクセント，同意語・反意語にも注意しつつ，単語の知識を増やしていく学習が望まれる。

2 文法・語彙問題

基本～標準レベルの文法問題が出題されている。文法基本項目を中心に標準レベルの問題集を繰り返し復習した上で，やや難しい問題集で実力をつける必要がある。熟語表現や構文もポイントとなっているので，基本～標準レベルの熟語・構文をマスターしなければならない。桐原書店から出版されている『入試頻出 英語標準問題 1100』などの単元別にまとめられている問題集でまずは演習し，河合出版の『英文法・語法良問 500 + 4 技能 空所補充編』のような単元がまざった問題集で完成を目指すとよいだろう。

3 会話文問題

会話文問題も必出なので，会話特有の表現をある程度学習したあとで，問題演習をすればよい。話者の発言の意図や前後の発言との関係性を意識しながら，会話の流れを追っていくような学習がよい対策となるだろう。

日本史

年度	区分		番号	内容	形式
2023	★前期A方式	1月27日	〔1〕	古代・中世の日中関係	記述・選択
			〔2〕	中世の仏教と社会	記述・選択
			〔3〕	近世の経済	記述・選択
			〔4〕	近現代の政治	記述・選択・配列
		1月28日	〔1〕	古代の政治・社会 ＜史料＞	記述・選択
			〔2〕	中世の外交	記述・選択
			〔3〕	近世の政治	記述・選択
			〔4〕	近現代の政治・文化 ＜史料＞	記述・選択
	☆前期M方式		〔1〕	原始・古代の政治・社会・文化 ＜史料＞	選択
			〔2〕	中世の政治・社会・文化	選択・配列
			〔3〕	近世の政治	選択
			〔4〕	近現代の政治・外交・文化	選択・配列
2022	★前期A方式	1月27日	〔1〕	律令制と平安時代の政治	記述・選択
			〔2〕	中世の社会経済	記述・選択
			〔3〕	近世の文化	記述・選択
			〔4〕	近現代の条約	記述・選択
		1月28日	〔1〕	古代の仏教	記述・選択
			〔2〕	中世の政治	記述・選択
			〔3〕	近世の外交 ＜史料＞	記述・選択
			〔4〕	近現代の政治・経済	記述・選択
	☆前期M方式		〔1〕	古代の政治	選択
			〔2〕	中世の政治	選択・配列
			〔3〕	近世の政治・外交・経済・文化	選択
			〔4〕	近現代の政治	選択・配列

傾向　歴史用語の正確な理解が必要　A方式は記述対策を徹底しよう

1　出題形式は？

例年，前期Ａ方式・Ｍ方式とも大問４題で，いずれの方式も解答個数は40個，試験時間は60分である。

前期Ａ方式は選択法中心のマークセンス式と記述法の併用である。歴史用語などを答えさせる記述法が１月27日実施分，１月28日実施分とも出題の半数にあたる20個出題されている。前期Ｍ方式は選択法中心で全問マークセンス式。語句や４文の選択問題が中心である。2022年度に続き2023年度も日程により配列法が出題された。

2　出題内容はどうか？

時代別では，年度・実施日によって多少の偏りはあるが，原始から現代まで幅広く出題されている。2023年度は，４つの大問が古代・中世・近世・近現代のそれぞれに割り当てられており，日程によっては，原始からの出題もあった。現代史については1970～1980年代の問題も出題されている。

分野別では，政治史と外交史を中心に文化・経済・社会まで幅広く出題されている。また，史料を使用した問題が毎年出題されている。過去には埴輪の写真や遺跡の地図を使用した設問が出題されたこともある。

3　難易度は？

全問が教科書を中心とした内容から標準レベルまでの出題なので，歴史用語を正確に理解していれば合格点がとれるであろう。問題そのものの難易度は平易であるので，前期Ａ方式の記述法のケアレスミスは合否に大きく影響するであろう。試験時間には比較的余裕があるが，見直しの時間も確保できるようスピーディーかつ確実に解いていこう。

対　策

❶ 歴史の流れをつかむ

教科書を精読しながら，その時代の特徴を把握し，太字で記された基礎的な歴史用語は確実に理解しよう。歴史用語の意味は，教科書では説明が不十分なものもあるので，『日本史用語集』（山川出版社）などをフルに活用して理解を確実にすることが肝心である。また，年代順を問う問題など，年代知識が必要な問題も出題されているが，教科書などで歴史的展開を把握していれば解答できるので，こうした問題も意識しつつ学習を深めたい。

❷ 歴史用語の確認トレーニングを積むこと

歴史用語を中心とする選択・記述問題が多いので，❶の理解に加えて，一問一答式の問題集で歴史用語の確認トレーニングを積むことが大切である。また，「～に関係のないものを選べ」や「～について誤っているものを選べ」というタイプの問題も多いため，歴史用語のグループ化も必要である。教科書を学習しながら，それぞれのテーマに登場する歴史用語をひとまとめにしてみるのもよい。前期A方式では歴史用語を書かせる記述問題も数多く出題されているので，日頃から正確な漢字で書く練習をしておくことが大切である。

❸ 正文（誤文）選択問題は，教科書の精読で解決できる

正文（誤文）選択問題が出題される場合は，教科書の記述をもとに作成されたと思われるものが多い。したがって，教科書は太字以外の解説文も丁寧に読み込んでおくことが大切である。

❹ 史料・視覚資料にも注意

史料・美術作品の写真などを用いた問題が出題されている。教科書掲載の基本史料や視覚資料が多いので，教科書学習の際には史料・美術作品の名前・作者と内容を必ずチェックしておこう。できれば，史料集で基本史料の現代語訳も読んでおきたい。

現代社会

年度	区分		番号	内　　容	形　式
2023	★前期A方式	1月27日	〔1〕	労働問題	選　択
			〔2〕	国際連合	選　択
			〔3〕	日本の社会保障	選択・訂正
			〔4〕	国際経済，日本の経済発展	選択・記述
		1月28日	〔1〕	現代の政治	記述・選択
			〔2〕	国際連合	選択・記述
			〔3〕	南北問題	選択・訂正
			〔4〕	公害問題	記述・選択
	☆前期M方式		〔1〕	近代科学と合理的精神	選　択
			〔2〕	資本主義経済	選　択
			〔3〕	企業　＜表・グラフ＞	選　択
			〔4〕	大衆社会	選　択
2022	★前期A方式	1月27日	〔1〕	国際政治	選択・記述
			〔2〕	宗教	記述・選択
			〔3〕	財政	記述・選択
			〔4〕	金融	記述・選択
		1月28日	〔1〕	市場経済	記述・選択
			〔2〕	環境問題（40字）	選択・論述・記述
			〔3〕	地方自治	選択・記述
			〔4〕	宗教	記述・選択
	☆前期M方式		〔1〕	国際経済	選択・計算
			〔2〕	国際紛争と人権侵害	選　択
			〔3〕	青年期	選　択
			〔4〕	新しい権利	選　択

傾向

「現代社会」の全範囲から出題
基本を問う問題が多い

1　出題形式は？

例年，大問数4題，解答個数は40個である。前期A方式はマークセンス式と記述法の併用である。前期M方式は全問マークセンス式の出題となっている。空所補充問題と正文（誤文）選択問題がほとんどであるが，2023年度は前期A方式で誤り語句を正しく書き改めさせる訂正法の出題があった。なお，一部の日程で出題されていた論述問題は，2023年度は出題がなかった。試験時間はいずれも60分。

2　出題内容はどうか？

政治・経済・国際・倫理的分野のいずれからもまんべんなく出題されている。本文中の空所を埋める問題や，文中にある用語に関連する問題，思想家の思想内容など，教科書によく登場するキーワードやしくみを問うものが多い。リード文が新聞記事や書籍からの引用になっている場合がある。

3　難易度は？

教科書の範囲を超える内容を問う問題は少ない。さらに，論述問題がなくなったため，基本用語・基礎事項がしっかり理解できているかどうかがポイントになると思われる。教科書を読んだ上で時事問題への関心も深めていけば，十分に対応できるだろう。

対策

1　基礎知識を確実に習得する

出題される内容は教科書で学習するものが大半である。まずは徹底的に教科書に登場する事項の理解に努めよう。基本用語やしくみ・原理，人物名とその思想内容などを理解し，その理解度を問題集などを利用して常に確認すること。苦手な分野を作らないことと，用語を正確に理解することが求められる。基本用語は『用語集 現代社会＋政治・経済』（清水書院）などの用語集を利用して学習すれば確実だろう。訂正法では正確な理解が必須であるから，用語集で確認することを習慣にしたい。

2　時事問題に関心をもつ

2023 年度は書籍からの引用で作られているリード文がみられた。教科書だけの学習ではなかなかふれられない事柄であり，日頃から時事問題に関心をもつことを心がけよう。ヘイトスピーチ，働き方改革，コーポレート・ガバナンス等が出題された。資料集のキーワードやコラム記事に目を配りたい。

3　「現代社会」特有の分野の学習も怠らずに

「現代社会」というと「政治・経済」中心の学習でいいように考えがちだが，2023 年度はベーコンとデカルトの比較など思想内容が出題されている。この分野の学習も，サブノートや問題集または「倫理」の教科書を利用して行うことが大事である。

数　学

年度	区　分			番号	項　目	内　容
2023	前期A方式	1月27日	理系	〔1〕	小問6問	(1)2次方程式の解の条件 (2)平面ベクトルの成分表示 (3)2変数関数の最大値・最小値 (4)定積分で表された関数 (5)区分求積法
						(6)反復試行の確率 (7)約数の個数・和
				〔2〕	積分法	線分が回転してできる立体の体積
			文系	〔1〕	小問5問	(1)＜理系＞〔1〕(1)に同じ (2)三角形の面積，外接円の半径 (3)必要条件・十分条件
						(4)＜理系＞〔1〕(6)に同じ (5)＜理系＞〔1〕(7)に同じ (6)チェバの定理，メネラウスの定理
				〔2〕	図形と計量	空中のドローンの高さ
		1月28日	理系	〔1〕	小問6問	(1)三角形の3辺の和，内接円の半径 (2)数列の一般項 (3)分数関数の最大値・最小値 (4)2つの放物線に囲まれた部分の面積 (5)分数関数の極大値
						(6)ロープが1本に繋がる確率 (7)n進法
				〔2〕	微・積分法	指数関数の微積分
			文系	〔1〕	小問5問	(1)＜理系＞〔1〕(1)に同じ (2)2次方程式が整数解をもつ条件 (3)分散，相関係数
						(4)＜理系＞〔1〕(6)に同じ (5)＜理系＞〔1〕(7)に同じ (6)方べきの定理
				〔2〕	図形と計量	円錐の側面上の最短距離

2023	☆前期M方式		理系	〔1〕	小問7問	(1)式の計算 (2)数列の和 (3)点と直線の距離，三角関数の合成 (4)対数関数の最小値 (5)複素数平面上の2点の距離 (6)対数関数と直線で囲まれた部分の面積 (7)反復試行の確率 (8)約数の個数，不定方程式
			文系	〔1〕	小問7問	(1)＜理系＞(1)に同じ (2)2次関数の最大値 (3)正弦定理 (4)四角錐の体積，内接球の半径 (5)平均値 (6)＜理系＞(7)に同じ (7)＜理系＞(8)に同じ (8)円と接線
2022	前期A方式	1月27日	理系	〔1〕	小問6問	(1)循環小数 (2)内積，漸化式 (3)軌跡の方程式 (4)放物線と直線に囲まれた部分の面積 (5)無限等比級数 (6)組分けの総数 (7)不定方程式，素数
				〔2〕	積分法，極限	周期関数で作られた関数と x 軸とで囲まれた部分の面積
			文系	〔1〕	小問5問	(1)＜理系＞〔1〕(1)に同じ (2)2次関数の最大値・最小値 (3)正四面体上の線分の長さの和 (4)＜理系＞〔1〕(6)に同じ (5)＜理系＞〔1〕(7)に同じ (6)円と弦
				〔2〕	数と式	多変数の1次関数の最大値・最小値
		1月28日	理系	〔1〕	小問6問	(1)円の接線 (2)四面体の体積 (3)三角関数の最大値・最小値 (4)3次関数のグラフ (5)定積分で表された関数 (6)確率漸化式 (7)約数の個数
				〔2〕	極限	直角二等辺三角形の辺に接する円の面積の級数
			文系	〔1〕	小問5問	(1)＜理系＞〔1〕(1)に同じ (2)集合の要素，不定方程式 (3)2次関数の最大値・最小値 (4)＜理系＞〔1〕(6)に同じ (5)＜理系＞〔1〕(7)に同じ (6)四面体の高さ
				〔2〕	図形と計量	四角錐の辺上の点と頂点でできる三角形の面積

2022	☆前期M方式	理系	〔1〕	小問7問	(1)式の計算 (2)漸化式，2次関数の最小値 (3)不等式の表す領域における式の値の最大値 (4)対数方程式 (5)微分可能性 (6)定積分，e の定義
					(7)袋から取り出す玉についての条件付き確率 (8)7の剰余についての不定方程式
		文系	〔1〕	小問7問	(1)＜理系＞(1)に同じ (2)対称式の値 (3)2次不等式 (4)三角形の計量 (5)変量の変換，平均値，分散
					(6)＜理系＞(7)に同じ (7)＜理系＞(8)に同じ (8)メネラウスの定理

文系：工学部建築学科住居デザイン専攻，経営学部（全専攻），情報科学部情報科学科メディア情報専攻の文系受験のみ選択可。

前期A方式：理系は〔1〕の(6)・(7)よりいずれか1問選択，文系は〔1〕の(4)〜(6)よりいずれか2問選択。

前期M方式：理系は〔1〕の(7)・(8)よりいずれか1問選択，文系は〔1〕の(6)〜(8)よりいずれか2問選択。

傾　向　広範囲から基本から標準レベルの出題

1　出題形式は？

前期A方式は，いずれの学部・日程も大問２題で，〔１〕は空所補充形式の小問集合となっている。理系は６問，文系は５問解答する（選択問題あり）。〔２〕は記述式問題となっている。

前期M方式は全問マークセンス式である。いずれの学部も大問１題で，それぞれ８問からなる空所補充形式の小問集合となっている。いずれも７問解答する（選択問題あり）。

試験時間は，前期A方式理系は90分，それ以外はすべて60分となっている。

2　出題内容はどうか？

出題範囲は，理系が「数学Ⅰ・Ⅱ・Ⅲ・A・B（数列，ベクトル）」，文系が「数学Ⅰ・A」である。

小問集合の問題が多いため，比較的偏りなく広範囲から出題されているといえる。また，小問集合以外の大問は，理系では微・積分法の問題がよく出題されている。過去には図示問題や証明問題も出題されている。

3　難易度は？

基本から標準レベルの出題である。例年，基本レベルが中心であるが，2023年度はやや難化して（特にM方式），標準レベルの問題が増えた。問題数に比べて試験時間が十分にあるとはいえないので，迅速かつ正確に解答できる力が要求されている。時間配分は，前期A方式では理系は小問集合の〔１〕に70分程度，記述式の〔２〕に10分程度，文系は小問集合の〔１〕に45分程度，記述式の〔２〕に10分程度と考えられる。

対 策

❶ 基礎力の確実な定着を

教科書レベルの基本事項を確実に習得して，定理・公式などを使いこなせるようにしておくこと。教科書の傍用問題集やそれよりやや高いレベルの問題集を繰り返し演習し，基礎力を確実に身につけておきたい。

❷ 正確で迅速な計算力の養成

問題量に比べて試験時間が十分にあるとはいえないので，しっかり見直すことは難しいと考えられる。問題を見て，解答方針を立て，すばやく解答を作成する力が求められる。日頃の演習の中で，正確で迅速な計算力の養成を心がけたい。

❸ 偏りのない確実な実力の養成

小問集合の問題が多く，比較的広範囲から出題されている。また，選択問題の難易度が多少異なることがある。どの問題でも選べるように，どの分野にも十分に力を入れて，不得意分野をなくしておきたい。なかでも，理系では小問集合以外の大問は微・積分法の問題が頻出なので，微・積分法は得意分野になるまで実力を高めておきたい。

❹ 空所補充形式の解答形式に慣れる

小問集合の問題は空所補充形式の問題である。計算ミス，転記ミスなどケアレスミスをなくすように細心の注意を払おう。また，マークセンス式の問題では，解答欄の形から正答の形を予測できることもある。この力を身につけておけばより短時間で解答することが可能であろう。小問集合の中には難しいものもあるので，そのような問いは後回しにして，解きやすいものからどんどん解いていく方が効率的である。

❺ 記述式問題対策

記述式問題では，きちんとした答案が書けることがまず大切である。日頃から解答過程を論理的に簡潔に書くように心がけ，記述力を養成しよう。解説の詳しい問題集や参考書の解答手順などを参考にするとわかりやすい。その際，グラフや図，表などはできるだけ丁寧に描くように心がけたい。

物　理

年度	区分		番号	項目	内容
2023	前期A方式	1月27日	〔1〕	小問５問	力のつりあい，点電荷による電位，直流回路，正弦波とうなり，気体の状態変化
			〔2〕	力学	ボールの投げ下ろし，床との衝突
		1月28日	〔1〕	小問５問	２小球の衝突，温度係数と抵抗，コイル，弦の共振，定圧変化
			〔2〕	力学	粗い面上での小物体の運動と衝突
	☆前期M方式		〔1〕	小問６問	等速円運動，電場と電位，抵抗とコンデンサーからなる直流回路，光波の干渉，熱量と比熱，２物体の運動
2022	前期A方式	1月27日	〔1〕	小問５問	摩擦力，点電荷による電位，ダイオード，波の式，気体の状態変化
			〔2〕	力学	２物体にはたらく力と力学的エネルギー
		1月28日	〔1〕	小問５問	等速円運動，静電気力，直流回路，光の屈折，気体の混合
			〔2〕	力学	放物運動
	☆前期M方式		〔1〕	小問６問	力のつりあいと仕事，コンデンサー，直流回路，光波の干渉，熱量の保存，小球と壁の衝突

傾向　基本的な問題が中心

1　出題形式は？

前期Ａ方式は大問２題の出題で，前期Ｍ方式は大問１題の中に小問が６問ある形式となっている。試験時間はいずれの方式とも60分。前期Ａ方式は〔１〕が空所補充形式の小問集合，〔２〕が記述式，前期Ｍ方式は全問マークセンス式である。

2　出題内容はどうか？

出題範囲は「物理基礎・物理」である。

前期Ａ方式の〔１〕は小問５問からなる出題で，電磁気から２問，力学，波動，熱力学から１問ずつ出題されており，〔２〕は力学の問題となっている。前期Ｍ方式は小問６問からなる出題で，力学と電磁気から各２問，波動と熱力学から各１問ずつ出題されている。これらの構成は，ここ数年同じであり，全日程とも近年は原子からの出題はみられない。

全体的にみて，力学分野のウエートが大きい。等加速度直線運動，壁や床との衝突，２物体の衝突，力学的エネルギー保存則などが目立つ。電磁気分野では，直流回路，コンデンサー，電磁誘導，電気振動など，まんべんなく出題されている。

3 難易度は？

教科書の内容を理解していれば解答できる問題が出題されている。グラフを読みとく設問や，やや計算力を要する設問も見られるが，ほとんどは基本的な内容である。問題量も多くはなく，丁寧に解答する時間はあるので，確実に解答したい。前期Ａ方式では記述式の大問になるべく時間が残せるように，〔１〕の小問集合を手際よく処理することが重要である。前期Ｍ方式は，１問３分程度で処理したい。

対　策

1 基本事項の確認を

日頃の授業を大切にして，教科書を中心に学習するとよい。教科書の例題や練習問題を繰り返し解くことにより，教科書の内容を十分理解しよう。教科書傍用の問題集でよく演習しておくこと。

2 過去問の研究

本書を利用して過去問をじっくりと研究することが大切である。力学のウエートが大きいので，過去問に加え，関連した問題（放物運動など）にもあたっておくこと。波動や電磁気も同様である。また，時間を計って解く訓練もしておこう。

3 空所補充形式の問題の練習

難しい問題は特にないが，空所補充形式には独特の慣れが必要である。また，マークセンス式も同様で，よく問題をこなしておくことが大切である。どちらにしても，記述式の問題と同じように解けることが最低条件で，そのあとに，適切な空所補充，あるいは選択肢の決定となる。何よりも演習の量が力となる。

化　学

年度	区分		番号	項　目	内　容
2023	前期A方式	1月27日	〔1〕	小 問 8 問	分子の極性，中和滴定，気体の状態方程式，結合エネルギー，鉛蓄電池，化学反応と触媒，ハロゲンの単体・化合物の反応および硫化物の反応 ⇨計算
			〔2〕	理　論	化合物と単体，同素体，原子の構造，同位体 ⇨計算
			〔3〕	有機・理論	有機化合物の組成式・分子式・構造式の決定 ⇨計算
		1月28日	〔1〕	小 問 8 問	電子配置，硫酸銅(Ⅱ) 水溶液の電気分解，原子の酸化，気体の分子量測定，アルミニウムの単体・化合物の性質と反応，塩化ナトリウムの溶解熱，中和滴定，アセトアニリドの合成 ⇨計算
			〔2〕	理論・無機	鉄とその化合物の性質および反応 ⇨計算
			〔3〕	有機・理論	アルケンのオゾン分解による構造式の決定 ⇨計算
	☆前期M方式		〔1〕	小 問 15 問	同位体，中和滴定，酸性酸化物，理想気体，凝固点降下，反応熱の種類，硫酸銅(Ⅱ) 水溶液の電気分解，平衡定数，炭素とその化合物の性質と反応，不動態，金属・ガラス・セメント・ファインセラミックス・光触媒，有機化合物の完全燃焼，C_4H_8 の異性体，ヨウ素価，ベンゼン置換体 ⇨計算
2022	前期A方式	1月27日	〔1〕	小 問 8 問	電子配置，中和滴定の器具，混合気体の水への溶解，酸化数，水素の燃焼による水の温度上昇，可逆反応の平衡状態，金属の単体・化合物・イオンの性質と反応，有機化合物の元素分析 ⇨計算
			〔2〕	無機・理論	硫黄の化合物の性質と反応 ⇨計算
			〔3〕	有　機	アルコール $C_4H_{10}O$ とエステル $C_3H_6O_2$ の性質と反応
		1月28日	〔1〕	小 問 8 問	電子式，逆滴定，実在気体の性質，ヘスの法則，塩素の製法，カルシウム・マグネシウムの性質，ピクリン酸の性質，クメン法 ⇨計算
			〔2〕	理　論	銅の電解精錬 ⇨計算
			〔3〕	有機・理論	アセチレン反応経路図の物質の性質と反応 ⇨計算
	☆前期M方式		〔1〕	小 問 15 問	中和反応の pH，二段滴定，蒸発熱，ヘンリーの法則，電池・電気分解，平衡の移動，N_2O_4 の解離，化学反応式の係数，塩素のオキソ酸の強さ，気体の捕集法，アルカリ金属の化合物の性質，凝固点降下，フマル酸とマレイン酸，カルボン酸の分類と性質，鎖式炭化水素の反応量 ⇨計算

傾　向　基本的な内容の理解度を問う問題が中心
計算問題は例年出題

1　出題形式は？

試験時間は前期Ａ方式，前期Ｍ方式ともに60分。前期Ａ方式は大問３題で，〔１〕は８問の小問集合形式である。解答形式は選択式と記述式の併用となっている。計算問題は結果のみを記述する形式で，有効数字が指定されているものが多い。なお，過去には論述問題が出題されたこともあった。前期Ｍ方式は小問15問，すべてマークセンス式による選択式である。

2　出題内容はどうか？

出題範囲は「化学基礎・化学」である。

理論，無機，有機すべての分野から出題されている。理論分野では化学結合，化学反応と量的関係，酸・塩基と中和反応，酸化還元反応と電気分解，反応熱が頻出となっており，無機分野では金属イオンの分析が，有機分野では元素分析，有機化合物の性質や反応が頻出である。

3　難易度は？

前期Ｍ方式ではかなり細かい知識を問う問題も出題されるが，大半は基本から標準的な問題である。時間のかかる計算問題が出題されることもあるがまれであり，過去問演習をしっかりと行っておけば，60分の試験時間で対応できるであろう。

対　策

1　理　論

出題の中心となっており，どの分野からも偏りなく出題されているので，苦手分野が残らないよう計画を立てて学習を進めておきたい。頻出となる化学結合については周期表と結びつけて整理しておこう。基本的な問題が多いので，１つの単元を発展的な内容まで掘り下げるよりも，すべての単元にわたって基本から標準レベルの問題演習を行うことが，合格への近道となるだろう。

2　無　機

理論・有機の２分野に比べて設問は少ないが，必ず出題されている。

性質の似た元素をまとめて，単体や化合物の性質を覚えていこう。周期表と関連づけて，同族元素の類似性や結合の分類を理解すると効率的である。気体の製法，沈殿生成反応，金属と酸の反応については化学反応式を書けるよう練習しておきたい。暗記が中心となる単元なので，表やカードにまとめることも効果的である。教科書に出ている事項には必ず一度目を通しておきたい。

3　有　機

アルコールとその誘導体，ベンゼンとその誘導体についてよく出題される。脂肪族ではアセチレン，エチレン，エタノールなど，芳香族ではベンゼン，フェノール，アニリン，サリチル酸などである。これらの物質の合成や，誘導される各化合物の反応系統図を自分で作成し，物質の名称や構造式，性質，反応名などを書き込んで学習すると，出題の流れに沿った学習ができる。

4　過去問演習で実力を伸ばそう

基本的な問題が解けるようになったら，時間配分を意識して過去問演習を行おう。形式や傾向の類似した問題が出題されているので，特徴を把握する上でも，合格への目標設定においても得られるものは大きい。

国　語

年度	区分		番号	種　類	類別	内　　容	出　典
2023	★前期A方式	1月27日	〔1〕	現代文	評論	書き取り，空所補充，語意，内容説明（50字他），指示内容	「『間取り』で楽しむ住宅読本」　内田青蔵
			〔2〕	現代文	評論	語意，内容説明（30字他），四字熟語，指示内容，空所補充，内容真偽	「利他はどこからやってくるのか」　中島岳志
		1月28日	〔1〕	現代文	評論	書き取り，空所補充，語意，指示内容，内容説明（50字他），内容真偽	「動物と人間の世界認識」　日高敏隆
			〔2〕	現代文	評論	語意，空所補充，内容説明（30字他）	「データでよみとく　外国人“依存”ニッポン」　NHK取材班
	☆前期M方式		〔1〕	現代文	評論	書き取り，語意，空所補充，内容説明	「〈問い〉から始めるアート思考」　吉井仁実
			〔2〕	現代文	評論	空所補充，語意，内容説明	「イルカを食べちゃダメですか？」関口雄祐
2022	★前期A方式	1月27日	〔1〕	現代文	評論	書き取り，空所補充，語意，内容説明（50字他），主旨	「先端医療と向き合う」　橳島次郎
			〔2〕	現代文	評論	語意，内容説明（30字他），空所補充	「建築史的モンダイ」藤森照信
		1月28日	〔1〕	現代文	評論	書き取り，空所補充，語意，内容説明（50字他），指示内容	「わかりあえないことから」　平田オリザ
			〔2〕	現代文	評論	語意，空所補充，内容説明（30字他）	「マサカの時代」　五木寛之
	☆前期M方式		〔1〕	現代文	評論	書き取り，空所補充，語意，指示内容，表現効果，内容説明	「日本人とオオバコ」塚谷裕一
			〔2〕	現代文	評論	語意，空所補充，指示内容，内容説明	「日本人のしつけは衰退したか」　広田照幸

傾　向　現代文２題の出題 内容説明の記述問題に注意

1　出題形式は？

各方式・日程とも現代文２題の出題で，試験時間は60分。前期Ｍ方式は全問マークセンス式での出題だが，前期Ａ方式ではマークセンス式の設問に加えて，字数制限つきの記述式の内容説明問題が大問１題につき１問出題されている。

2　出題内容はどうか？

評論が出題されることが多いが，随筆も出題されたことがある。読みやすいものが多く，難解な文章はあまり出題されていない。設問は，漢字の書き取り，語意などの知識問題や，空所補充，指示内容，内容説明などのオーソドックスな内容である。

3　難易度は？

設問自体にとりたてて難解なものはないが，語意の問題などで紛らわしい選択肢を含むものがあるので丁寧な検討が必要である。「適当でないもの」を選ぶ設問もあるので注意して取り組もう。時間配分としては１題を25分以内で解き，余った時間を解答の見直しにあてるとよいだろう。

対　策

1　読解力養成

評論・随筆など，教科書レベルの文章に数多くふれて読解力を養おう。まずは大きく文章構造をつかみ，主題をおさえ，その上で，個々の表現にも注意して細部を丁寧に読むことを心がけたい。新書からの出題が多いので，講談社現代新書などから，興味のある分野の本を選んで読んでおくとよい。

内容説明問題で選択肢を判別する際には，解答の根拠となる本文中の表現・語句を常に意識しながら解き進めよう。また，前期Ａ方式では記述式の説明問題も出題されているので，日頃から，基礎～標準レベルの記述式問題集を使って問題演習に励もう。慣れないうちは時間がかかるかもしれないが，着実に読解力の向上をもたらすだろう。

2　語彙力養成

まず，過去問を用いて，どのような知識が問われているのかをつかみ，そこに焦点を当てて基礎力の強化をはかること。日頃の現代文の授業を大切にし，その際出てきた漢字や語意は確実に覚えていくようにしよう。漢字の問題集は，１冊は確実に仕上げておきたい。また，日頃から辞書を使用し，語彙力を強化する習慣をつけよう。

2023年度

問題と解答

■学校推薦型選抜（一般推薦入試・女子学生推薦入試・スポーツ推薦入試）

問題編

○一般推薦入試

1．小論文（600 字以上 800 字以内）
2．面接（口頭試問*を含む）
3．書類審査（調査書・推薦書・出願要件確認書）

○女子学生推薦入試

1．小論文（600 字以上 800 字以内）
2．面接（口頭試問*を含む）
3．書類審査（調査書・推薦書）

○スポーツ推薦入試

1．小論文（600 字以上 800 字以内）
2．面接（口頭試問*を含む）
3．書類審査（調査書・推薦書・部活動の証明書）

▶備　考

選抜は，書類審査，小論文，面接（口頭試問を含む）の結果を総合して行う。

＊口頭試問の範囲

学　科	出題教科	範　　囲
電気学科	数学	数学Ⅰ，数学Ａ，数学Ⅱ，数学Ⅲにおける基本的な内容 ただし，口頭試問時に数学Ⅲの履修状況を確認し，履修していない範囲の試問は行わない。
	物理	物理基礎における「物体の運動とエネルギー」や「電気」に関連する内容
	英語	音読やいくつかの質問で高等学校卒業程度の語彙力，文法力，内容把握力を試す。
応用化学科	化学	化学：「物質の状態」，「化学反応とエネルギー」，「化学反応の速さと平衡」
機械学科	数学	数学Ⅰ，数学Ⅱ，数学Ⅲ，数学Ａ，数学Ｂ （特に「二次関数」，「図形と方程式」，「場合の数と確率」，「三角関数」，「指数関数」，「対数関数」，「ベクトル」，「微分法」，「積分法」）
	物理	物理基礎：「物体の運動とエネルギー」，「様々な物理現象とエネルギーの利用」 物　　理：「様々な運動」，「波」，「電気と磁気」
土木工学科	数学	数学Ⅰ：「図形と計量」，「二次関数」 数学Ⅱ：「いろいろな式（等式・不等式の証明，複素数，乗法公式と因数分解，二次方程式と判別式）」，「指数関数」，「対数関数」，「三角関数」，「微分・積分」 数学Ａ 数学Ｂ：「数列」，「ベクトル」
	物理（力学）	物理基礎：「物体の運動とエネルギー」，「波」 物　　理：「様々な運動」，「波」
建築学科	数学	数学Ⅰ：「数と式」，「２次関数」，「図形と計量」 数学Ａ：「場合の数と確率」，「図形の性質」，「整数の性質」
	英語	部活動，得意科目，学習状況，学級活動等について質問し，文法能力を試す。
	物理	物理基礎：「物体の運動とエネルギー」全般と「様々な物理現象とエネルギーの利用」の「電気」 物　　理：「様々な運動」のうちの「平面内の運動と剛体のつり合い」と「運動量」

経 営 学 科	数学	数学Ⅰ：「データの分析」 （統計の基本的な考え方とそれを用いたデータの整理・分析方法について）
	英語	音読やいくつかの質問に答えてもらう形で，高等学校卒業程度の内容把握力，会話力を試す。
	社会	時事問題
情 報 科 学 科	数学	数学Ⅰ：「数と式」，「図形と計量」，「二次関数」 数学Ⅱ：「図形と方程式」，「指数関数・対数関数」，「微分・積分の考え」 数学A：「場合の数と確率」，「整数の性質」 数学B：「ベクトル」
	英語	単語・熟語，和訳，単語補充・並べ替えの問題に解答することで，高等学校卒業程度の基礎的な文法力，語彙力，内容把握力を試す。

※面接状況により，一部の科目のみ試問する場合がある。

小論文

（60 分
解答例省略）

■学校推薦型選抜（一般推薦入試）

（注）600 字以上 800 字以内（句読点を含む）

◀工学部電気学科▶

持続可能な社会開発のため，あなたが今，もっとも関心を持つ課題を一つ挙げなさい。その課題を説明するとともに，その課題を電気工学あるいは電子情報工学の分野から解決する方策を論じなさい。

◀工学部応用化学科▶

SDGs は，誰一人取り残さない持続可能でよりよい社会の実現を目指す世界共通の目標です。その目標の中に，以下のものが揚げられています。

目標 3【保健】あらゆる年齢のすべての人々の健康的な生活を確保し，福祉を促進する。

目標 6【水・衛生】すべての人々の水と衛生の利用可能性と持続可能な管理を確保する。

目標 7【エネルギー】すべての人々の，安価かつ信頼できる持続可能な近代的なエネルギーへのアクセスを確保する。

目標 14【海洋資源】持続可能な開発のために，海洋・海洋資源を保全し持続可能な形で利用する。

これらの目標の中からひとつ選び，目標の達成のために，化学者としてどのような役割を担うことができるか，あなたの考えを述べなさい。

◀工学部機械学科▶

地球を取り巻く環境問題に対して，どのような機械製品が求められるか論ぜよ。また，機械学科で何を学び，どのように取り組んでいきたいかを述べよ。

◀工学部土木工学科▶

近年の気候変動に伴って自然災害の激甚化・形態の変化が懸念されています。自然災害から我々の生活を守るために必要な土木構造物を挙げその機能と役割について説明しなさい。

◀工学部建築学科▶

近年の建設業界では，建設需要が増加する一方で就業者数はほぼ一定に推移しており，人手不足が問題となっている。このような問題に対して，近年発展の目覚ましい他分野の先端技術を駆使して，業務効率を向上させることで解決を試みる取り組みもある。建設業界の人手不足を解消するためには，どのような技術を取り入れ，どのように活用すればよいか具体例を挙げて提案してください。

◀経営学部経営学科▶

新型コロナウイルスの感染拡大が落ち着きを見せ始め，政府は訪日外国人観光客の受け入れを再開しています。訪日外国人観光客による商品やサービスの購入（いわゆるインバウンド需要）を促すには，企業としてどのような取組を行うことが収益向上につながるか，自分の意見を述べなさい。

◀情報科学部情報科学科▶

SNS や位置情報ゲームなど，日常生活と深く関わるサービスが普及するにつれて，サービスがもたらすメリットとデメリットがより強くなりつつある。
具体的なサービスなどを例に，そのメリット及びデメリットを具体的に示し，どのような配慮を考えていく必要があるのかについて提言を述べてください。

■学校推薦型選抜（女子学生推薦入試・スポーツ推薦入試）

（注）600 字以上 800 字以内（句読点を含む）

◀工学部電気学科（女子学生・スポーツ推薦入試）▶

近年，家庭内に掃除機ロボットや自動食器洗い機などの家事の自動化を支援する機器が広く普及してきた。このような家事自動化機器の現状や課題について述べ，現状機器の課題解決のためのアイデアや，自分が今後普及させたい家事自動化機器の機能や有効性について記述せよ。

◀工学部応用化学科（女子学生・スポーツ推薦入試）▶

本学応用化学科に入学後，化学の分野に関することで卒業までに成し遂げたいと考えていることがらについて述べよ。

◀工学部機械学科（女子学生・スポーツ推薦入試）▶

情報化をはじめとする様々な技術が進歩する中で，機械工学の果たす役割を述べよ。また，そのような役割を果たすために，愛知工業大学機械学科で学びたいことを述べよ。

◀工学部土木工学科（女子学生推薦入試）▶

土木工学の英語表記は Civil Engineering であり，市民のための工学と訳され，我々が生活するうえで欠くことのできない学問の一つです。あなたが今，生活するうえで利便性が高いと考える土木構造物を１つ挙げ，自身の関りにおいてその必要性を記しなさい。

◀工学部土木工学科（スポーツ推薦入試）▶

土木構造物を造り上げるためには数多くの人々の連携が必要です。これは競技スポーツをする上でも重要な要素であるものと思われます。土木工学を学び，思い描く土木技術者像について，あなたが競技スポーツを通して得たことを交え記しなさい。

◀工学部建築学科（女子学生・スポーツ推薦入試）▶

地震や台風などの多くの自然災害が発生し，多大なる経済的損失と多くの尊い命が犠牲となっている。建築分野での活躍を目指すものとして，そうした災害復興や防災に対して貢献できることを３つ挙げ，そのうちの１つについて具体的にその貢献できる内容について説明し，その重要性について論じなさい。

◀経営学部経営学科（女子学生・スポーツ推薦入試）▶

世界的な SDGs 推進の中で，日本でも「食品ロス」を減らす取組みが広がっています。たとえば，食品業界独特の商慣習「３分の１ルール」の見直しによりスーパー等で販売される食品の中に，従来よりも消費期限までの日数が少ないものが増えています。一方で，日本の消費者は食品の鮮度にこだわり，消費期限がなるべく先のものを選ぶ傾向があると言われています。そこで，スーパーの経営者の立場にたって，お客様の満足をそこなうことなく，消費期限が近い食品を購入いただく方法を２つ以上提案してください。また，それぞれの案について，なぜその方法が有効であるかという理由も述べてください。

◀情報科学部情報科学科（女子学生・スポーツ推薦入試）▶

自分自身の分身としての CG キャラクターを「アバター」といい，メタバースや VTuber など，一般の人がアバターを目にする・使用する機会が増えてきている。アバターを使用するメリットとデメリットをそれぞれ１つ以上説明せよ。またアバターを使用することが最適な既存のサービス，もしくは，まだ存在していないサービスを，１つ紹介（提案）し，そのサービスにおいてなぜアバターを使用することが最適なのかを説明せよ。

■一般選抜前期日程A方式：1月27日実施分

問題編

▶試験科目・配点

学 部	教 科	科 目	配 点
全学部(全専攻)	外国語	コミュニケーション英語Ⅰ・Ⅱ，英語表現Ⅰ	200点
	数 学	数学Ⅰ・Ⅱ・Ⅲ・A・B*	200点
	理 科	「物理基礎・物理」，「化学基礎・化学」から1科目選択	200点
工(住居デザイン)・経営(全専攻)・情報科(メディア情報)	外国語	コミュニケーション英語Ⅰ・Ⅱ，英語表現Ⅰ	200点
	選 択	「日本史B，現代社会から1科目選択」，「数学Ⅰ・A」，「国語総合（古文・漢文を除く）・現代文B」から2教科選択	各200点

▶備 考

- 筆記試験（記述式／3教科）で判定。
- 工学部建築学科住居デザイン専攻・経営学部（全専攻）・情報科学部情報科学科メディア情報専攻は，出願時に「外国語，数学，理科」または「外国語必須で地理歴史・公民，数学，国語の3教科から2教科選択」のいずれかを選択することができる。
- 共通テストプラスA方式について：前期日程A方式の高得点の1教科1科目と大学入学共通テストの高得点の2教科2科目を利用して判定。

＊「数学B」は「数列，ベクトル」から出題する。

英語

(60分)

1. 次の英文を読んでA～Eの設問に答えなさい。

The world is currently engaged in (1) a grand experiment, studying what happens when you release carbon dioxide and certain other gases into the atmosphere in larger and larger amounts. The scientific community is fairly (2) sure of the outcome, and it is not pretty. The gases act (3) like a greenhouse, capturing solar energy in the atmosphere — which is (　(4)　) they're called greenhouse gases — and gradually the earth warms up. Glaciers and the polar ice caps melt, ocean currents change and ocean levels rise. It is not yet clear how long this will take to happen (5), but it appears (6) that the northern polar ice cap will be gone within seventy years, and that America's famed Glacier National Park — a million-acre (7) reserve in the state of Montana — will be without glaciers (　(8)　) sooner than that.

If we had access to a thousand planets, it might make sense to use one to conduct such an experiment, and if things turn out (9) badly — as I believe this experiment will — move on to the next. But we don't have that choice; there isn't another planet we can move to. We're stuck here on Earth.

No issue is more global than global warming (10): everyone on the planet shares the same atmosphere. There are seven almost incontrovertible facts concerning (11) global warming: (i) the world is warming — by about 0.6 degrees Celsius in the last century; (ii) even small changes in temperature can have large effects; (iii) this rate of warming is unprecedented, even going back millions of years; (iv) sea levels are rising — by some ten to twenty centimeters in the last century; (v) even small changes in sea level can have large effects

— for example, a one-meter rise would inundate low-lying areas around the world, from Florida to Bangladesh; (vi) there have been huge increases in greenhouse gases in our atmosphere, to a level that is estimated to be the highest in at least 20 million years, and which has been increasing (12) at the most rapid rate seen for at least the past 20,000 years; and (vii) it is possible that the pace of change in temperature could accelerate, (13) with small increases in the concentration of greenhouse gases leading to even larger changes in (14) climate than in the recent past.

Virtually all scientists agree that greenhouse gases have ((15)) to global warming and rising sea levels, and they believe that most of this is a result ((16)) human activity (80 percent from burning fossil fuels, 20 percent from deforestation). Most agree, too, that there will be significantly more ((17)) — between 1.4 and 5.8 degrees Celsius by the end of this century, and a ((18)) rise in sea level of eighty centimeters to one meter. The experts say we can expect more droughts and floods, cyclones and hurricanes, and that Europe's basic climate may change drastically, as the Gulf Stream — the current off the east coast of North America that now warms it — shifts course.

（注）carbon dioxide：二酸化炭素，Glaciers：氷河，
polar ice caps：極冠（惑星や自然衛星の氷に覆われた高緯度地域），
Glacier National Park：グレイシャー国立公園（アメリカ合衆国モンタナ州北部にある，ほとんどが森林，山，湖の公園で，「大陸生態系の頂点」と称されている），
reserve：指定保護地区，stuck：抜け出せない，
incontrovertible：論争の余地のない，Celsius：摂氏，
unprecedented：先例のない，inundate：水浸しにする，
Bangladesh：バングラデシュ，accelerate：加速する，
fossil fuels：化石燃料，deforestation：森林伐採，

出典追記：Making Globalization Work by Joseph E. Stiglitz, W. W. Norton & Company Inc.

droughts：干ばつ，cyclones：熱帯低気圧，drastically：劇的に，the Gulf Stream：メキシコ湾流

A．文中の空所(4)，(8)，(15)，(16)，(17)，(18)に入れるのに，もっとも適当なものを a～dから選びなさい。

(4) a．how b．why c．when d．that

(8) a．much b．more c．many d．any

(15) a．contributed b．been contributed c．contribute d．contributing

(16) a．by b．for c．in d．of

(17) a．warm b．higher c．warming d．high

(18) a．farther b．further c．more d．moreover

B．下線部(1)，(2)，(3)，(9)，(11)，(13)にもっとも意味の近いものをa～dから選びなさい。

(1) a．～を試みている b．～に関与している c．～に熱中している d．～と婚約している

(2) a．公平に b．順調に c．かなり d．正しく

(3) a．行動する b．反応する c．演技する d．作用する

(9) a．～という結果になる b．～が失敗する c．出現する d．ひっくり返す

(11) a．～に対する b．～を心配する c．～に関する d．～に重要な

(13) a．～を含めて b．～により c．～にもかかわらず d．～を使って

C．下線部(6)，(7)，(14)のもっとも強く発音する部分と同じ発音を含むものを a～dから選びなさい。

(6) a．fair b．league c．pearl d．sphere

(7)	a．accent	b．across	c．height	d．waist
(14)	a．children	b．friend	c．island	d．faith

D．下線部(5)，(10)，(12)を和訳しなさい。

E．本文の内容と一致するものにはT，一致しないものにはFをマークしなさい。

1. 科学者たちは，二酸化炭素やその他のガスを大気中に大量に放出することで何が起こるか実験を行っている。
2. このような実験の展望は明るくなく，これが失敗した場合，我々には地球の代替となりうる惑星があるわけではない，と筆者は思っている。
3. わずかな気温の変化や海面上昇ならば，地球にたいした影響はないが，これらが現在，前代未聞なほどの急激な変化を見せている。
4. 人間活動が多くの自然災害を引き起こすような気候変動につながっていることは，ほとんどの科学者の合意するところである。
5. 北米の東岸の海流であるメキシコ湾流の流れが変われば，ヨーロッパの温暖化が進む。

2.　A．次の日本文と同じ意味になるように英文を完成するには，(　　　)にどの語句が入るか，a～fから選びなさい。

(1)　英語の手紙の書き方を教えてくれてありがとう。

I would like to ______ ______ ______ (　　　) ______ ______ in English.

a．you　　b．how to　　c．thank
d．me　　e．write a letter　　f．for teaching

(2)　同じ製品をネットでより安く買えるようになれば，店舗が利益を確保するのに苦労するのは目に見えている。

It is obvious that stores ______ ______ ______ (　　　) ______ ______ can buy the same product more cheaply online.

a．to remain　　b．struggle　　c．profitable
d．will　　e．people　　f．when

(3)　10日ほど前に小包を送ったので，もう受け取っているはずですが。

I sent a parcel to you about 10 days ago, so you ______ (　　　) ______ ______ ______ ______.

a．it　　b．by　　c．now
d．have　　e．received　　f．should

(4)　こんなにもたくさん蚊がいなければいいのに。

______ ______ ______ (　　　) ______ ______ many mosquitoes.

a．there　　b．were　　c．not
d．so　　e．wish　　f．I

(5)　その映画を見て泣かずにはいられません。

I ______ ______ (　　　) ______ ______ ______ the film.

a．can't　　b．when　　c．I

d. see　　e. help　　f. crying

B. 次の日本文と同じ意味になるように英文を完成するために,(　　)に適切な単語を一つ入れなさい。

(1) その店はいつもたくさんの客で混雑している。
The store is always ((a)) with many ((b)).

(2) まるで美術館にいるような気分にしてくれる駅もあります。
There are some stations that ((c)) you feel ((d)) if you were in a museum.

(3) 彼はバスケットをしていて足首を負傷した。
He ((e)) his ankle while ((f)) basketball.

3. 次の空所に入れるのに,もっとも適当なものをa〜dから選びなさい。

(1) We regret to inform you that the conference has been postponed (　　) November.
a. at　　b. on　　c. until　　d. when

(2) My friend is good (　　) singing.
a. in　　b. for　　c. to　　d. at

(3) His manners were (　　) of a gentleman.
a. theirs　　b. which　　c. these　　d. those

(4) Would you do me (　　) by giving me a ride to the shopping mall?
a. a favor　　b. to favor

c. to be favored d. favors

(5) That will (　　　) us a lot of trouble.

a. save b. lead c. see d. let

4. 次の下線部に，もっとも意味の近いものをa～dから選びなさい。

(1) According to a government report released today, the unemployment rate in this country has dropped slightly over the past three months.

a. published b. read c. sold d. told

(2) Car exhaust is the principal source of pollution in the city.

a. main b. first c. one d. sole

(3) Don't reveal the location for the secret meeting.

a. forget b. hide c. change d. disclose

(4) He quit working part-time a few months ago and has focused on studying for the entrance exam since then.

a. started b. increased

c. recommended d. stopped

(5) The policeman arrested the thief on the spot.

a. hardly b. suddenly c. repeatedly d. immediately

5. 次の空所(1)～(6)に入れるのに，もっとも適当なものをa～fから選びなさい。

James: So how was your trip to Australia, Naoko?

Naoko: Oh, it was terrific. I really enjoyed it.

James: Great. How long were you there?

Naoko: About six weeks.

James: ((1))

Naoko: Yes, quite a bit. I started in Brisbane on the east coast. It's a really lovely city, right on a river. And the climate is perfect there. I took a boat trip on the river one day.

James: Sounds nice.

Naoko: Then I took a bus down to the Gold Coast. And you'll never guess what I did there.

James: What did you do?

Naoko: ((2)) It was fantastic.

James: Lucky you! I hear the beaches are beautiful there.

Naoko: They are! The waves are great and the water's very clean, too. Actually, there are about 20 beaches along the coast, and you can just go from one to the next chasing the best waves.

James: ((3))

Naoko: That's right. Then I went down to Sydney for a few days and did some sightseeing.

James: I hear it's a beautiful city.

Naoko: Yes, it is. It has lots of beaches and parks and everything, but I wanted to see more of the countryside so I went up to the Blue Mountains.

James: Where are they?

Naoko:　(　(4)　)

James:　Are they really blue?

Naoko:　(　(5)　)　It's got something to do with the light reflecting on the sap that comes out of the trees.

James:　(　(6)　)

Naoko:　Well, I stayed in a youth hostel for a few days and went on some great hikes in the mountains.

a．Just west of Sydney.

b．Did you travel around a lot?

c．I spent a whole week surfing.

d．Oh.　And what did you do in the mountains?

e．Yeah, when you look from a distance they're really blue.

f．That's the place where a lot of young travelers go for surfing, right?

（注）　Brisbane：ブリスベーン（オーストラリア東部の海港），

the Gold Coast：ゴールドコースト（オーストラリア東海岸にある観光保養地），

Sydney：シドニー（オーストラリア南東部の港市），

the Blue Mountains：ブルー・マウンテンズ（シドニーの近くにある景勝地），

sap：樹液

出典追記：Tune In 3 by Jack C. Richards and Kerry O'Sullivan, Oxford University Press

日本史

（60分）

1　次のA～Dの各文を読み、文中の（　ア　）～（　オ　）に適語を記入しなさい。

（ア）[1]　（イ）[2]　（ウ）[3]　（エ）[4]

（オ）[5]

また、下の問1～5に答えなさい。

A　中国の書『宋書』倭国伝によると、5世紀初めから約1世紀の間倭の五王が中国の南朝に朝貢している。とくに倭王武は（　ア　）天皇と推定される。また、(a)<u>この頃には漢字の使用も始まっており、稲荷山古墳出土の鉄剣銘文はその頃の代表的漢字使用例である</u>。

問1　下線部(a)に関連して述べた文として誤っているものを、一つ選びなさい。[6]

①　この鉄剣が発見された稲荷山古墳は埼玉県にある。

②　稲荷山古墳鉄剣の金象眼の文字は明治時代に発見された。

③　稲荷山古墳鉄剣銘文と同様の漢字使用例として江田船山古墳出土の鉄刀がある。

④　稲荷山古墳鉄剣銘文にある辛亥年が471年とすると、「ワカタケル大王」は倭王武と同一人物であると考えられる。

B　隋にかわって唐が中国を統一すると日本から遣唐使が派遣された。遣唐使には留学生や学問僧なども加わり、彼らの手により先進的な文化が日本にもたらされた。同時期に留学した吉備真備や僧（　イ　）は帰国後政界で活躍した。

一方、8世紀半ばに(b)<u>日本に戒律を伝えた唐僧（　ウ　）のように、来日して日本の仏教の発展に貢献した人物もいた</u>。

問 2　下線部(b)に関連して述べた文として誤っているものを、一つ選びなさい。

7

①　聖武太上天皇、光明皇太后、孝謙天皇はこの人物から戒を受けた。

②　この人物が来日する前に東大寺大仏開眼供養が行われた。

③　この人物が来日した頃は長屋王が政治を行っていた。

④　唐招提寺にはこの人物を模した有名な天平彫刻の乾漆像がある。

C　平清盛は太政大臣に就任し一族も高位高官にのぼり、平氏は全盛期を迎えた(c)。清盛は日宋貿易のために摂津の(　エ　)を修築し、音戸の瀬戸の開削を行い、宋商人を畿内まで招来して貿易の拡大に努めた。

問 3　下線部(c)に関連して述べた文として正しいものを、一つ選びなさい。

8

①　清盛は保元の乱で藤原信頼や源義朝を滅ぼし、その権力は急速に強まった。

②　鳥羽上皇の命で清盛が造営したのが蓮華王院である。

③　平氏の経済的基盤は500にものぼる荘園で、知行国からの収入はなかった。

④　清盛は娘徳子を高倉天皇の中宮に入れ、その子の安徳天皇を即位させ外戚として威勢をふるった。

D　モンゴル族のフビライ＝ハンは高麗を服属させた後、日本に朝貢を要求してきた。執権(d)(　オ　)はこの要求を拒否したので、元は2回にわたり大軍を派遣したが、日本を服属させることはできなかった(e)。

問 4　下線部(d)に関連して執権とその時代の政策・事件との組合せで誤っているものを、一つ選びなさい。

9

①　北条時頼 — 引付衆設置

②　北条貞時 — 永仁の徳政令発布

③　北条高時 — 宝治合戦

④　北条泰時 ― 御成敗式目制定

問 5　下線部(e)に関連して述べた文として誤っているものを、一つ選びなさい。 10

①　幕府は文永の役後に元の襲来に備え異国警固番役を命じた。

②　幕府は文永の役後に石塁を博多湾沿いに構築させた。

③　元の襲来を描いた『蒙古襲来絵巻』は、肥後の御家人竹崎季長が描かせたものである。

④　元は日本への遠征に高麗を利用したが、高麗はさまざまな形で抵抗した。

2　次のＡ～Ｄの各文を読み、文中の(　ア　)～(　オ　)に適語を記入しなさい。

(ア) 11　(イ) 12　(ウ) 13　(エ) 14

(オ) 15

また、下の問１～５に答えなさい。

Ａ　鎌倉時代の新仏教に刺激を受けて旧仏教も新たな動きをみせた。華厳宗の僧明恵(高弁)は京都栂尾の<u>高山寺</u>(a)を再興し、戒律の復興に努めた。また、法然の主著『(　ア　)』を批判して『摧邪輪』を著した。

問 1　下線部(a)に伝わる『鳥獣戯画』と同時代の絵巻物を、一つ選びなさい。 16

①　『平治物語絵巻』　②　『春日権現験記』

③　『信貴山縁起絵巻』　④　『男衾三郎絵巻』

Ｂ　(　イ　)は善人・悪人や信心の有無を問うことなくすべての人が救われると説き、踊り念仏によって人々に教えを広めながら各地を遊行して歩いた。<u>彼の教えは時宗と呼ばれ庶民の共感を得た</u>(b)。

問 2 下線部(b)に関連して彼の教えは浄土教の流れをくむものであるが、浄土信仰について述べた文として誤っているものを、一つ選びなさい。 17

① 10世紀に空也が京都市中で説き、庶民に広まった。

② 末法思想の流行は、浄土教の発達に影響を与えた。

③ 源信は10世紀に『往生要集』を著し、その基礎を確立した。

④ 浄土信仰は、天台宗のなかから生まれた日本独自の仏教思想である。

C 臨済宗は幕府の保護のもとで大いに栄え、将軍(ウ)は南宋の官寺の制にならった五山・十刹の制を整えた。五山の禅僧の活躍は、仏教だけでなく当時の日本文化に大きな影響を与えた(c)。

問 3 下線部(c)に関連して述べた文として正しいものを、一つ選びなさい。

18

① 如拙は日本の水墨画の先駆者であるが、その代表作は『四季山水図巻(山水長巻)』である。

② 五山の寺院のうち、建仁寺は別格として上位におかれた。

③ 五山文学は絶海中津や義堂周信らが出て最盛期を迎えた。

④ 足利尊氏の帰依を受けて天龍寺を開山したのは無学祖元である。

D 応仁の乱(d)の頃本願寺の(エ)は阿弥陀仏の救いを信じて念仏を唱えれば誰でも往生できることを御文で説き、(オ)を組織して惣村(e)に広めていった。

問 4 下線部(d)に関連して述べた文として誤っているものを、一つ選びなさい。

19

① 応仁の乱の原因は将軍家や管領家の家督争いが影響している。

② 応仁の乱の頃の武士の相続は分割相続を原則としていた。

③ 応仁の乱により京都の公家など文化人が地方に下り、彼らは文化の地方普及に貢献した。

④ 応仁の乱後に起こった山城の国一揆は下剋上の風潮を物語るものである。

問 5　下線部(e)に関連して述べた文として誤っているものを、一つ選びなさい。 [20]

① 惣(惣村)とは農民たちがつくりだした自治的組織である。

② 惣の指導者は乙名、沙汰人、年寄などと呼ばれた。

③ 惣の協議機関は寄合と呼ばれ、寄合によって定められた規約を惣掟といった。

④ 領主へ納める年貢をひとまとめにして請け負うことを自検断といった。

3　次のA～Cの各文を読み、文中の(　ア　)～(　オ　)に適語を記入しなさい。

(ア) [21]　(イ) [22]　(ウ) [23]　(エ) [24]

(オ) [25]

また、下の問1～5に答えなさい。

A　江戸時代幕府は金・銀・銭の三貨の鋳造権を独占した。徳川家康は同じ規格の慶長金銀を大量につくらせた(a)。金貨は小判など個数や額面で通用する〈A〉貨幣で、銀貨は丁銀や豆板銀など重さを計って価値を決めた〈B〉貨幣であった。金貨は〈C〉で、銀貨は〈D〉でおもに使用された。また銭貨は将軍家光時代に(　ア　)が鋳造されて標準貨幣となり、年号に関係なく(　ア　)と呼ばれた。幕府の許可を得て、その領内だけに通用する(　イ　)を発行する藩もあった。

問 1　下線部(a)に関連して江戸時代の小判の発行について述べた文として誤っているものを、一つ選びなさい。 [26]

① 小判などの金貨をつくった幕府の貨幣鋳造所は金座であった。

② 新井白石は慶長小判と同じ金の含有量の正徳小判を発行させた。

③ 質を落とした元禄小判の発行は、改鋳差益金(出目)による利益を狙ったものであった。

④ 重量が少ない万延小判の発行は、開港後日本と外国の金銀比価の相違から大量の銀の国外流出を防ぐためのものであった。

問２　Ａ文中の〈Ａ〉～〈Ｄ〉に入る語句の組合せとして正しいものを、一つ選びなさい。　27

①　Ａ　秤量　　Ｂ　計数　　Ｃ　上方　　Ｄ　江戸

②　Ａ　計数　　Ｂ　秤量　　Ｃ　上方　　Ｄ　江戸

③　Ａ　計数　　Ｂ　秤量　　Ｃ　江戸　　Ｄ　上方

④　Ａ　秤量　　Ｂ　計数　　Ｃ　江戸　　Ｄ　上方

Ｂ　江戸時代を通して農業の生産力は飛躍的に増加したが、(b)新田開発による耕地面積の増加はその大きな要因の一つである。また、農業技術の改良により、収穫量も増加した。農具では深耕用の(　ウ　)、脱穀用の千歯扱、籾の選別用の唐箕や千石簁などが作業の効率化をもたらした。さらに(c)商品作物の栽培が各地でさかんになり、またそれぞれ特産物も発達した。

問３　下線部(b)に関連して述べた文として誤っているものを、一つ選びなさい。　28

①　年貢を主要財源とする幕府や諸藩は積極的に新田開発をすすめた。

②　商人の資本によって開発がすすめられた新田を町人請負新田という。

③　河内の鴻池新田は代表的な町人請負新田である。

④　松平定信は印旛沼・手賀沼の大規模な干拓工事を始めるなど、商人資本を導入した新田開発を積極的に試みた。

問４　下線部(c)に関連して述べた文として正しいものを、一つ選びなさい。　29

①　京都西陣や上野の桐生では高級な絹織物が生産された。

②　久留米絣《かすり》は尾張の有松絞りと同様に麻織物である。

③　越後縮《ちぢみ》は細かいしわのある綿織物である。

④　葉や茎から染料を採る藍は出羽地方で中心に生産されていた。

Ｃ　(d)江戸・大坂・京都の(　エ　)と呼ばれる大都市と大名の城下町は街道で結ば

れていた。また、物資輸送のために河川の舟運が整備され、海上交通網も発達した。通信のための飛脚制度も発達し、幕府公用の(　オ　)のほか、大名飛脚や町飛脚があった。

問 5　下線部(d)に関連して五街道や水上交通について述べた文として誤っているものを、一つ選びなさい。　30

① 五街道は幹線道路として幕府の直轄であり、道中奉行によって管理された。

② 東海道の箱根や新居(今切)には関所が設けられていた。

③ 海上では当初樽廻船といわれる定期船が南海路を就航していたが、後に菱垣廻船が新たに就航し、樽廻船を圧倒した。

④ 京都の豪商角倉了以は高瀬川や富士川の水路を開発した。

4　次のＡ～Ｄの各文を読み、文中の(　ア　)～(　オ　)に適語を記入しなさい。

(ア) 31　(イ) 32　(ウ) 33　(エ) 34

(オ) 35

また、下の問１～５に答えなさい。

Ａ　この内閣が成立すると、立憲政友会の(　ア　)や立憲国民党の犬養毅(a)が中心となり「憲政擁護」・「閥族打破」をスローガンに倒閣運動が起こり、新聞記者らジャーナリストが世論を盛り上げ、全国的な国民運動に発展した。首相は新たに新党を樹立したり詔勅を利用して政府批判をおさえようとしたが、民衆が議事堂を包囲したため内閣は在職 50 日あまりで退陣した。

問 1　下線部(a)はその後内閣を組織するが、その内閣について述べた文として誤っているものを、一つ選びなさい。　36

① この内閣の総辞職以後太平洋戦争が終わるまで、政党内閣は出現しなかった。

② この内閣が成立すると金解禁が実施され金本位制に復帰したが、緊縮財政と世界恐慌の影響から日本は深刻な恐慌におちいった。

③ この内閣時に井上準之助前蔵相や団琢磨三井合名会社理事長が暗殺される血盟団事件が起こった。

④ この内閣の首相犬養毅は海軍の青年将校らに暗殺された。

B　この内閣が成立した頃日本国内でも日中国交正常化の気運が高まった。首相は訪中し、(　イ　)に調印し、日中国交正常化が実現した。内政面では「日本列島改造論」を掲げ、公共投資を拡大させた。その結果、土地や株式への投機がおこり地価が暴騰した。さらに第1次(　ウ　)による原油価格の暴騰が重なって狂乱物価を招いた。こうして日本の高度経済成長(b)は終焉を迎えた。

問2　下線部(b)に関連して述べた文として誤っているものを、一つ選びなさい。

37

① 池田勇人内閣は「所得倍増」を唱えて、高度経済成長を推進する政策を展開した。

② 高度経済成長期の1964年にはオリンピック東京大会が開催され、同年東海道新幹線も開通した。

③ 高度経済成長期の1968年に日本のGNPは資本主義国では1位となり経済大国に成長した。

④ 高度経済成長は公害や環境問題など深刻な社会問題を生み出し、政府は公害対策基本法を制定するとともに、環境庁を発足させてその対策に乗りだした。

C　朝鮮で東学党の乱(甲午農民戦争)がおこると日清両国は出兵し、朝鮮の内政改革をめぐって対立を深め日清戦争が始まった。戦いは日本の勝利に終わり、(c)両国間で(　エ　)が締結され講和が成立した。

問 3 下線部(c)に関連して述べた文として誤っているものを、一つ選びなさい。

38

① この時の日本全権は首相と陸奥宗光外相で、清国全権は李鴻章であった。

② この条約で遼東半島・台湾・澎湖諸島は日本に譲ることになったが、日本は三国干渉でやむなく遼東半島を返還した。

③ この戦争のさなか与謝野晶子は女性の立場から戦争に反対し、反戦詩を発表した。

④ この時の賠償金を準備金として日本は欧米諸国にならって金本位制を採用し、貨幣価値の安定をはかった。

D 前内閣が金融恐慌の処理に失敗して退陣すると(オ)の総裁である首班内閣が誕生した。この内閣は緊急勅令で3週間のモラトリアムを実施し、日本銀行から非常貸し出しを行って金融恐慌をおさめた。また首相自ら外相を兼任し、対中国政策は山東出兵を行って日本の権益を守ろうとした。

問 4 A～Dの文について、古い順に正しく配列したものを、一つ選びなさい。

39

① C→A→D→B

② C→D→A→B

③ D→C→A→B

④ D→C→B→A

問 5 A～Dの文と首相名の組合せとして正しいものを、一つ選びなさい。

40

① A ― 清浦奎吾

② B ― 福田赳夫

③ C ― 松方正義

④ D ― 田中義一

現代社会

（60分）

1　次の文章を読み、問いに答えなさい。

(a)「ブラック企業」という言葉が最初に現れたのは、2000年代の中ごろの(b)IT企業に勤める労働者が(c)インターネットに書き込んだときです。

ITは急激に広がった業界で、(d)労働環境が厳しいことで知られています。業界には「35歳定年」という言葉もあるほどで、年齢を重ねて体力や技術力がおとろえると、容赦なく退職が迫られるというのです。最近では、外食、小売り、介護、保育などの新興企業を中心に、こうした「使い捨て」の正社員が増加しているとみられています。

90年代後半以降、若者の雇用に(e)非正規雇用労働が広がりました。「格差」「貧困」が叫ばれるようになるなかで、(f)就職活動中の学生の間には「何としてでも正社員になろう」という気運が広がりました。そこにつけ込むように現れたのが、ブラック企業です。

ブラック企業は「正社員」として新卒を大量に採用する一方で、彼らを次々に使い潰して利益をあげるような会社です。有名な大企業であることも多いため、学生はこぞって大企業・正社員を当てにしてブラック企業に入ってしまうというわけです。ブラック企業の「正社員」は、いわゆる「ふつうの正社員」とは違っています。一言で言えば、終身雇用がなく、短期間に使い潰すような働かせ方をするのです。

（出典：今野晴貴・ブラック企業被害対策弁護団『ドキュメント ブラック企業―「手口」からわかる闘い方のすべて』（ちくま文庫、2014年））

問１　下線部(a)について、「ブラック企業」とは、一般に、極端な長時間労働や過剰なノルマ、残業代・給与等の不払い、ハラスメント行為の横行などコンプライアンス(法令遵守)意識が著しく低い企業をいいます。労働三法に関する記述として適切なものを次の①～④のうちから一つ選びなさい。 1

① 労働基準法は、労使関係における紛争処理について、斡旋・調停・仲裁・緊急調整・争議行為の制限禁止などを定めている。

② 労働基準法は、地域ごとの賃金の最低を定めることによって、生活の安定、労働力の質的向上、事業の公正など、競争を確保することを目的としている。

③ 労働基準法は、労働基準監督署の設置を定め、労働基準監督署には事業所などへの立ち入り調査などを行う権限を認めている。

④ 労働基準法は、団結権などの労働三権の具体的な内容を明らかにするとともに、労働組合の組織・内部運営、使用者による団結侵害の禁止などを定めている。

問2 下線部(b)について、情報技術に関する記述として適切なものを次の①～④のうちから一つ選びなさい。 2

① 情報通信技術の活用によって、場所や時間にとらわれず働くことができるテレワークが可能となったが、ワーク・ライフ・バランスを乱す恐れがあり、今日もなお導入が進んでいない。

② スマートフォンの多機能化などによって、いつでも、どこでも、何でも、誰でも、ネットワークに簡単につながるスマートシティ社会が到来しつつある。

③ インターネットを利用した商取引(eコマース)は、企業間だけでなく、企業と消費者との間でも行われるが、消費者どうしの間の商取引は禁止されている。

④ スマートフォンに依存した生活を送っている人やオンライン・ゲームなどのバーチャル・リアリティに没頭する人もおり、情報機器との適切な付き合い方が問われている。

問 3　下線部(c)について、インターネットでの情報発信や情報収集に関する記述として適切でないものを次の①〜④のうちから一つ選びなさい。 3

① ブログやSNSなどのソーシャルメディアでの発信には責任が伴い、内容によっては罪に問われることがある。

② 新聞や百科事典、白書、専門書に比べ、インターネット上の情報は速報性は高いが、情報の正確さにおいては信頼度が低い。

③ インターネット上にある情報は日々、新しい情報に更新されているため、最終更新日を確認して、古い情報・データでないか確認しなくてはいけない。

④ 他者を攻撃する目的でなければ、他のウェブページの記事を自分のウェブページに断りなく掲載してもよい。

問 4　下線部(d)について、資本主義社会における労働問題に関する下記の文章の【A】〜【D】にあてはまる語句を次の①〜⑦のうちから一つずつ選びなさい。

【A】 4 　【B】 5 　【C】 6 　【D】 7

資本主義社会では、【　A　】を経て確立された私有財産制のもとで、経済活動の自由と職業選択の自由が認められている。生産手段を所有する【　B　】と労働力以外の商品を持たない【　C　】が対等の関係で労働力商品を自由市場で取り引きをする。これが労働契約のたてまえである。

しかし、【　C　】は【　B　】、すなわち使用者に対して立場が弱く、低賃金や長時間労働、一方的な解雇など、労働条件について不利益をこうむる場合が多かった。【　D　】を最初に達成したイギリスでは、19世紀初めに、機械化によって失業した熟練工が各地で自然発生的に機械打ち壊し運動をしたり、暴動をおこしたりした。やがて、【　C　】が労働組合を組織し団結して【　B　】と対峙するようになった。労働組合の組織は拡大し、全国的な組織が作られるようになった。

① 債権者　② 資本家　③ 債務者　④ 労働者
⑤ 市民革命　⑥ 産業革命　⑦ 社会主義革命

問 5 下線部(e)について、非正規雇用に関する記述として適切なものを次の①～④のうちから一つ選びなさい。 8

① 1990年代半ばから2000年代初めは「就職氷河期」といわれるが、その当時、職を求めた人々は、2000年代後半からの団塊の世代の大量退職に伴い、ほとんどが正規雇用の職を得た。これにより、雇用機会の不均等問題が解消した。

② 40代後半の派遣労働者は高度な技術を身につけており、同年代の正社員と比べ、時給換算で同等の賃金を得ている。

③ 2018年制定の働き方改革関連法では、同一企業内での正規・非正規の労働者の不合理な待遇差を禁止する「同一労働同一賃金」が定められた。

④ 労働者派遣法は1985年の制定当時から対象をすべての業種とし、派遣期間を全業種で原則3年としている。

問 6 下線部(f)について、青年期の発達や課題に関する記述として適切でないものを次の①～④のうちから一つ選びなさい。 9

① モラトリアムの延長の事例として、定職につかないフリーターや定職につきながら親元で豊かな消費生活を送るパラサイトシングルなどが挙げられる。

② 今日では第2次性徴の現れる平均年齢はかなり遅くなっており、青年期の開始年齢が高くなっている。

③ 大人でもなく、子どもでもない不安定な存在として、青年はマージナルマンと呼ばれてきた。

④ 今日のような豊かな社会では、青年期はとりわけ危機的な時期ではなく、穏やかに乗り越えられる時期であるという青年期平穏説も唱えられている。

問 7 労働組合法に定める不当労働行為として適切なものを次の①～④のうちから一つ選びなさい。 10

① 女性の深夜労働を禁止すること。

② 最低賃金を下回る賃金を支払うこと。

③ 労働委員会への申し立てを理由に不利益な扱いをすること。

④ 超過勤務をしても超過勤務手当を支払わないこと。

2 次の文章を読み、問いに答えなさい。

国連というと湾岸戦争では多国籍軍を後押しし、ソマリアでは現地の人々と殺しあい、ボスニアではセルビア人から憎まれるなど、(a)武力を使う怖い組織という印象が、一方にはある。だが他方で、黒柳徹子さんが親善大使をつとめる(b)ユニセフの活動をはじめ、軍縮、女性差別撤廃条約、地球環境保護、のとりくみなど、人間と人権と自然を守るやさしい顔の印象もあってやや複雑。それは、国連のもつふたつの顔でもある。

こわもての軍事紛争解決となると、(c)常任の五大国が軸となる安全保障理事会、略して安保理がことにあたり、全加盟国が集う総会はたいした役割をはたせない。一般的な勧告ができるだけ。安保理が具体的な紛争解決に着手すると、総会は勧告すらできない。だが、国連は、総会や他の機関で、紛争原因を根本から断つため、人権、自由、人間の尊重を実現する活動に、大きな役割をはたしてきたし、いまもはたしている。

日本の国連にたいする信頼はとても厚いし熱いが、国連のどこにどう協力していくかは、よく考えたほうがいい。安保理の常任理事国になりたいとアピールするのにはとても熱心だが、紛争原因の除去のための地道なとりくみにはよそよそしく、国際機関からしばしば「人権と民主主義では途上国」と批判されるのが日本の「国際的地位」である。

1989年11月、国連総会は全会一致で「(d)【　Ａ　】の権利条約」を採択した。(e)1989年といえば、【　Ｂ　】300年、【　Ｃ　】200年にあたる。歴史はこの年にもう一つの画期を残した。条約は1990年9月2日に発効。ほとんどの国が加盟して、現在は187か国。日本は1994年にやっと批准した。158番目である。

【　Ａ　】は、世界的にしいたげられている。戦争、暴力、飢餓、貧困、疫病、麻薬、差別、虐待、酷使、管理、児童買春—貧しいところはもとより、「豊かな」ところも襲っているさまざまな悪弊は、人類全体の問題だが、こうした弊害でいちばん早く、また一番深刻な被害にあうのは、【 Ａ 】たち。「【 Ａ 】の権利」が問題となってきたのは、その裏に深刻きわまりない危機があることを見落としてはならない。おいつめられ、うめきを重ね、絶叫しつづけてきた世界の【 Ａ 】たちの異議申し立てが、この条約に結実した。

考えてみれば、(f)人間は、時代のゆがみや圧迫に苦しめられては、そのつど異議をとなえてきた。そのようにして発信する叫びが、つぎの時代をよびだす。いまを苦しむ人々こそが時代を澄んだ目で見ぬくことができるからである。そのようにして人々は歴史を前へと動かしてきた。その流れを丸ごと抱きしめたのが、(g)日本国憲法のこころである。

(出典：森英樹『新版 主権者はきみだ—憲法のわかる話50話』(岩波ジュニア新書、1997年))

問１ 下線部(a)について、国連と国際紛争に関する記述として適切でないものを次の①～④のうちから一つ選びなさい。 11

① 1991年の湾岸戦争では、安全保障理事会がイラクに対する武力行使を容認する決議を採択し、アメリカ軍を中心に大規模な多国籍軍が編成された。

② ソマリア内戦では、安全保障理事会の決議のもとに平和執行部隊が派遣されたが、ソマリアでは統一政府が存在せず、紛争当事者間の停戦合意もなく、和平実現は失敗した。

③ 2003年のイラク戦争では武力攻撃を容認する安全保障理事会での決議が採択されなかったが、アメリカ軍を中心とした多国籍軍が編成された。

④ 国際秩序の維持、世界平和の実現のため、国連は国連憲章に定められた国連軍を常設している。

問２ 下線部(a)について、国連による平和維持に関する記述として適切なものを次の①～④のうちから一つ選びなさい。 12

① 国連は紛争当事国の同意なしに平和維持活動(PKO)を派遣することが可能である。

② 平和維持活動(PKO)の先駆けとなったのは、1948年に中東に派遣された国連休戦監視機構である。

③ 平和維持活動(PKO)は重火器を装備して、紛争当事国に対して軍事的制裁を加えることができる。

④ 平和維持活動(PKO)では一切の火器を装備することを認められておらず、内政不干渉・中立の立場を保持する。

問3　下線部(b)について、ユニセフに関する記述として適切なものを次の①～④のうちから一つ選びなさい。　13

① 世界経済の発展や飢餓からの解放を目指して設立された国連の機関であり、世界中の人々の栄養水準・生活水準の向上、農産物の生産流通の改善などを目的にしている。

② すべての人々が可能な最高の健康水準に到達することを目指して設立された国連の機関であり、保健衛生問題に取り組んでいる。

③ 世界中の子どもたちの命と健康を守るために活動する国連の機関であり、保健、栄養、水と衛生、教育、暴力や搾取からの保護などの支援活動を行っている。

④ 教育・科学・文化・通信などを通じて国際間の協力を促進し、世界の平和と安全をはかることを目的とする国連の機関であり、「戦争は人の心の中で生れるものであるから、人の心の中に平和のとりでを築かなければならない。」と掲げる憲章を採択している。

問4　下線部(c)について、国際連合(国連)のしくみに関する記述として適切なものを次の①～④のうちから一つ選びなさい。　14

① 総会は全加盟国によって構成されており、すべての決議は、出席し、かつ投票する構成国の過半数の賛成を必要とする。

② 1945年に調印されたマーストリヒト条約にもとづき、51か国によって国際連合が発足した。

③　安全保障理事会は常任理事国5か国と任期2年の非常任理事国10か国で構成されている。

④　安全保障理事会では常任理事国・非常任理事国のうち1か国でも反対すれば議決は成立しない。

問5　下線部(c)について、国連改革に関する記述として適切でないものを次の①～④のうちから一つ選びなさい。　15

①　第二次世界大戦における連合国の旧敵国に対する軍事的制裁については安全保障理事会の承認を不要とするなどのいわゆる旧敵国条項は、すでに撤廃されている。

②　加盟国が国連に拠出する分担金の負担率は国によって大きな格差があり、大国からは負担金割合の見直しや国連総会の議決方式である「一国一票制」への不満が出されている。

③　国連発足当初から加盟国数は4倍近くまで増え、安全保障理事会の理事国数の拡大や日本・ドイツなどの常任理事国入りが議論された。

④　たび重なるPKOへの出費や分担金を滞納する国が増加しており、国連は深刻な財政危機に陥っている。

問6　下線部(d)について、【A】の権利条約では【A】の意見表明権が認められた。【A】に入る適語を次の①～④のうちから一つ選びなさい。　16

①　子ども　　②　先住民　　③　障害者　　④　女　性

問7　下線部(e)について、【B】は名誉革命を経て、イギリスで伝統的に認められている国民の権利や自由などを国王に認めさせて議会で制定した文書であり、【C】は「人は、自由かつ権利において平等なものとして出生し、かつ生存する。」と定めるものである。【B】と【C】に入る適語を次の①～⑥のうちから一つずつ選びなさい。

【B】　17　【C】　18

①　バージニア権利章典　　②　マグナ・カルタ

③　フランス人権宣言　　④　アメリカ独立宣言

⑤　権利章典　　⑥　ワイマール憲法

問 8　下線部(f)について、日本において人権を侵害されたり、人権を侵害される恐れがあったりする人々に関する記述として適切でないものを次の①～④のうちから一つ選びなさい。　19

①　沖縄県には現在も日本国内における米軍専用施設面積の大部分が集中し、沖縄の人々は騒音・誤爆・墜落事故、アメリカ兵による犯罪などさまざまな基地問題に苦しんできた。

②　定住外国人の参政権を求める決議を採択した地方公共団体もあり、一部の地方公共団体では定住外国人に首長選挙や地方議会議員選挙での投票権を認めた。

③　強制隔離されたハンセン病の元患者らに対して、国の賠償責任が認められ、厚生労働省との間で和解が実現した。

④　四大公害裁判はいずれも被害者側の勝訴に終わり、判決文では政府と企業の責任が厳しく問われた。

問 9　下線部(g)について、日本国憲法に関する記述として適切なものを次の①～④のうちから一つ選びなさい。　20

①　日本国憲法は、基本的人権は国民の不断の努力によって保持されなければならないものであって、国家であっても侵すことのできない永久の権利であると定めている。

②　日本国憲法には複数の基本的人権が明記されているが、それら以外の人権はいっさい認められないと定められている。

③　日本国憲法は国民が司法に参加する権利を明記し、裁判員裁判の制度を定めている。

④　日本国憲法は基本的人権について成年年齢を超えたすべての人々に認められる権利であると定められている。

3　次の各文章Ａ～Ｅそれぞれの下線部①～⑤には適切でないものが１つある。その記号(①～⑤)と適切な語句を書きなさい。

Ａ　高齢者に給付する年金には、本人が在職中に支払った保険料を高齢になったときに受け取る①積み立て方式と、高齢者に年金を給付するために必要な資金をそのときの在職者が負担する②賦課方式がある。前者は、人口構成の変動の影響は受けにくい反面、給付される年金の金額は金利変動の影響を受けやすい。他方、後者は③デフレーションが進んだとき、それに対処するために年金の給付額を引き上げることは比較的容易であるが、④高齢化が進むと、給付と負担とのバランスが崩れ、年金財政が悪化する可能性がある。日本はこのうち⑤後者を採用している。

記号 [21]　語句 [22]

Ｂ　①日本国憲法第 25 条には、国は、すべての生活部面について、②社会福祉、社会保障及び③公衆衛生の向上及び増進に努めなければならないと定めている。このうち、社会保障は、(1)医療、年金、雇用、労働者災害補償(労災)、介護の５分野からなる④公的年金と、(2)⑤公的扶助から構成されている。

記号 [23]　語句 [24]

Ｃ　19 世紀ドイツの首相ビスマルクは、工場労働者の①社会主義運動を弾圧する一方、労働者階級への懐柔策として社会保険制度を創設した。これは世界で最初の社会保険制度と言われている。20 世紀に入ると、ドイツでは社会保障制度の基礎となる②平等権を保障する③ワイマール憲法が制定されたほか、イギリスでは④ベバリッジ報告に基づいて「ゆりかごから墓場まで」と呼ばれるイギリスの社会保障制度の基礎がつくられ、社会保障制度は⑤資本主義国でも広く受け入れられるようになった。

記号 [25]　語句 [26]

Ｄ　①65 歳以上の高齢者の総人口に占める割合を②高齢化率と言い、国連はその割合が７％超となった社会を③準高齢社会、14％超となった社会を高齢社会、21％超となった社会を④超高齢化社会と定義している。日本は2007年にこの割合が21.5％を超えたが、地域間格差も大きく中山間地域では50％を超え、著しく過疎化が進んだ⑤限界集落も発生している。

記号 [27]　語句 [28]

Ｅ　戦後日本では、新規卒業者を一括して採用し定年まで雇用し続ける①終身雇用制と、勤続年数や年齢によって賃金が年々上がっていく②成果型賃金制度が採用されてきた。これらは③日本的雇用慣行と呼ばれることがある。この仕組みは、労働者には長期的な生活保障が与えられ、雇用主にとっては労働力の安定的確保に役立った。しかし、今日では、④労働者派遣法による派遣労働者や、労働契約法による契約社員など、⑤非正規雇用で働く人が増えた。

記号 [29]　語句 [30]

4　次のＡ・Ｂの各文章を読み、問いに答えなさい。

Ａ　1973年に(a)固定為替相場制から(b)変動為替相場制へ移行した後、日本経済は、為替相場の変動による影響を何度も受けてきた。例えば、1980年代半ばの円高不況が挙げられる。

1980年代前半、アメリカはドル高を背景とする輸入超過による(c)貿易赤字に悩まされていた。この貿易赤字を縮小させるため、ニューヨークで日本を含む先進５か国財務相・中央銀行総裁会議(G5)が開催された。この会議において、各国は協調的にドル安へ誘導することに(d)合意した。その後、急激な円高が進み、日本製品の輸出競争力は低下し、深刻な円高不況に陥った。円高による影響を回避するために、日本製品を輸出していた多くの企業が(e)生産拠点を海外に移した。

問１　下線部(a)について、戦後、固定為替相場制のもとで設定された為替レート

として適切なものを次の①～④のうちから一つ選びなさい。　[31]

①　1ドル＝360円　　②　1ドル＝308円　　③　1ドル＝240円

④　1ドル＝150円

問2　下線部(b)について、変動為替相場制へ移行するきっかけとなったニクソン・ショックの内容として適切なものを次の①～④のうちから一つ選びなさい。　[32]

①　社債とドルの交換を停止した。

②　株式とドルの交換を停止した。

③　金とドルの交換を停止した。

④　円とドルの交換を停止した。

問3　下線部(c)について、当時、アメリカは、貿易赤字だけでなく、大型減税と軍事費増大による財政赤字にも悩まされていた。このように、貿易赤字と財政赤字が併存する状態を何というか。適語を書きなさい。　[33]

問4　下線部(d)について、この合意のことを何というか。適切なものを次の①～④のうちから一つ選びなさい。　[34]

①　ルーブル合意　　②　キングストン合意　　③　プラザ合意

④　スミソニアン合意

問5　下線部(e)について、生産拠点を海外に移す企業が増えることにより国内の産業が衰退する現象を何というか。適語を書きなさい。　[35]

B　戦後間もない日本(f)では、全就業者数に占める第一次産業(g)の就業者数の割合が第二次産業、第三次産業の就業者数の割合よりも高かった。その後、経済発展にともない第二次産業、第三次産業の割合が上昇(h)し、現在では第三次産業の割合が最も高くなっている。

この間、第二次産業に属する製造業においても変化が見られる。二度の石油危機を契機として、製造業の就業者数の中心は、鉄鋼や石油化学などの【　1　】の産業から、半導体・コンピュータなどの【　2　】の産業へと移っていった。

問 6　【1】・【2】に入る用語の組み合わせとして、適切なものを次の①～④のうちから一つ選びなさい。　36

①　【1】基礎素材型　【2】重厚長大型

②　【1】重厚長大型　【2】軽薄短小型

③　【1】知識集約型　【2】基礎素材型

④　【1】軽薄短小型　【2】知識集約型

問 7　下線部(f)について、戦後間もない頃、日本政府は、限られた資金・資材・労働力を石炭・鉄鋼などの基幹産業に集中的に投入して生産の回復を図ろうとした。この戦後の復興のための経済政策のことを何というか。適語を書きなさい。　37

問 8　下線部(g)について、第一次産業に属する農業に関する法律であり、1995 年に施行され、米の国内の流通規制を大幅に緩和した法律として適切なものを次の①～④のうちから一つ選びなさい。　38

①　食糧管理法　　②　農業基本法

③　食料・農業・農村基本法　　④　新食糧法

問 9　下線部(h)について、経済発展にともない産業の中心が第一次産業から第二次・第三次産業へと移行することを何というか。適切なものを次の①～④のうちから一つ選びなさい。　39

①　経済のボーダーレス化　　②　経済のサービス化

③　経済のソフト化　　④　産業構造の高度化

問10　下線部(h)について、経済発展にともない産業の中心が第一次産業から第二次・第三次産業へと移行することは、先進国に共通して見られる現象である。この共通して見られる現象のことを何の法則というか。適語を書きなさい。 40

数学

（注）　工学部建築学科住居デザイン専攻の文系受験，経営学部の文系受験，情報科学部情報科学科メディア情報専攻の文系受験は「文系」を，その他は「理系」を解答する。

■理　　系■

（90分）

数学問題1　（(1)～(5)は必答問題，(6)，(7)は選択問題）

次の □ を適当に補え。

(1)　aを正の実数とする。xの2次方程式$6x^2-4ax+a=0$が異なる2つの実数解をもつようなaの値の範囲は ㋐ であり，$-1<x<1$の範囲に異なる2つの実数解をもつようなaの値の範囲は ㋑ である。

(2)　正方形OABCにおいて，辺ABを1：2に内分する点をP，辺BCの中点をQとする。このとき，$\overrightarrow{PQ}=x\overrightarrow{OA}+y\overrightarrow{OC}$をみたす$x$，$y$の値の組は，$(x,y)=$ ㋒ である。また，点Oから線分PQに下ろした垂線の足をHとするとき，$\overrightarrow{OH}=z\overrightarrow{OA}+w\overrightarrow{OC}$をみたす$z$，$w$の値の組は，$(z,w)=$ ㋓ である。

(3)　$x^2+y^2=1$，$x\geqq 0$，$y\geqq 0$のとき，$\sqrt{3}\,x^2+2xy-\sqrt{3}\,y^2$の最大値は ㋔ であり，最小値は ㋕ である。

(4)　$f(x)=\int_0^1|t(t-x)|\,dt$とする。$0\leqq x\leqq 1$のとき，$f(x)$を$x$の整式で表すと$f(x)=$ ㋖ であり，$\int_0^2 f(x)\,dx=$ ㋗ である。

(5) $\lim_{n\to\infty}\dfrac{1^3+2^3+3^3+\cdots+n^3}{n^4}=$ ［ ㋘ ］，

$\lim_{n\to\infty}\dfrac{1}{n}\left(\sin\dfrac{\pi}{n}+\sin\dfrac{2\pi}{n}+\sin\dfrac{3\pi}{n}+\cdots+\sin\dfrac{n\pi}{n}\right)=$ ［ ㋙ ］

次の(6)，(7)は選択問題である。1問を選択し，解答用紙の所定の欄のその番号を○で囲み，解答せよ。

(6) さいころを投げて，その出る目によって数直線(x軸)上を動く2点A，Bがあり，点Aの初めの座標は$x=0$，点Bの初めの座標は$x=4$とする。さいころを1回投げるごとに，出た目が1か2ならば点Aのみが$+1$だけ動き，5か6ならば点Bのみが-1だけ動き，3か4ならば2点とも動かない。さいころを5回投げたとき，5回目に初めて点A，Bの座標が等しくなる確率は ［ ㋚ ］ であり，5回のうちに点A，Bの座標が等しくなることが1度もない確率は ［ ㋛ ］ である。

(7) 自然数nの素因数分解が$n=2^2p^2$（pは3以上の素数）であるとする。このとき，nの正の約数は全部で ［ ㋜ ］ 個ある。また，nの正の約数の和が1281であるとすると，$n=$ ［ ㋝ ］ である。ただし，nの正の約数には1とn自身も含める。

数学問題 2 **(必答問題)**

空間において，2 点 A，B を A$\left(\dfrac{1}{2},\ 0,\ 0\right)$，B$\left(0,\ 1,\ \dfrac{1}{2}\right)$とする。$0 \leqq t \leqq 1$ である t に対して，線分 AB 上にあり y 座標が t である点を P とし，y 軸上にあり y 座標が t である点を Q とする。点 Q を中心とし，線分 PQ を半径とする円を平面 $y = t$ 上に作り，その円の周および内部からできる円板を D とする。

(1)　点 P の座標を求めよ。

(2)　円板 D の面積を求めよ。

(3)　t の値が 0 から 1 まで動くとき，円板 D が空間を通過してできる立体の体積を求めよ。

■文　　系■

（60分）

数学問題1　（(1)，(2)，(3)は必答問題，(4)，(5)，(6)は選択問題）

次の［　　］を適当に補え。

(1)　aを正の実数とする。xの2次方程式$6x^2-4ax+a=0$が異なる2つの実数解をもつようなaの値の範囲は［　㋐　］であり，$-1<x<1$の範囲に異なる2つの実数解をもつようなaの値の範囲は［　㋑　］である。

(2)　$\triangle$ABCにおいて，$\mathrm{BC}=3$，$\angle\mathrm{B}=30^\circ$，$\angle\mathrm{C}=45^\circ$とする。このとき，$\triangle$ABCの面積は［　㋒　］であり，外接円の半径は［　㋓　］である。

(3)　x，yを実数とする。次の［　　］の中に適するものを下の選択肢(A)～(D)の中から選んでその記号を記入せよ。ただし，同じものを繰り返し選んでもよい。

(i)　$x^2=y^2$であることは，$|x|=|y|$であるための［　㋔　］。

(ii)　$x^2>0$であることは，$x>0$であるための［　㋕　］。

(iii)　$x=1$かつ$y=-3$であることは，$xy+3x-y-3=0$であるための［　㋖　］。

(iv)　$x-3=-3x+5$であることは，$x=2$であるための［　㋗　］。

選択肢

(A)　必要条件であるが十分条件でない

(B)　十分条件であるが必要条件でない

(C)　必要十分条件である

(D)　必要条件でも十分条件でもない

次の(4)，(5)，(6)は選択問題である。２問を選択し，解答用紙の所定の欄のその番号を○で囲み，解答せよ。

(4)　さいころを投げて，その出る目によって数直線(x軸)上を動く2点A，Bがあり，点Aの初めの座標は$x=0$，点Bの初めの座標は$x=4$とする。さいころを1回投げるごとに，出た目が1か2ならば点Aのみが$+1$だけ動き，5か6ならば点Bのみが-1だけ動き，3か4ならば2点とも動かない。さいころを5回投げたとき，5回目に初めて点A，Bの座標が等しくなる確率は［ケ］であり，5回のうちに点A，Bの座標が等しくなることが1度もない確率は［コ］である。

(5)　自然数nの素因数分解が$n=2^2p^2$（pは3以上の素数）であるとする。このとき，nの正の約数は全部で［サ］個ある。また，nの正の約数の和が1281であるとすると，$n=$［シ］である。ただし，nの正の約数には1とn自身も含める。

(6)　△ABCにおいて，辺BCの中点をP，辺CAを1：4に内分する点をQとし，線分APと線分BQの交点をS，直線CSと辺ABの交点をRとする。このとき，$\dfrac{\mathrm{RQ}}{\mathrm{BC}}=$［ス］であり，面積の比$\dfrac{\triangle\mathrm{BPS}}{\triangle\mathrm{ABC}}$の値は［セ］である。

数学問題2 （必答問題）

水平な平原において，地上の1点Pの垂直上方の空中にドローンが静止している。地上のA地点にいる人がこのドローンを見て仰角（水平方向から見上げた角）を測ったら13°であった。次にこの人が点Pに向かって1000 m直進し，AとPの間の地点Bからこのドローンを見て仰角を測ったら25°であった。目の高さおよびドローンの大きさは無視するものとして，次の問に答えよ。ただし，$\tan 13^\circ = 0.23$, $\tan 25^\circ = 0.47$とし，答えの小数点以下は切り捨てよ。

(1) B地点とP地点の間の距離を求めよ。

(2) P地点から空中のドローンまでの高さを求めよ。

物理

（60分）

物理問題1

次の空欄を補え。

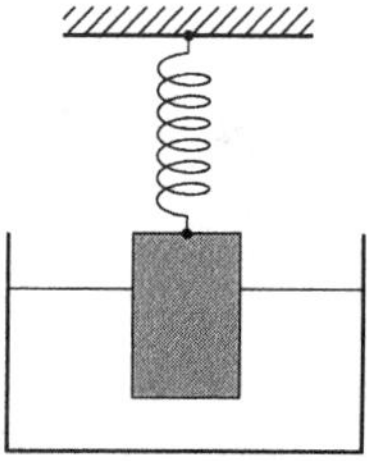

(1)　図のように，ばね定数kの軽いばねの一端が固定されてつるされており，他端には密度が一様で，質量Mの直方体の物体が結び付けられて水に浮かんでいる。水の密度は物体の密度の$\frac{1}{2}$倍である。ばねは鉛直方向に伸びており，物体はその体積の$\frac{1}{3}$が水面から上に出た状態で静止している。このとき，物体が水から受ける浮力の大きさは［　①　］であり，ばねの弾性エネルギーは［　②　］である。ここで，重力加速度の大きさをgとした。

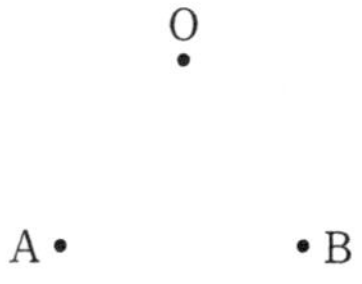

(2)　図のように，3点O，A，Bがあり，OA，OB，AB間の距離は全て等しく5.0 mである。この3点を含む平面に平行で一様な電場を加え，さらに点Oに電気量3.0 Cの点電荷を置いた。この点電荷に外力を加えてゆっくり移動させるとき，OからAへ移動させるのに外力がする仕事は15 Jであり，OからBへ移動させるのに外力がする仕事は−15 Jであった。このとき，OA間の電位差は［　③　］であり，一様な電場の大きさは［　④　］である。

(3) 起電力1.5 V，内部抵抗0.50 Ωの電池2個と抵抗値1.0 Ωの抵抗を用いて，図1のような回路を組むとき，抵抗に流れる電流の大きさは ⑤ Aである。また，図2のような回路を組むとき，抵抗に流れる電流の大きさは ⑥ Aである。

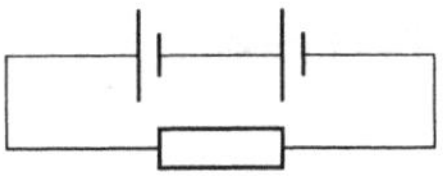
図1

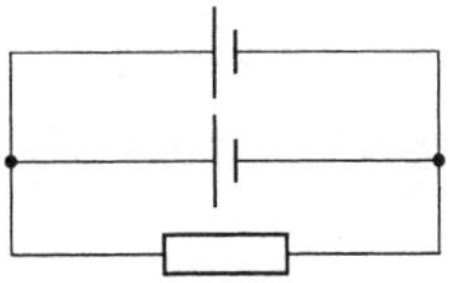
図2

(4) ある媒質中を，振幅と速さは等しく，振動数が互いにわずかに異なる2つの正弦波AとBが進んでいる。Aの周期は T である。図は，ある点におけるAとBによる媒質の変位 y と時刻 t との関係を示す。これより，Bの振動数は ⑦ となる。また，この2つの正弦波により，うなりが生じたとすると，うなりの回数は単位時間当たり ⑧ である。

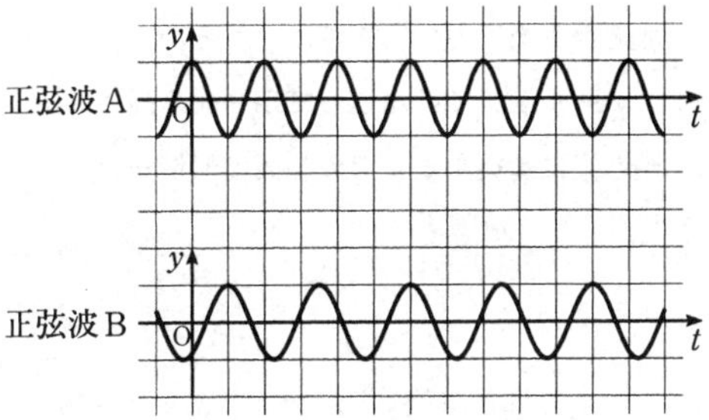

(5) 図のように，なめらかに移動できる断熱可動壁で仕切られた断熱容器があり，この容器の左右に理想気体A，Bが封入してある。初め，A，Bの体積は等しく，温度はともに T_0 であった。気体Bを加熱したところ，可動壁が左方向に移動し，気体Aは，体積が初めの体積の $\frac{1}{4}$ 倍になって，温度が T_1 になった。このとき，気体Aの圧力は初めの圧力の ⑨ 倍である。また，気体Bの温度は T_1 の ⑩ 倍である。

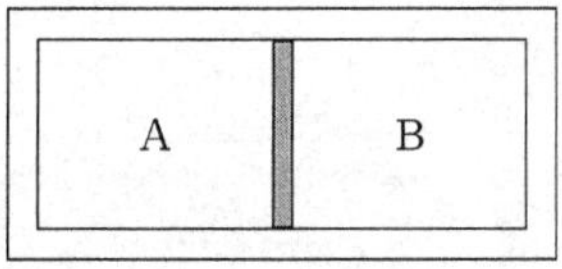

物理問題 2

ある高さ h で静止している質量 m の小さなボールを，鉛直下向きに手でたたいて初速度を与え水平な床に衝突させたところ，ボールは床ではね返り，ちょうど元の高さ h まで戻ってきた。重力加速度の大きさを g，ボールと床との間の反発係数を $\frac{4}{5}$ として，次の問いに答えよ。

(1)　床に衝突してはね返った直後のボールの速さはいくらか。

(2)　ボールに与えた初速度の大きさはいくらか。

(3)　ボールをたたく際に，ボールと手が接触していた時間を Δt とすると，ボールに加えた平均の力の大きさはいくらか。

(4)　ボールが床ではね返ってから元の高さに戻るまでの時間は，ボールが手を離れてから床に衝突するまでの時間の何倍か。

化学

（60分）

解答用紙の所定の記入欄に，問題の答えをそれぞれ指示された通り記述しなさい。また，問題文中の体積の単位記号Lは，リットルを表します。

必要であれば，定数および原子量は問題中に指示がある場合をのぞき，次の値を用いなさい。

アボガドロ定数　$N_A = 6.02 \times 10^{23}$/mol

標準大気圧　$1\,\text{atm} = 1.013 \times 10^5\,\text{Pa} = 1013\,\text{hPa}$

気体定数　$R = 8.31 \times 10^3\,\text{Pa·L/(K·mol)} = 8.31\,\text{Pa·m}^3\text{/(K·mol)}$

$= 8.31\,\text{J/(K·mol)}$

圧力の単位にatm，体積の単位にLを用いると，

$R = 0.0820\,\text{atm·L/(K·mol)}$

ファラデー定数　$F = 9.65 \times 10^4\,\text{C/mol}$

原子量　H = 1.0，C = 12，N = 14，O = 16，Na = 23，S = 32，Pb = 207

化学問題1

次の各問の空欄を補え。

問 1. 次の分子(a)〜(f)のうち，極性がないものの記号だけをすべて記すと［　　　］である。

(a)　H_2O　　(b)　CO_2　　(c)　HCl

(d)　NH_3　　(e)　CH_4　　(f)　HCN

問 2. 次の文中の空欄(ア)，(イ)に当てはまる適切な数値の組み合わせとして正しいものは，下の①〜⑨のうち［　　　］である。

水酸化ナトリウム 2.0 g を少量の水で溶かした後，水を加えて全量を 500 mL とし，［　(ア)　］mol/L の水酸化ナトリウム水溶液をつくった。濃度不明の酢酸水溶液 30 mL にこの水酸化ナトリウム水溶液を加えたところ，過不足なく中和するために 45 mL を要した。この酢酸水溶液の濃度は［　(イ)　］mol/L である。ただし，固体の水酸化ナトリウムは水分を含んでいないものとする。

	(ア)	(イ)
①	0.10	0.15
②	0.10	0.75
③	0.10	1.5
④	0.40	0.15
⑤	0.40	0.75
⑥	0.40	1.5
⑦	1.0	0.15
⑧	1.0	0.75
⑨	1.0	1.5

問 3. ある気体の分子量は 30 である。27 ℃，2.0×10^5 Pa の圧力のもとで体積を測

定すると，この気体20 gの体積は □ Lである。ただし，この気体を理想気体とみなす。

問 4. 水素分子内のH−H，アンモニア分子内のN−Hの結合エネルギーをそれぞれ436 kJ/mol，391 kJ/molとする。これらの値と次の熱化学方程式を用いて求めた窒素分子内のN≡Nの結合エネルギーは， □ kJ/molである。

$$N_2(\text{気}) + 3H_2(\text{気}) = 2NH_3(\text{気}) + 93\,\text{kJ}$$

問 5. 鉛蓄電池の構成は，次のように表される。

$$(-)\ \ Pb\ \ |\ \ H_2SO_4\,aq\ \ |\ \ PbO_2\ \ (+)$$

この電池の両極を外部回路に接続し，2.0 Aの一定電流で1時間20分25秒間放電させたとき，この放電による負極の質量の変化は □ gである。答えは下の解答例にならって，増加か減少かを明示して記せ。

(解答例)　1.0 g(増加)

問 6. A + B ⇄ Cで表される化学反応において，触媒を用いた場合，次の(a)～(c)の値はそれぞれどのように変化するか。その変化の組み合わせとして正しいものは，下の①～⑫のうち □ である。

(a)　C ⟶ A + Bの活性化エネルギー

(b)　A + B ⟶ Cの反応熱

(c)　A + B ⟶ Cの反応速度

	(a)	(b)	(c)
①	大きくなる	大きくなる	大きくなる
②	大きくなる	大きくなる	変化しない
③	大きくなる	小さくなる	変化しない
④	大きくなる	変化しない	小さくなる
⑤	小さくなる	大きくなる	変化しない
⑥	小さくなる	小さくなる	小さくなる
⑦	小さくなる	変化しない	大きくなる
⑧	小さくなる	変化しない	変化しない
⑨	変化しない	大きくなる	小さくなる
⑩	変化しない	小さくなる	大きくなる
⑪	変化しない	変化しない	大きくなる
⑫	変化しない	変化しない	変化しない

問 7. 次の記述①～⑤のうち，正しいものは □ である。

① ハロゲンの単体の酸化力は原子番号が大きいほど強く，水溶液中で次の反応が起こる。

$$2KCl + I_2 \longrightarrow 2KI + Cl_2$$

② 塩化水素は，酸化力が硝酸と同等であり，水素よりもイオン化傾向の大きい金属と反応して水素を発生させる。

③ ヨウ化カリウム水溶液にオゾンを通じると，ヨウ素 I_2 と酸素 O_2 および水酸化カリウム KOH が生成する。

④ 硫化鉄(Ⅱ)に希硫酸を加えると発生する気体は，強い酸化剤として働く。

⑤ 金属イオンと硫化物イオンの反応により生じる硫化物の沈殿は黒色が多いが，ZnS と CdS の沈殿は白色である。

問 8. アルコールの反応に関する次の文中の空欄(ア)～(エ)に当てはまる物質名および語句の組み合わせとして正しいものは，下の①～⑫のうち □ である。

一般に，有機化合物から水がとれる反応を脱水反応という。例えば，エタノールと濃硫酸の脱水反応では，約130～140℃で［(ア)］が生じ，約160～170℃では［(イ)］が生じる。また，酢酸とエタノールに触媒として濃硫酸を加えて加熱すると，［(ウ)］が生じる。［(ア)］や［(ウ)］が生じる反応のように，2つの分子間で水のような簡単な分子がとれて結びつく反応を［(エ)］反応という。

	(ア)	(イ)	(ウ)	(エ)
①	エチレン	ジエチルエーテル	無水酢酸	置換
②	エチレン	ジエチルエーテル	酢酸エチル	置換
③	エチレン	ジエチルエーテル	無水酢酸	縮合
④	エチレン	ジエチルエーテル	酢酸エチル	縮合
⑤	エチレン	ジエチルエーテル	無水酢酸	重合
⑥	エチレン	ジエチルエーテル	酢酸エチル	重合
⑦	ジエチルエーテル	エチレン	無水酢酸	置換
⑧	ジエチルエーテル	エチレン	酢酸エチル	置換
⑨	ジエチルエーテル	エチレン	無水酢酸	縮合
⑩	ジエチルエーテル	エチレン	酢酸エチル	縮合
⑪	ジエチルエーテル	エチレン	無水酢酸	重合
⑫	ジエチルエーテル	エチレン	酢酸エチル	重合

化学問題２

次の文を読み，各問に答えよ。

(A)純物質のうち１種類の元素からなるものを(　ア　)といい，２種類以上の元素からなるものを化合物という。(B)同じ１種類の元素でできているのに，性質の異なる物質が存在することがあり，これらを互いに(　イ　)という。

(C)原子は中心にある１個の原子核と，そのまわりに存在するいくつかの電子で構成されている。原子核中の陽子の数は元素の種類によって異なり，この数をその原子の(　ウ　)という。また，原子核中の陽子数と中性子数の和を，その原子の(　エ　)という。自然界に存在する元素には，(　ウ　)は同じでも，(　エ　)は異なる原子が存在することがあり，これらを互いに(　オ　)という。(D)(　オ　)の相対質量とその存在比から求められる各元素の原子の平均相対質量を原子量という。

原子を構成する電子は，原子核を取り囲む電子殻と呼ばれる幾つかの層に分かれて存在している。電子殻は，原子核に近い内側からK殻，L殻，M殻，N殻...と呼ばれる。各電子殻に収容される電子の数には限度があり，内側からn番目の電子殻には最大(　カ　)個まで入る。例えば，M殻には最大(　キ　)個の電子が入る。最大数の電子が収容された電子殻を(　ク　)という。

原子では，内側の電子殻にある電子ほど原子核に強く引きつけられ，エネルギーの低い安定な状態になる。このため，一般的には，電子は最も内側にあるK殻から順に外側の電子殻へと配置される。このような電子の入り方を電子配置という。原子中で最も外側の電子殻中にある電子を(　ケ　)という。

問 1. 文中の(　ア　)～(　ケ　)に当てはまる適切な語句を記せ。ただし，(　カ　)についてはnを用いた数式を記し，(　キ　)については数字を記せ。

問 2. 次の物質(a)～(e)のうち，文中の下線部(A)に当てはまるものの記号だけをすべて記せ。

(a) ヘリウム　　(b) 空気　　(c) 塩化水素　　(d) 水　　(e) 水素

問 3. 次の(a)～(c)は，文中の下線部(B)の関係にある物質の組み合わせである。下の①～③に当てはまる物質の名称を記せ。

(a) 黄リンと(　①　)

(b) 酸素と(　②　)

(c) 斜方硫黄と(　③　)とゴム状硫黄

問 4. 文中の下線部(C)に示した原子の構造に関連する次の記述(a)～(c)の正誤の組み合わせとして正しいものは，下の①～⑧のうちどれか。

(a) すべての元素の原子において，その原子核中には，陽子と中性子が必ず存在するが，その数は異なる場合がある。

(b) すべての元素において，1個の原子には，原子核中の陽子の数と同数の電子が含まれている。

(c) 陽子と中性子の質量はほぼ等しいが，電子の質量は陽子や中性子と比較すると極めて小さい。

① a：正，b：正，c：正	② a：正，b：正，c：誤
③ a：正，b：誤，c：正	④ a：正，b：誤，c：誤
⑤ a：誤，b：正，c：正	⑥ a：誤，b：正，c：誤
⑦ a：誤，b：誤，c：正	⑧ a：誤，b：誤，c：誤

問 5. 文中の下線部(D)において，ある元素には，相対質量が24.00，25.00，26.00の3種類の原子が存在し，相対質量が24.00であるものの存在率が79.00%であるとする。この元素の原子量が24.30であるとき，相対質量が25.00であるものの存在率は何%になるか。答えは整数で記せ。

問 6．次の(a)〜(e)の電子配置をもつ原子について，下の(1)〜(3)の問いに答えよ。

(a)　(b)　(c)　(d)　(e)

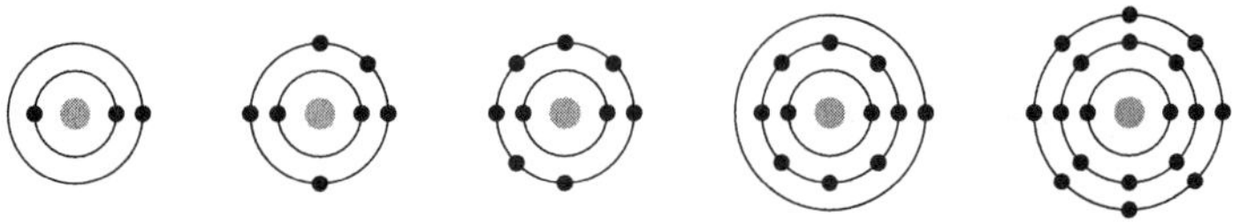

中心の円●は原子核，周囲の円は電子殻，黒の●は電子を示す。

(1)　(a)〜(e)の各原子の元素記号と，価電子の数を記せ。

(2)　互いに似た性質を示す原子はどれとどれか。(a)〜(e)の記号で記せ。

(3)　最も安定な電子配置をもつ原子はどれか。(a)〜(e)の記号で記せ。

化学問題 3

次の文を読み，各問に答えよ。

炭素，水素，酸素だけからなる有機化合物の組成式を決定するため，この化合物を精密に3.0 mg 量りとって［　(a)　］中で完全燃焼させ，生じた水を［　(b)　］で吸収し，二酸化炭素を［　(c)　］で吸収した。この反応で生じた水と二酸化炭素の質量をこれらの質量増加分から求めたところ，それぞれ1.8 mg，4.4 mg であった。また，この有機化合物の分子量を別の方法で測定したところ，分子量は60であった。

問 1．文中の空欄(a)〜(c)に当てはまる最も適する語句の組み合わせとして正しいものは，下の①〜⑨のうちどれか。

	(a)	(b)	(c)
①	大気	塩化マグネシウム	ケイ酸
②	大気	塩化カリウム	石灰石
③	大気	塩化カルシウム	ソーダ石灰
④	乾燥した窒素	塩化マグネシウム	ケイ酸
⑤	乾燥した窒素	塩化カリウム	石灰石
⑥	乾燥した窒素	塩化カルシウム	ソーダ石灰
⑦	乾燥した酸素	塩化マグネシウム	ケイ酸
⑧	乾燥した酸素	塩化カリウム	石灰石
⑨	乾燥した酸素	塩化カルシウム	ソーダ石灰

問 2. この有機化合物3.0 mgに含まれている炭素原子，水素原子および酸素原子のそれぞれの質量(mg)を求めよ。

問 3. この有機化合物の組成式を記せ。

問 4. この有機化合物の分子式を記せ。

問 5. この有機化合物がメチル基をもつとき，この有機化合物の異性体の構造式を次の例にならってすべて記せ。

例：

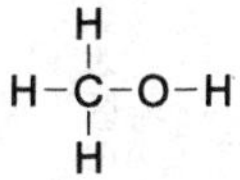

問 6. 問5で答えた異性体のうち，水に溶けるとわずかに電離し，弱酸性を示すものを化合物Xとする。化合物Xを還元して生じる化合物A，さらに化合物Aを還元して生じる化合物Bの構造式を次の例にならってそれぞれ記せ。

例：

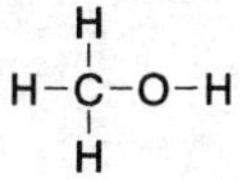

問7　本文の内容に合致するものをa〜dから一つ選びなさい。解答番号は［28］。

a　縁起的にとらえると、自己は人との出会いや自分を取り巻く環境によって変容していくものであり、そのように自己をとらえることには、ポジティブな面とネガティブな面の両面がある。

b　人はもともと自分の意思によって自力で行動すると考えられているが、他力本願の慈悲にすがることによって、自己を超えた、縁起による業につながることができると親鸞は考えている。

c　他人のために善いことをしようという利他心も、心の奥底では、善いことをしてほめられたいという利己心から発生していることもあるように、自己とは本来、不安定なものである。

d　英語では主格をはっきり表現するが、ヒンディー語には「与格」があり、日本語には「思える」という言い方があるように、行動の責任をはっきりさせない表現をする言語もある。

問8　傍線部(E)「私が行為を意思によって所有しているという観念」とはどういう意識内容、またはどういう考え方であるか。句読点も含めて二十字以上三十字以内で説明しなさい。解答は記述欄㈡に記入すること。

問4　傍線部(C)「それ」が指すものとして**適当でない**ものを、ａ～ｄから一つ選びなさい。解答番号は 25 。

ａ　私を超えた業の力
ｂ　縁起的現象としての「私」
ｃ　自己の力を超えた業の存在
ｄ　無限の過去からやってくる力

問5　傍線部(D)「人間の意思にいろいろなものを還元しすぎてきたと思う」とあるが、なぜそう思うのか。その理由としてもっとも適当なものを、ａ～ｄから一つ選びなさい。解答番号は 26 。

ａ　理性ではいけないと分かっていても、意志が弱いためにしてしまう行為もあるから。
ｂ　反射的にする動作や、何気なくする癖のように、人間には無意識に行う動作もあるから。
ｃ　人間だれしも自分の意思に反して、よく考えないまま、衝動的にしてしまう場合もあるから。
ｄ　自己の力を超えたさまざまな相互関係によって人間が成り立っているという考え方もあるから。

問6　空欄(F)に入れるのにもっとも適当なものを、ａ～ｄから一つ選びなさい。解答番号は 27 。

ａ　家族や友人に強く勧められて
ｂ　私の中にあなたへの情が湧いてきて
ｃ　私が合理的にあなたを解析して
ｄ　私とあなたが運命的に出会って

② 不可抗力　22

a　抵抗すべきではない強い力

b　抵抗することのできない力

c　抵抗する必要のない偉大な力

d　圧力に抵抗して生ずる反対方向の力

問2　傍線部(A)「不純な自己愛に変容することがある」のはなぜか。もっとも適当なものをa～dから一つ選びなさい。解答番号は 23 。

a　善いことをしてあげた自分という意識を持ってしまうから。

b　助けられる側の都合を考えない独りよがりの考え方だから。

c　助ける側から助けられる弱者を見下す権力者の発想であるから。

d　善いことをすればいずれ自分に返ってくるという偽善の発想だから。

問3　傍線部(B)「前世の報い」とあるが、もっとも意味の近い四字熟語はどれか。a～dから一つ選びなさい。解答番号は 24 。

a　自業自得

b　輪廻転生

c　有為転変

d　因果応報

ロールしているというよりは、何か思いがワーッとめぐっているということが圧倒的に多く、「思い」のほうに自分が翻弄されているという感覚のほうが大きい。

意思というのはそんなに世界や自分をコントロールしているものなのか、という感覚が非常に強く、過去の人たちはそれを言葉の構造で表現してきたのではないでしょうか。

縁起的な自己というものは、意思で自己をコントロールする考え方とはかけ離れたものです。そして、いつでも変容できうる私というポジティブな面をもたらしてくれます。

しかし、その一方で、縁によってどのような振る舞いをするか分からない、不安定な自己を抱えているという厄介な面も見逃せません。自分でも手のつけようのない、深い懊悩《おうのう》、あるいは煩悶《はんもん》みたいなものを抱えた存在である。それが、縁起的な自己です。

業というのは、常に私を解放するとともに、手をつけられないものに支配されている状態に置くという、非常に厄介な両義性を持っているものとして仏教ではとらえられているのだと思います。

（中島岳志「利他はどこからやってくるのか」）

問1　傍線部①②の意味としてもっとも適当なものを、a～dからそれぞれ一つ選びなさい。解答番号は 21 22 。

① 想定外 21

a　思っていたものにはほど遠いこと

b　今までの知識では対応できないこと

c　事前に予想した範囲を越えていること

d　想像しているよりはるかに先であること

どうしても近代社会というのは、(D)人間の意思にいろいろなものを還元しすぎてきたと思うのです。この問題は第四章で國分功一郎さんが論じていることとも相通じるのですが、やはり人間の意思によってすべての行為が行われているということについては、疑う必要があります。

ヒンディー語では、「私はうれしい」というのは、「私にうれしさがやってきてとどまっている」という言い方をします。「私は」ではなくて、「私に」で始める構文のことを、ヒンディー語では「与格」といいます。この「与格」が現代語のなかにかなり残っていて、ヒンディー語を勉強するときにこれがものすごく難しい。「私は」で始めるのか、「私に」で始めるのかというので、初学者はすごく戸惑うポイントです。

「私は」というのは(E)私が行為を意思によって所有しているという観念だと思いますが、「私に」何々がやってくるというのは、②不可抗力によって私に何かが生じているという現象のときに使います。たとえば、「風邪をひいた」「熱が出ている」というのは与格で表現します。つまり、私が風邪をひきたい、熱を出したいと思ってそうなっているのではなく、私に風邪や高熱がやってきてとどまっている、という言い方をします。

「私はあなたを愛している」というのも、「私にあなたへの愛がやってきてとどまっている」。［　(F)　］好きになったのではなく、どうしようもない「愛」というものが私にやってきた。ではそれはどこからやってくるのかという問題が出てきます。

それがやはりインド人にとっては神であったり、場合によっては歴史的な過去だったりするのでしょう。

「I think」だって疑わしい。私は意思的に思っているのかという問題です。日本語では「私には思える」という言い方があります。「私には思える」と「I think」のあいだにはちょっと距離がありますよね。「私には思える」というのは、私が何かを思っているというよりは、「思いが私に宿っている」という感覚。私は自分でも、自分が思っていることを自分でコント

親鸞の考えです。

それに対して、「浄土の慈悲」は阿《あ》弥《み》陀《だ》仏《ぶつ》の慈悲であり、それが他力であると親鸞は考えます。それは、仏の利他心であり、見返りを求めない一方的な慈悲の心です。

そこに働いているのが、縁起による業というものです。仏教における業は(B)前世の報いというふうに誤解されることが多いのですが、そうではなく、「縁によって成立している私」という存在に関わる言葉です。

仏教の根本は、「アートマン」の否定です。アートマンとは、絶対的な我を指すヒンドゥー教の概念です。このアートマンが、絶対的な宇宙であるブラフマンと本質において同一のものであると考えるのが、ヒンドゥー教です。これが「梵《ぼん》我《が》一《いち》如《にょ》」と呼ばれる原理です。

ところが、それに対して、ゴータマ・シッダールタは、アートマン、すなわち絶対的な我は存在しないことを説きました。本当の「我」はどこまで追求しても存在しないことが仏教にとっては非常に重要なのです。むしろ、存在するのは、縁起的現象としての「私」というものだけであるというのです。

縁起による、そして私を超えた業の力によって成り立っている「私」。自己の力を超えた業の存在こそが、無限の過去からやってくる力であって、(C)それによって「私」は規定されているということです。

このことを少し身近なところで考えてみましょう。社会はさまざまな偶発性といろいろな相互関係によって物事が進んでいくので、私たちはあらゆる①想定外の未来に生きているんだと思うのです。それが人間というもの、あるいは社会の本質でしょう。

しかし、自然に全部任せてしまえばいいのかというと、そういうわけでもない。そこの狭間でどのようなことが考えられるのか。

れるということ。

d　調理台を囲んで働く複数の人々の中には、家族だけではなく使用人が含まれている場合もあることが察せられるということ。

問10　戦後の日本の住宅におけるＤＫ普及の背景として、本文が述べることがらは何か。句読点も含めて三十五字以上五十字以内で説明しなさい。解答は記述欄㈠に記入すること。

二

次の文章を読んで、問いに答えなさい。

親鸞は、『歎《たん》異《に》抄《しょう》』第四条で、慈悲にはふたつある、という言い方をしています。善いことをしようと思ってする聖者の行いが「聖道の慈悲」で、浄土からおのずとやってくるのが「浄土の慈悲」です。

つまり、親鸞は「聖道の慈悲」を自力、「浄土の慈悲」を他力と考えているわけです。善いことをしよう、誰かを助けたいという意思を持って行うことは、尊いけれど不完全な慈悲であり、常に(A)不純な自己愛に変容することがあると親鸞はとらえているのです。利他の心が見返りを求める自利の心へと変容してしまうという問題が、どうしても「聖道の慈悲」のなかにはあるわけです。

自我にもとづく、こうした慈悲は、先述した「ピティー（pity）」（哀れみ）の問題へと還元されていく自力の慈悲です。ここにはやはり権力が存在してしまうので、いくら尊い人の慈悲であっても、聖道の慈悲を超えなければならない、というのが

るようになっているということ。

d　台所の重要性が認識され注目を集める一方、住まいにおける台所以外の部分に対する関心が薄れてきてしまっているということ。

問8　傍線部(E)「新しい台所の姿が具体化することになる」とあるが、その「姿」として**適当でない**ものを、a～dから一つ選びなさい。解答番号は［19］。

a　台所だけの部屋だとはとても思えないほどの広さがある。

b　土間がなく、作業はすべて立って行なうのが前提である。

c　七輪と調理台とを並べ、その周囲で働く設計になっている。

d　隣の部屋は食事室であり、間に戸棚と「膳立所」がある。

問9　傍線部(F)「そこには使用人の存在が見え隠れすることになる」とはどういうことか。もっとも適当なものをa～dから一つ選びなさい。解答番号は［20］。

a　使いやすいよう工夫された設計から、台所を実際に使用する人の意見を取り入れて設計案が作成されたことが分かるということ。

b　複数の人が一度に働きやすい設計から、主婦が一人で働くのではなく使用人も一緒に働いていることが推測されるということ。

c　働きやすさという点で合理的に設計されていることから、台所を使用する人が自ら設計を行なっていることが想像さ

c　調理を行なうための設備を合理化や科学技術によって最小化し、調理のために必要な空間は確保しつつ台所そのものは狭くすること。

d　調理する場を家族の共用とせず、家族の人数分の台所を別に設けるか、または家族の個室内にそれぞれの専用調理スペースを設けること。

問6　傍線部(C)「それ」とは何を指すか。もっとも適当なものをａ～ｄから一つ選びなさい。解答番号は［17］。

a　ＤＫやＬＤＫの成立と一般化

b　台所が調理を行なう場ではなくなってきたこと

c　台所をＤＫやＬＤＫという名称で呼ぶようになってきたこと

d　台所兼食堂をＤＫ、台所兼食堂兼居間をＬＤＫと略すようになったこと

問7　傍線部(D)「住まい＝台所といった気配さえ漂っている」とはどういうことか。もっとも適当なものをａ～ｄから一つ選びなさい。解答番号は［18］。

a　台所はその機能からして住まいの根源的な場であり、台所がない住まいはもはや住まいではないと考えられるようにまでなっているということ。

b　生活を支える裏方の場だった台所が、生活そのものの場として意識され住まいのなかで中心的な位置を占めるようになっているということ。

c　台所をどのように設計し間取りのなかでどう位置づけるかが、住まいの設計においてもっとも重要であると認識され

③ 顕著　[14]

a 手堅く確実であること

b 確固として揺るぎないこと

c 極端に強調されていること

d 目立って明らかなこと

問4 傍線部(A)「こうしたつくり方」とはどのようなものか。もっとも適当なものをa～dから一つ選びなさい。解答番号は [15]。

a 居間や台所と他の部屋とを区切る壁を必要最低限にし、全体を一つの空間として感じさせるつくり方。

b 居間と台所について、大きめの窓を設けるなどして採光や通風を図るとともに部屋を広く見せるつくり方。

c 居間や台所を、玄関を介さずに人を直接招き入れることが可能な一種のオープンスペースとするつくり方。

d 居間と台所とを隣接させ、かつ、どこまでが居間でどこまでが台所なのかを明確にしないつくり方。

問5 傍線部(B)「調理する場を一層細分化する」とはどのようなことか。もっとも適当なものをa～dから一つ選びなさい。解答番号は [16]。

a 調理を行なう場所を、来客をもてなす部屋はもちろん家族が食事をする部屋やくつろぐ部屋などからも分けて完全な別室とすること。

b 例えば食材を切る・加熱調理を行なう・盛りつけるなど、調理の過程で行なわれる作業が分割され、それぞれ専用の部屋が設けられること。

(4) ［ 9 ］　a 主婦　b 守備　c 脇役　d 黒子

(5) ［ 10 ］　a 一般的　b 理想的　c 普遍的　d 大衆的

(6) ［ 11 ］　a 国々　b 背景　c 観点　d 目的

問3　傍線部①～③の意味としてもっとも適当なものを、a～dからそれぞれ一つ選びなさい（②は基本形で示している）。
解答番号は ［ 12 ］ ～ ［ 14 ］。

①　家内　［ 12 ］

a　家の中ですること
b　家族に関すること
c　自分の妻のこと
d　家政婦のこと

②　オブラートに包む　［ 13 ］

a　相手に真意を悟らせないため、分かりにくい表現をすること
b　相手を刺激しないように、遠回しで穏やかな表現をすること
c　相手に気持ちが伝わるように、抑揚をつけて大げさに表現すること
d　相手を尊重する姿勢を示すため、堅苦しく改まった表現をすること

(エ)　出パン　[4]

a　模ハン的
b　ハンで押したよう
c　反射バン
d　ハン画

(オ)　シ摘　[5]

a　犯行をシ唆する
b　シ揮をとる
c　シ持を得る
d　シ神経

問2　空欄(1)〜(6)に入れるのにもっとも適当なものを、a〜dからそれぞれ一つ選びなさい。解答番号は [6] 〜 [11]。

(1)　[6]
a　確立　b　擁立　c　合流　d　集合

(2)　[7]
a　そもそも　b　つまり　c　すなわち　d　いわば

(3)　[8]
a　良識　b　構図　c　様相　d　設計

問1　傍線部(ア)〜(オ)を漢字で書いたときと同じ漢字を含むものをa〜dからそれぞれ一つ選びなさい。解答番号は［1］〜［5］。

(ア)　トウ合　［1］

a　意気トウ合
b　不トウ式
c　血トウ書
d　筆トウ株主

(イ)　コウ景　［2］

a　コウ陰矢のごとし
b　コウ生畏るべし
c　コウ事魔多し
d　コウ顔無恥

(ウ)　イ持　［3］

a　繊イ製品
b　イ中の人
c　地イが高い
d　大同小イ

このような(オ)シ摘に象徴されるように、伝統的な台所はいろいろな（　(6)　）から批判されることになる。そして、こうした流れを反映して、(E)一九一〇年代頃から新しい台所の姿が具体化することになる。その一つが『婦人之友』誌上で行なわれた台所設計競技である。

一九一一（明治四四）年、羽仁もと子（1873–1957）・吉一の手になる『婦人之友』では「理想の平民的台所」と題して、新しい理想的な台所の間取りの懸賞募集を行なった。「都会向（都会向き）の台所」として考案された一等案を見ると、最初に目につくのが、一〇畳という広さ。現在の住まいでは考えられない。ＤＫやＬＤＫといった感じの広さだ。これが「平民」の台所となるわけだから、「平民」と言いつつも実質的には中流層の住まいを指していたことがわかる。

さて、この台所の新しさは、まず土間がないこと、そして、すべての行為を立って行なうように計画されていることである。また、中央に煮炊きに使う七輪と、米びつや甕《かめ》などの収納を兼ねた調理台を置いた、今風に言えば、アイランド型キッチンという配置をとっている。

この形式の利点は、調理台を囲んで複数の人がスムーズに働けることであり、(F)そこには使用人の存在が見え隠れすることになる。それでも、隣の食事室との間には戸棚と「膳立所」があり、戸棚は腰から上は台所と食事室の両側から使え、また、「膳立所」の中央にはハッチが設けられ食器などを受け渡しすることができるように工夫されている。これは、料理の運搬などの合理化のためのアイデアで、使用人の労働を軽減するための工夫といえる。

私は、このハッチこそ、戦前期の台所の合理化の象徴的な設備であり、同時に、台所と食事の場の一体性を強く促したものであり、戦後に住宅がＤＫをスムーズに受け入れていくことになった重要な要因でもあったと考えている。

（内田青蔵『「間取り」で楽しむ住宅読本』）

それゆえ、家事は女性という（　(3)　）が父系社会の中でき上がり、女性は家庭を(ウ)イ持するための（　(4)　）に徹することが求められた。

そうした考え方は間取りにおいても③顕著に示された。すなわち、家事の中心の場である台所は、根源的には分棟であったことに象徴されるように、ハレの場である接客の場としての客間とはもっとも遠く離れた場所に設けられていたのである。

ところで、台所は火と水を扱う。そのため、広い土間を有するのが（　(5)　）であった。このことは一八八六年に出(エ)パンされたエドワード・S・モース（1838–1925）が描いた明治初期の日本の台所風景を見ればよく判る。土間には井戸があり、梁《はり》から水汲み用のつるべを引き上げる滑車が吊るされているし、一段高い床上には二口の竈《かまど》、その横には七輪が置かれている。

これに端的に示されているように、当時の台所は広く、かつ、土間と一段高い床からなっていた。そのため、作業の移動距離は長いし、そのうえ、履物の着脱を繰り返して土間と床上を行き来するという不便さがあった。また、床上の七輪の横には銘々膳が置かれ、和服姿の女性がしゃがんで盛り付けを行なっている。このしゃがむ姿勢こそ、わが国の伝統的な生活のスタイルで、調理作業もしゃがむ姿勢がとられた。

一九一〇年代、明治も終わり頃になると、しゃがむという窮屈な姿勢で作業を行なう伝統的な台所を批判的に見る人々が出現した。時代はちょっと後のものだが坪内逍遥（1859–1935）の養子で演劇評論家として活躍した坪内士行夫人が「初めて使つて（使って）みた日本の台所」（『住宅』一九一八年二月号）と題して伝統的な台所の批判を行なっている。夫人はアメリカ人で、その内容は記事の小見出しである「物を洗ふに湯を使はぬ（物を洗うのに湯を使わない）習慣」「歩くところで調理する習慣」「坐つて（座って）やる台所仕事」などを見ただけでも、アメリカでの家庭生活との比較から批判が展開されていたことがわかる。

いう(イ)コウ景さえ珍しくなくなった。

ところで、改めて〝台所〟とは？　と問われれば、やはり調理を行なう場所と答える。ただ、台所といっても住まいの規模や住まいの種類によって様々であることは明らかだ。それでも、そうした違いを超えて、巨視的に見れば、台所は調理の場であることは共通しているし、同じようにその役割が住まいの中心的なものへと変化してきたように思う。

一方、そう思いつつも、今では当たり前の呼び名となったＤＫ（ダイニング・キッチン）あるいはＬＤＫ（リビング・ダイニング・キッチン）という名称が気になる。純粋につくるだけの台所が消滅してしまったのではないかと思えるからだ。ＤＫとは、その名が示すように、台所（Ｋ）と食堂（Ｄ）が、（　(2)　）、食べるところと調理するところが一体となった場を指すし、ＬＤＫはこれに居間（Ｌ）という機能が更に付加された場を指す。

(C)それは、台所の機能が拡大されたこととともに、近代化の過程で行なわれた機能の細分化というこれまでの住まいづくりの動きが大きく変わろうとしていることを示しているように思える。そして、こうした様子を見ていると、近代以降の住まいの変化の中で、最も大きく変わった場所こそ、この〝台所〟と思えるし、しかも、その重要度はますます強大になっていく気配が感じられる。大げさにいえば、(D)住まい＝台所といった気配さえ漂っているのだ。

台所で働くのはだれ？　と聞かれれば、今でも女性という答えが多いのではあるまいか。私などは古いタイプのためか、家庭の分担として家事は女性の①家内、外で働くのは男性の私、というのがあたりまえのように刷り込まれている。

しかし近年、男女雇用機会均等法の存在やジェンダー研究の普及もあって、男と女の分業といった②オブラートに包みこむような状況はなくなってきた。性差による適性を考慮したうえでも、家事労働が女性の天職だ、というと今の時代、すぐ反発を受けてしまいそうだが、これまで男が外で、女が内という考えが既定路線のようになり、社会が動いていたからなのである。

国語

（六〇分）

一

次の文章を読んで、問いに答えなさい。

居間の隣に移ると、そこは台所。もっとも、居間から台所の様子は十分見て取れる。それほど、居間と台所は開放的で、部屋の境は曖昧《あいまい》なつくりとなっている。(A)こうしたつくり方も、実は、きわめて新しい。

既に触れたように、居間は近代化の中でつくられた近代特有の部屋であったのに対し、台所は機能的には住まいの根源的な場といえる。間取りの発展とは、基本的には様々な生活行為に対応する専用の部屋が次々と（ (1) ）していくことを指している。

しかし、居間に連続する台所は、近代化の過程で、(B)調理する場を一層細分化するのではなく、逆に食事を行なう場を(ア)トウ合するかたちで動いてきたし、その過程で、住まいの裏方から表の場へと移り始めてきたのである。

ちなみに、現在の住まいを眺めていると、豪華でまぶしいくらい輝いている台所に出会うことがある。バブル期に台所ブームがあり、重装備の高級車に匹敵するようなシステム・キッチンがもてはやされたからである。しかも、単なる豪華さだけに止《とど》まらず、間取りにおいても〝台所〟が住まいの中央にドンと置かれ、あるいは、そこで働いているのは調理が趣味の男性と

解答編

英語

1　**解答**　A．(4)—b　(8)—a　(15)—a　(16)—d　(17)—c　(18)—b
B．(1)—b　(2)—c　(3)—d　(9)—a　(11)—c　(13)—b
C．(6)—d　(7)—d　(14)—c
D．(5)これが起こるのにどれだけの時間がかかるのか
(10)地球温暖化よりも世界規模の問題はない
(12)少なくとも過去２万年で見られた中で最速のペースで
E．1—F　2—T　3—F　4—T　5—F

解説　≪地球温暖化について≫

A．(4)関係詞の問題。空所の前に先行詞がなく，空所の後に受動態で文の要素に欠落のない完全文 they're called greenhouse gases が続いていることから，空所には関係副詞が入るとわかる。空所を含む節自体の主語は非制限用法の関係代名詞 which で，直前の節 The gases act like a greenhouse, capturing solar energy in the atmosphere である。「そのガスは，空気中に太陽エネルギーを蓄える温室のような働きをする」と「それらが温室効果ガスと呼ばれる」は原因・理由の関係で結ぶのが適切である。よって，理由の関係副詞であるｂ．why が正解。

(8)空所直後に soon の比較級 sooner が続くことから，空所には比較級を強調する副詞が入る。比較級は much や by far で強調するため，ａ．much が正解。

(15) contribute to ～ で「～に貢献する」，「～の一因となる」の意味。空所直前に have があるため contribute を過去分詞形にし，現在完了形とするのが適切。よって，ａ．contributed が正解。

(16) a result of ～ で「～の原因」の意味。

(17)空所を含む節が there is ～ の構文となっている。よって，空所には名詞を入れるのが適切。選択肢で名詞の機能を持つのはｃ．warming のみ

である。

⒅空所が冠詞 a と名詞 rise に挟まれていることから，空所には形容詞が入る。また，空所の後述部，of 以降で上昇の進行度合いが記述されているので，程度が進行する状態（さらに）を表す形容詞の b．further が正解。c．more は「より多く」の意味があり，a という不定冠詞とそぐわないので不適。a．farther は副詞 far の比較級，d．moreover は副詞であるため不適。

B．⑴ engage in は「〜に従事している，没頭している」という意味だが，文意から判断し「(偉大な実験に）従事している」と読み取れるため，b の「〜に関与している」が最も適切と考えられる。

⑵副詞 fairly は，動詞の前だと「公平に」の意味，形容詞と副詞を修飾する場合は「かなり」の意味となる。本問では直後の形容詞 sure を修飾しているため，後者の意味となる。よって，c が正解。

⑶他動詞 act は「演じる」のほかに「〜のように振る舞う」という意味があり，この場合 like a greenhouse（温室のように）という語句があるので「作用する」という d が最も適切である。

⑼ turn out は直後に副詞を伴うと「〜になる」の意味となる。本文では if things turn out badly となっており，直訳で「もし物事がひどくなるならば」となる。よって，最も意味が近いのは a である。

⒀下線部 with を含む箇所を読むと，with の前は the pace of change in temperature could accelerate「気温の上昇速度が加速しうる」，後は small increases in the concentration of greenhouse gases で「温室効果ガスの濃度のわずかな上昇が」とあり，上昇速度の加速の理由として述べられている。したがってこの with は理由を表し，b の「〜により」が正解となる。

D．⑸ take *A* to *do* で「〜するのに *A*（時間）かかる」の意味である。本問では *A* に入る語が期間を表す疑問詞 how long であり，節の先頭に移動している。また，下線部は形式主語 it を用いた構文の真主語にあたる間接疑問文であるため，「どのくらいの時間〜するのか」と訳す。よって，これら2つを組み合わせ「〜するのにどのくらいの時間がかかるのか」と訳せばよい。

⑽ No *A* is＋比較級＋than *B* は，比較級を用いた最上級の内容を示す構

文で，「*B*よりも〜な*A*はない」の意味である。

⑿ at 〜 rate で「〜な割合で」，「〜な速度で」の意味となる。また，seen for at least the past 20,000 years は過去分詞句で，直前の the most rapid rate を後置修飾している。これらを組み合わせて直訳すると，「少なくとも過去2万年の間に見られた中で最も速い速度で」となる。

E．1．第1段第1・2文（The world is … is not pretty.）によると実験を行っているのは The world「世界の人々」であり，The scientific community「科学界」はその結果をかなり確信しているのである。よって，「科学者たち」が「実験を行っている」とするのは誤り。

2．第2段第1・2文（If we had access … can move to.）の内容と一致する。

3．第3段第2文（There are seven …）で示される「地球温暖化に関する7つのほぼ明白な事実」に，(ii) even small changes in temperature can have large effects「気温のわずかな変化でさえ大きな影響を持ちうる」，(v) even small changes in sea level can have large effects「海面のわずかな変化でさえ大きな影響を持ちうる」とある。よって，「地球にたいした影響はない」の部分が本文と一致しない。

4．第4段第1文（Virtually all scientists agree …）の内容と一致する。

5．第4段第3文（The experts say …）の後半部分に Europe's basic climate may change drastically, as the Gulf Stream — the current off the east coast of North America that now warms it — shifts course「現在ヨーロッパを暖めている北アメリカの東海岸から流れるメキシコ湾流が流れを変えるとき，ヨーロッパの基本的な気候が劇的に変わるかもしれない」とある。ここでは，「劇的な変化」としか述べられておらず，それが「温暖化」であるのかは判断ができない。よって，本文の内容と一致しないといえる。

2 解答

A．(1)— d (2)— c (3)— d (4)— b (5)— f

B．(1)(a) crowded (b) customers (2)(c) make (d) as (3)(e) injured (f) playing

解説 A．(1) (I would like to) thank you for teaching <u>me</u> how to write a letter (in English.) thank you for *doing* で「〜してくれてあり

がとう」を意味する表現。また，how to *do* で「～する方法」を意味する名詞句となる。

(2) (It is obvious that stores) will struggle to remain profitable when people (can buy the same product more cheaply online.)　It is ～ that …「…なのは～だ」の形式主語・真主語を用いた頻出の構文。本問では It is obvious that stores と書き出しの部分が完成しているので，真主語となる that 節の部分を並べ替える。和文の前半部分「同じ製品をネットでより安く買えるようになれば」の部分は，空所に続く can buy the same product more cheaply online にあたるので，can の直前に接続詞 when と主語となる people を入れる。残りの部分は struggle to *do*「～しようとあがく」と remain「～のままである」を組み合わせて，struggle to remain profitable「利益を出せるままであろうとあがく」とし，空所直前の stores を主語とし，助動詞 will を用いて節を完成させるとよい。

(3) (I sent a parcel to you about 10 days ago, so you) should have received it by now (.)　should have *done* は「～してしまっているはずだ」，by now は「今ごろはもう」を意味する表現。また should have *done* には「～すべきだったのに」の意味もあることもあわせて覚えておくとよい。

(4) I wish there were not so (many mosquitoes.)　I wish ～「～ならばなあ」の仮定法の基本構文。I wish の後に続く節は，動詞が過去形となる仮定法過去，あるいは動詞が過去完了形となる仮定法過去完了であることに注意する。

(5) (I) can't help crying when I see (the film.)　cannot help *doing* で「～せずにはいられない」を意味する基本構文。

B．(1)場所や乗り物を主語として，be crowded with ～「～で混雑する」の意味となる。よって，(a)には crowded を入れ，(b)には「客」を意味する customers が入る。直前に many があるため，複数形となることに注意する。

(2)「まるで～であるかのように」は as if ～ の形で表現し，(d)には as が入るとわかる。これが(d)の直前の feel と組み合わさり，feel as if ～「まるで～であるかのように感じる」のまとまりとなる。また，英文の that 以降は，直前の some stations を先行詞とする関係代名詞節であるため，節を完成させるためには(c)に動詞を入れなければならない。直後の you が目的語となり，さらに原形不定詞が続く動詞は使役動詞である。よって，(c)に make を入れ，make you feel as if you were in a museum「あなたにまるで美術館にいるかのように感じさせる」とするのが適切である。
⑶(e)の直前，直後が He と his ankle であるため，(e)には他動詞の過去形を入れる。よって，(e)は injured あるいは hurt を入れるのが適切。また，while *doing* で「～しているあいだ」の意味となるため，(f)は playing となる。

3 **解答** ⑴― c　⑵― d　⑶― d　⑷― a　⑸― a

解説 ⑴空所直後が名詞 November となっているため，空所には前置詞が入る。d．when は接続詞であるため不適。空所の前が the conference has been postponed であるため，c．until を入れて「11 月までずっと会議が延期される」とするのが適切。
⑵ be good at ～ で「～するのが上手い」を意味する成句表現。
⑶空所直前が be 動詞の過去形 were であるため，空所には補語となるものが入るとわかる。また，本問の英文を代名詞を使用せずに表現した場合，His manners were the manners of a gentleman. となり，空所は the manners を置き換えた代名詞となる。a．theirs は所有代名詞，b．which は疑問詞あるいは関係代名詞であるため誤り。the＋名詞＋of ～ の the＋名詞を置き換えるためには代名詞 that を用い，that of ～ の形で置き換える。本問では名詞が複数形の manners であるため，that も複数形で対応させ those となる。よって，d．those が正解。
⑷ Would you do me a favor by *doing*?で「～していただけますでしょうか」の意味となる，丁寧な依頼の定形表現。
⑸空所の後に us と a lot of trouble の二つの名詞が続いていることから，SVOO の第 4 文型を作る他動詞を選択する。選択肢で第 4 文型を作れるのは a．save のみである。save *A B* で「*A*（人）の *B*（労力）を省く」，「*A*（人）の *B*（金）を節約する」の意味。

4 解答　(1)―a　(2)―a　(3)―d　(4)―d　(5)―d

解説　(1) release は他動詞で「～を解放する，～を公表する」の意味。本文では過去分詞形で用いられており，直前の a government report を後置修飾し，「今日公表された政府の報告」の意味となる。よって，a. published が正解。

(2) principal は「主な，主要な」を意味する形容詞。最も意味が近いのは a. main である。

(3) reveal は「～を明らかにする」を意味する他動詞。d. disclose が同意語で正解。

(4)他動詞 quit は「～をやめる」の意味。最も意味が近いのは d. stopped である。

(5) on the spot は「ただちに」を意味する成句表現で，d. immediately が最も意味が近い。その他の選択肢はそれぞれ，a. hardly「ほとんど～ない」，b. suddenly「突然」，c. repeatedly「繰り返し」の意味である。

5 解答　(1)―b　(2)―c　(3)―f　(4)―a　(5)―e　(6)―d

解説　≪オーストラリア旅行の報告≫

ジェームズ：それでオーストラリア旅行はどうだった，ナオコ？

ナオコ　：ああ，すごくよかった。本当に楽しんだわ。

ジェームズ：よかったね。どのくらいそこにいたの？

ナオコ　：約6週間よ。

ジェームズ：たくさん旅行して回った？

ナオコ　：ええ，かなり。東海岸のブリスベーンからスタートしたの。川のすぐ近くで，本当に素晴らしい街ね。そこの気候も完璧で。ある日には小舟で川を旅したの。

ジェームズ：いいねえ。

ナオコ　：それからバスでゴールドコーストに行ったの。そこで私が何をしたのか，あなたには思いつかないでしょうね。

ジェームズ：何をしたんだい？

ナオコ　：まるまる1週間サーフィンをして過ごしたの。すばらしかったわ。

ジェームズ：ついてるね。そこのビーチは綺麗だと聞いてるよ。

ナオコ　　：そうなの。波もすばらしくて，水もとても澄んでるの。実際，海岸沿いに約20カ所のビーチがあって，一番いい波を追いかけながら次から次へと移動できるの。

ジェームズ：多くの若い旅行者がサーフィンをしに行くところだよね？

ナオコ　　：その通り。それから2，3日シドニーへ行って，いくらか観光したの。

ジェームズ：綺麗な街だと聞いてるよ。

ナオコ　　：ええ，そう。ビーチや公園，あらゆるものがあるの。でも私は田舎をもっと見たかったからブルー・マウンテンズに登ったわ。

ジェームズ：それはどこなの？

ナオコ　　：シドニーのすぐ西よ。

ジェームズ：本当に青いの？

ナオコ　　：ええ，遠くから見ると，本当に青いの。木から出てくる樹液で反射する光となんらかの関係があるのよ。

ジェームズ：ああそうなんだ。それで，君はその山で何をしたの？

ナオコ　　：えっと，2，3日ユースホステルに泊まって，山ですばらしいハイキングをしたわ。

〔選択肢訳〕

a．シドニーのすぐ西。

b．たくさん旅行して回った？

c．まるまる1週間サーフィンをして過ごしたの。

d．ああ，そうなんだ。それで，君はその山で何をしたの？

e．ええ，遠くから見ると，本当に青いの。

f．多くの若い旅行者がサーフィンをしに行くところだよね？

日本史

1　解答　≪古代・中世の日中関係≫

(ア)雄略　(イ)玄昉　(ウ)鑑真　(エ)大輪田泊　(オ)北条時宗

問1．②　問2．③　問3．④　問4．③　問5．①

2　解答　≪中世の仏教と社会≫

(ア)選択本願念仏集　(イ)一遍　(ウ)足利義満　(エ)蓮如　(オ)講

問1．③　問2．④　問3．③　問4．②　問5．④

3　解答　≪近世の経済≫

(ア)寛永通宝　(イ)藩札　(ウ)備中鍬　(エ)三都　(オ)継飛脚

問1．④　問2．③　問3．④　問4．①　問5．③

4　解答　≪近現代の政治≫

(ア)尾崎行雄　(イ)日中共同声明　(ウ)石油危機　(エ)下関条約　(オ)立憲政友会

問1．②　問2．③　問3．③　問4．①　問5．④

現代社会

1 解答 ≪労働問題≫

問1．③ 問2．④ 問3．④

問4．A―⑤ B―② C―④ D―⑥

問5．③ 問6．② 問7．③

2 解答 ≪国際連合≫

問1．④ 問2．② 問3．③ 問4．③

問5．① 問6．① 問7．B―⑤ C―③

問8．② 問9．①

3 解答 ≪日本の社会保障≫

A―③：インフレーション B―④：社会保険 C―②：社会権

D―③：高齢化社会 E―②：年功序列型賃金制度

4 解答 ≪国際経済，日本の経済発展≫

問1．① 問2．③ 問3．双子の赤字 問4．③

問5．産業の空洞化 問6．② 問7．傾斜生産方式

問8．④ 問9．④ 問10．ペティ=クラークの法則

数学

理　系

1

解答　(1)㋐ $a>\frac{3}{2}$　㋑ $\frac{3}{2}<a<2$

(2)㋒ $\left(-\frac{1}{2},\ \frac{2}{3}\right)$　㋓ $\left(\frac{4}{5},\ \frac{3}{5}\right)$　(3)㋔ 2　㋕ $-\sqrt{3}$

(4)㋖ $\frac{x^3}{3}-\frac{x}{2}+\frac{1}{3}$　㋗ 1　(5)㋘ $\frac{1}{4}$　㋙ $\frac{2}{\pi}$

(6)㋚ $\frac{64}{243}$　㋛ $\frac{131}{243}$　(7)㋜ 9　㋝ 676

解説　≪小問6問≫

(1)　$f(x)=6x^2-4ax+a$ とおく。

$$f(x)=6\left(x-\frac{a}{3}\right)^2-\frac{2}{3}a^2+a$$

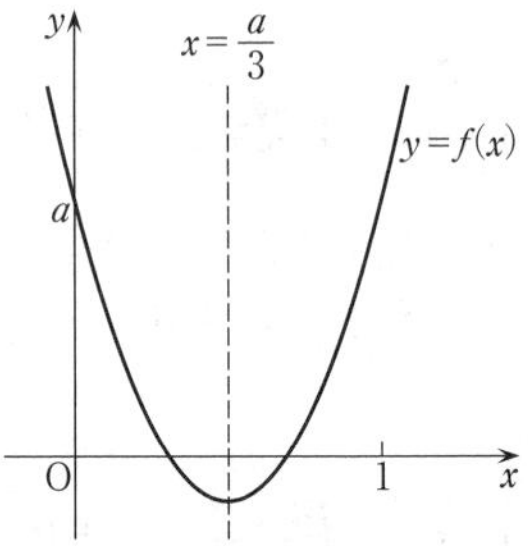

$y=f(x)$ のグラフが x 軸と異なる2点で交わるのは

$$-\frac{2}{3}a^2+a<0,\ \ a\left(a-\frac{3}{2}\right)>0$$

$a>0$ より　　$a>\frac{3}{2}$　……①　(→㋐)

$y=f(x)$ のグラフが x 軸と $-1<x<1$ の範囲で異なる2点で交わるのは

①かつ軸 $x=\frac{a}{3}$ について　　$-1<\frac{a}{3}<1$　　$-3<a<3$　……②

$$f(-1)=6+5a>0 \qquad -\frac{6}{5}<a \quad \cdots\cdots③$$

$$f(1)=6-3a>0 \qquad a<2 \quad \cdots\cdots④$$

①〜④より　　$\frac{3}{2}<a<2$　(→㋑)

(2)　$|\overrightarrow{OA}|=|\overrightarrow{OC}|$, $\overrightarrow{OA}\perp\overrightarrow{OC}$ であるから，$\overrightarrow{OA}$, $\overrightarrow{OC}$ を基本ベクトルとする直交座標で考える。すなわち $\overrightarrow{OP}=x\overrightarrow{OA}+y\overrightarrow{OC}$ のとき，$\overrightarrow{OP}=(x,\ y)$ と表す。

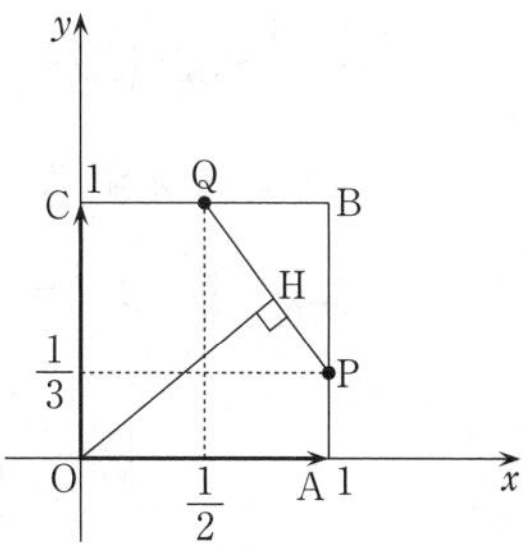

$\overrightarrow{OP}=\left(1,\ \frac{1}{3}\right)$, $\overrightarrow{OQ}=\left(\frac{1}{2},\ 1\right)$ より

$$\overrightarrow{PQ}=\overrightarrow{OQ}-\overrightarrow{OP}=\left(-\frac{1}{2},\ \frac{2}{3}\right)\quad(\to ㋒)$$

点Hは PQ 上にあるから

$$\begin{aligned}\overrightarrow{OH}&=\overrightarrow{OP}+k\overrightarrow{PQ}\\&=\left(1,\ \frac{1}{3}\right)+k\left(-\frac{1}{2},\ \frac{2}{3}\right)\\&=\left(1-\frac{k}{2},\ \frac{1}{3}+\frac{2}{3}k\right)\end{aligned}$$

OH⊥PQ より

$$\begin{aligned}\overrightarrow{OH}\cdot\overrightarrow{PQ}&=\left(1-\frac{k}{2}\right)\cdot\left(-\frac{1}{2}\right)+\left(\frac{1}{3}+\frac{2}{3}k\right)\cdot\frac{2}{3}\\&=-\frac{5}{18}+\frac{25}{36}k\\&=0\end{aligned}$$

よって　　$k=\frac{2}{5}$

したがって

$$\overrightarrow{OH}=\left(1-\frac{1}{5},\ \frac{1}{3}\left(1+\frac{4}{5}\right)\right)=\left(\frac{4}{5},\ \frac{3}{5}\right)\quad(\to ㋓)$$

(3)　$x^2+y^2=1$, $x\geqq 0$, $y\geqq 0$ より，$x=\cos\theta$, $y=\sin\theta$ $\left(0\leqq\theta\leqq\frac{\pi}{2}\right)$ とおく。

また，$T=\sqrt{3}x^2+2xy-\sqrt{3}y^2$ とおくと

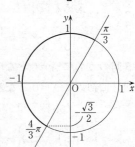

$$\begin{aligned}T&=\sqrt{3}\,(\cos^2\theta-\sin^2\theta)+2\sin\theta\cos\theta\\&=\sqrt{3}\cos 2\theta+\sin 2\theta\\&=2\sin\left(2\theta+\frac{\pi}{3}\right)\end{aligned}$$

$\frac{\pi}{3}\leqq 2\theta+\frac{\pi}{3}\leqq\frac{4}{3}\pi$ であるから

$$-\frac{\sqrt{3}}{2} \leqq \sin\left(2\theta + \frac{\pi}{3}\right) \leqq 1$$

よって，T の最大値は　　2　(→㋔)，最小値は　　$-\sqrt{3}$　(→㋕)

(4)　$f(x) = \int_0^x -t(t-x)\,dx + \int_x^1 t(t-x)\,dx$

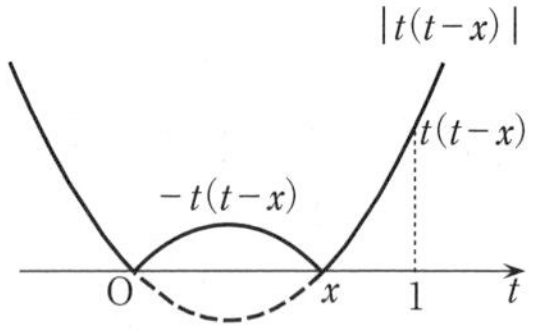

$$= \frac{x^3}{6} + \left[\frac{t^3}{3} - \frac{xt^2}{2}\right]_x^1$$

$$= \frac{x^3}{3} - \frac{x}{2} + \frac{1}{3} \quad (\to ㋖)$$

$$\int_0^2 f(x)\,dx = \left[\frac{x^4}{12} - \frac{x^2}{4} + \frac{x}{3}\right]_0^2$$

$$= \frac{4}{3} - 1 + \frac{2}{3} = 1 \quad (\to ㋗)$$

(5)　$\displaystyle\lim_{n\to\infty}\sum_{k=1}^{n} f\left(\frac{k}{n}\right)\cdot\frac{1}{n} = \int_0^1 f(x)\,dx$ であるから

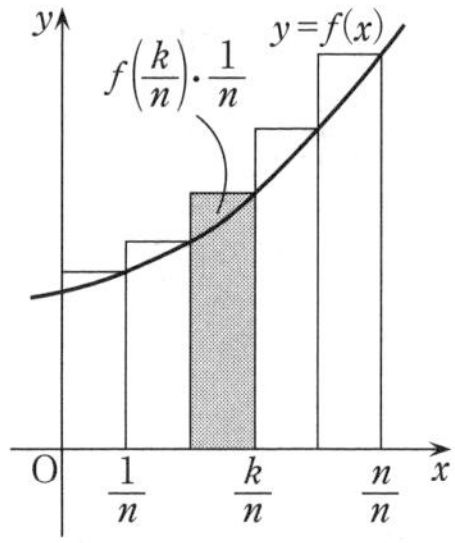

$$\lim_{n\to\infty}\frac{1^3+2^3+\cdots+n^3}{n^4} = \lim_{n\to\infty}\sum_{k=1}^{n}\left(\frac{k}{n}\right)^3\cdot\frac{1}{n}$$

$$= \int_0^1 x^3 dx = \left[\frac{x^4}{4}\right]_0^1 = \frac{1}{4} \quad (\to ㋘)$$

$$\lim_{n\to\infty}\frac{1}{n}\left(\sin\frac{\pi}{n} + \sin\frac{2\pi}{n} + \cdots + \sin\frac{n\pi}{n}\right)$$

$$= \lim_{n\to\infty}\sum_{k=1}^{n}\left(\sin\frac{\pi k}{n}\right)\cdot\frac{1}{n} = \int_0^1 \sin\pi x dx = \left[-\frac{1}{\pi}\cos\pi x\right]_0^1 = \frac{2}{\pi} \quad (\to ㋙)$$

(6)　A，Bの座標をそれぞれ a，b，$X=b-a$ とおく。

1，2，5，6の目の出る回数を S とすると，$X=4-S$ である。

5回目に初めて $X=0$ となるのは，1，2，5，6が4回目までに3回出て，5回目にも出るときである。

よって，求める確率は

$${}_4C_3\cdot\left(\frac{2}{3}\right)^3\cdot\frac{1}{3}\times\frac{2}{3} = \frac{64}{243} \quad (\to ㋚)$$

5回のうちに $X=0$ となるのは，4回目に初めて $X=0$ となるときと，5回目に初めて $X=0$ となるときである。

よって，求める確率は

$$1 - \left\{\left(\frac{2}{3}\right)^4 + \frac{64}{243}\right\} = \frac{131}{243} \quad (\to ㋛)$$

(7)　n の正の約数は　　$(2+1)\times(2+1)=9$ 個　(→㋜)

n の正の約数の和は

$$(1+2+2^2)(1+p+p^2)=7(1+p+p^2)$$

$$7(1+p+p^2)=1281$$

$$p^2+p-182=0 \qquad (p+14)(p-13)=0$$

p は3以上の素数であるから　　$p=13$

よって　　$n=2^2p^2=2^2\times13^2=676$　(→㋝)

2 解答

(1)　点Pは線分AB上にあるから

$$\overrightarrow{\mathrm{OP}}=\overrightarrow{\mathrm{OA}}+k\overrightarrow{\mathrm{AB}} \quad (0\leqq k\leqq 1)$$

$$\overrightarrow{\mathrm{AB}}=\overrightarrow{\mathrm{OB}}-\overrightarrow{\mathrm{OA}}=\left(0,\ 1,\ \frac{1}{2}\right)-\left(\frac{1}{2},\ 0,\ 0\right)=\left(-\frac{1}{2},\ 1,\ \frac{1}{2}\right)$$

$$\overrightarrow{\mathrm{OP}}=\left(\frac{1}{2},\ 0,\ 0\right)+k\left(-\frac{1}{2},\ 1,\ \frac{1}{2}\right)=\left(\frac{1}{2}(1-k),\ k,\ \frac{1}{2}k\right)$$

点Pの y 座標が t であるから　　$k=t$

よって　　$\mathrm{P}\left(\frac{1}{2}(1-t),\ t,\ \frac{1}{2}t\right)$　……(答)

(2)　$\mathrm{Q}(0,\ t,\ 0)$ より，円板 D の面積は

$$\pi\mathrm{PQ}^2=\pi\left\{\frac{1}{4}(1-t)^2+\frac{1}{4}t^2\right\}=\frac{\pi}{4}(2t^2-2t+1) \quad \cdots\cdots(答)$$

(3)　この立体を平面 $y=t$ で切った断面積が $\pi\mathrm{PQ}^2$ であるから，求める体積を V とすると

$$V=\int_0^1\pi\mathrm{PQ}^2dt$$

$$=\int_0^1\frac{\pi}{4}(2t^2-2t+1)\,dt$$

$$=\frac{\pi}{4}\left[\frac{2t^3}{3}-t^2+t\right]_0^1=\frac{\pi}{6} \quad \cdots\cdots(答)$$

解説　≪線分が回転してできる立体の体積≫

(3)　空間において線分ABを y 軸の周りに一回転してできる回転体の体積を求める。回転軸である y 軸に垂直な平面 $y=t$ で切った断面が円板 D で，その面積を $t=0$ から1まで積分して求める。

■文　　系■

1 **解答** (1)㋐ $a>\dfrac{3}{2}$　㋑ $\dfrac{3}{2}<a<2$

(2)㋒ $\dfrac{9(\sqrt{3}-1)}{4}$　㋓ $\dfrac{3(\sqrt{6}-\sqrt{2})}{2}$

(3)㋔―(C)　㋕―(A)　㋖―(B)　㋗―(C)

(4)㋘ $\dfrac{64}{243}$　㋙ $\dfrac{131}{243}$　(5)㋚ 9　㋛ 676　(6)㋜ $\dfrac{4}{5}$　㋝ $\dfrac{1}{18}$

解説　≪小問5問≫

(1)　■理系■ 1(1)に同じ。

(2)　AからBCへ垂線AHを引き，$AB=a$とおく。

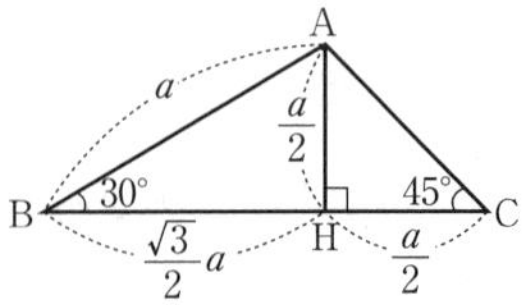

$\angle B=30°$，$\angle C=45°$，$AH\perp BC$であるから

$$AH=CH=\frac{a}{2},\quad BH=\frac{\sqrt{3}}{2}a$$

$BC=3$より　$\dfrac{\sqrt{3}+1}{2}a=3$

よって　$a=\dfrac{6}{\sqrt{3}+1}=3(\sqrt{3}-1)$

したがって，△ABCの面積，外接円の半径をそれぞれS，Rとおくと

$$S=\frac{1}{2}\cdot 3\cdot\frac{a}{2}=\frac{9(\sqrt{3}-1)}{4}\quad (\to ㋒)$$

$$R=\frac{a}{2\sin 45°}=\frac{3(\sqrt{6}-\sqrt{2})}{2}\quad (\to ㋓)$$

(3)(i)　$x^2=y^2 \Longleftrightarrow x=\pm y \Longleftrightarrow |x|=|y|$であるから

(C)必要十分条件である　(→㋔)

(ii)　$x^2>0 \Longleftrightarrow x\neq 0$であるから，$x^2>0 \overset{\Longrightarrow}{\not\Longleftarrow} x>0$

(A)必要条件であるが十分条件でない　(→㋕)

(iii)　$xy+3x-y-3=0 \Longleftrightarrow (x-1)(y+3)=0 \Longleftrightarrow x=1$または$y=-3$であるから，$x=1$かつ$y=-3 \overset{\Longrightarrow}{\not\Longleftarrow} xy+3x-y-3=0$

(B)十分条件であるが必要条件でない　(→㋖)

(iv)　$x-3=-3x+5 \Longleftrightarrow x=2$　　(C)必要十分条件である　(→㋗)

(4)　■理系■ 1 (6)に同じ。

(5)　■理系■ 1 (7)に同じ。

(6)　チェバの定理より

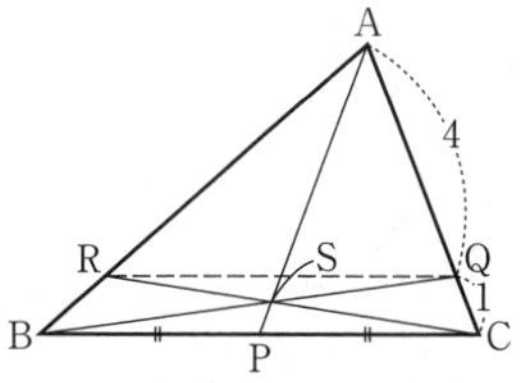

$$\frac{AR}{RB}\cdot\frac{BP}{PC}\cdot\frac{CQ}{QA}=1 \qquad \frac{AR}{RB}=4$$

よって　AR : RB = AQ : QC = 4 : 1

したがって　RQ // BC, $\dfrac{RQ}{BC}=\dfrac{4}{5}$　(→㋜)

△ABP において，メネラウスの定理より

$$\frac{AS}{SP}\cdot\frac{PC}{CB}\cdot\frac{BR}{RA}=1 \qquad \frac{AS}{SP}=8$$

よって　AS : SP = 8 : 1

したがって

$$\triangle BPS=\frac{1}{9}\triangle ABP=\frac{1}{9}\cdot\frac{1}{2}\triangle ABC=\frac{1}{18}\triangle ABC$$

$$\frac{\triangle BPS}{\triangle ABC}=\frac{1}{18}$$　(→㋝)

2　解答

(1)　ドローンの位置をD，BP $=x$〔m〕とする。

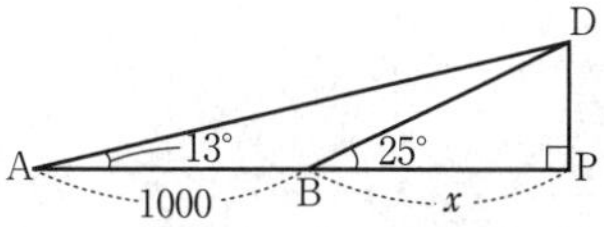

$$DP=x\tan 25^\circ=(1000+x)\tan 13^\circ \quad \cdots\cdots①$$

$$x=\frac{1000\tan 13^\circ}{\tan 25^\circ-\tan 13^\circ}$$

$$=\frac{230}{0.24}=\frac{2875}{3}=958.33\cdots$$

よって　BP = 958〔m〕　……(答)

(2)　①より

$$DP=BP\tan 25^\circ$$

$$=\frac{2875}{3}\times 0.47=\frac{5405}{12}=450.416\cdots$$

よって　DP = 450〔m〕　……(答)

解説　≪空中のドローンの高さ≫

直角三角形 APD と BPD の図を描き，tan を用いて辺の関係式を作り，BP，DP を求める。

物理

1 解答 ≪小問5問≫

(1)① $\frac{1}{3}Mg$ ② $\frac{2M^2g^2}{9k}$

(2)③ 5.0V ④ 2.0V/m

(3)⑤ 1.5 ⑥ 1.2

(4)⑦ $\frac{4}{5T}$ ⑧ $\frac{1}{5T}$

(5)⑨ $\frac{4T_1}{T_0}$ ⑩ 7

2 解答 ≪ボールの投げ下ろし，床との衝突≫

(1) 求めるボールの速さを v とおく。高さ h の点まで戻ることから，等加速度運動の式より

$$0^2-v^2=2(-g)h$$

∴ $v=\sqrt{2gh}$ ……(答)

(2) ボールが床と衝突する直前の速さを v' とする。ボールと床との反発係数が $\frac{4}{5}$ であることと，前問の結果より

$$\frac{4}{5}v'=v$$

∴ $v'=\frac{5}{4}v=\frac{5}{4}\sqrt{2gh}$

次に，ボールに与えた初速度の大きさを v_0 とすると，等加速度運動の式より

$$v'^2-v_0{}^2=2gh$$

∴ $v_0=\sqrt{v'^2-2gh}=\sqrt{\frac{25}{8}gh-2gh}=\frac{3}{4}\sqrt{2gh}$ ……(答)

(3)　力積と運動量の関係と前問の結果より

$$0+F\Delta t=mv_0$$

$$\therefore\quad F=\frac{mv_0}{\Delta t}=\frac{3m\sqrt{2gh}}{4\Delta t}\quad\cdots\cdots(\text{答})$$

(4)　ボールが手を離れてから床に衝突するまでの時間を t，ボールが床ではね返ってから元の高さに戻るまでの時間を t' とする。それぞれ等加速度運動の式より

$$v'=v_0+gt\ (\text{鉛直下向きを正})$$

$$0=v-gt'\ (\text{鉛直上向きを正})$$

$$\therefore\quad t=\frac{v'-v_0}{g},\quad t'=\frac{v}{g}$$

したがって

$$\frac{t'}{t}=\frac{v}{v'-v_0}=\frac{\sqrt{2gh}}{\frac{5}{4}\sqrt{2gh}-\frac{3}{4}\sqrt{2gh}}=2\text{ 倍}\quad\cdots\cdots(\text{答})$$

化学

1　解答　≪小問8問≫

問1．(b), (e)　問2．①　問3．8.31　問4．945

問5．4.8g（増加）　問6．⑦　問7．③　問8．⑩

2　解答　≪化合物と単体，同素体，原子の構造，同位体≫

問1．(ア)単体　(イ)同素体　(ウ)原子番号　(エ)質量数　(オ)同位体　(カ) $2n^2$

(キ) 18　(ク)閉殻　(ケ)最外殻電子

問2．(a), (e)

問3．(a)①赤リン　(b)②オゾン　(c)③単斜硫黄

問4．⑤　問5．12％

問6．(1)元素記号：(a) Li　(b) N　(c) F　(d) Na　(e) Ar

価電子数：(a) 1　(b) 5　(c) 7　(d) 1　(e) 0

(2)―(a)と(d)　(3)―(e)

3　解答　≪有機化合物の組成式・分子式・構造式の決定≫

問1．⑨

問2．炭素原子：1.2mg　水素原子：0.20mg　酸素原子：1.6mg

問3．CH_2O　問4．$C_2H_4O_2$

問5．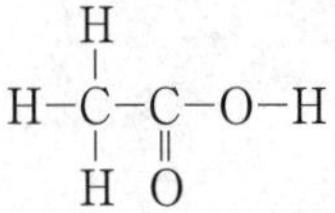　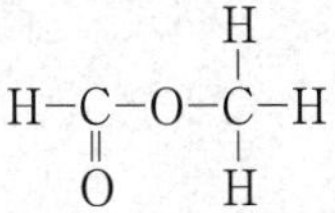

問6．化合物A：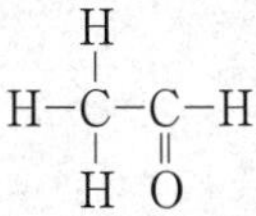　化合物B：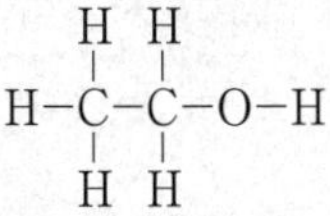

二

出典　中島岳志「利他はどこからやってくるのか」（伊藤亜紗編『「利他」とは何か』〈第二章〉集英社新書）

解答

問1　①－c　②－b

問2　a

問3　d

問4　b

問5　d

問6　c

問7　a

問8　自分で自らの行為のすべてをコントロールできるという考え方。（二十字以上三十字以内）

国語

一

出典　内田青蔵『「間取り」で楽しむ住宅読本』（光文社新書）

解答

問1　(ア)―c　(イ)―a　(ウ)―a　(エ)―d　(オ)―b

問2　(1)―a　(2)―c　(3)―b　(4)―d　(5)―a　(6)―c

問3　①―c　②―b　③―d

問4　d

問5　b

問6　a

問7　b

問8　a

問9　b

問10　戦前期に労働軽減のため台所と食事室の間に設けられたハッチが、台所と食事の場の一体性を促進したこと。（三十五字以上五十字以内）

■一般選抜前期日程Ａ方式：１月 28 日実施分

問題編

▶試験科目・配点

学　部	教　科	科　　　　　　目	配　点
全学部(全専攻)	外国語	コミュニケーション英語Ⅰ・Ⅱ，英語表現Ⅰ	200点
	数　学	数学Ⅰ・Ⅱ・Ⅲ・Ａ・Ｂ*	200点
	理　科	「物理基礎・物理」，「化学基礎・化学」から１科目選択	200点
工(住居デザイン)・経営(全専攻)・情報科(メディア情報)	外国語	コミュニケーション英語Ⅰ・Ⅱ，英語表現Ⅰ	200点
	選　択	「日本史Ｂ，現代社会から１科目選択」，「数学Ⅰ・Ａ」，「国語総合（古文・漢文を除く）・現代文Ｂ」から２教科選択	各200点

▶備　考

- 筆記試験（記述式／３教科）で判定。
- 工学部建築学科住居デザイン専攻・経営学部（全専攻）・情報科学部情報科学科メディア情報専攻は，出願時に「外国語，数学，理科」または「外国語必須で地理歴史・公民，数学，国語の３教科から２教科選択」のいずれかを選択することができる。
- 共通テストプラスＡ方式について：前期日程Ａ方式の高得点の１教科１科目と大学入学共通テストの高得点の２教科２科目を利用して判定。

＊「数学Ｂ」は「数列，ベクトル」から出題する。

英語

(60分)

1. 次の英文を読んでA～Eの設問に答えなさい。

In countries around the world, people ride bicycles. For some people, bicycles are recreational, but others use them as transportation. Bicycles are one of the most energy-efficient and cost-effective means of transportation. They need no fuel, are much ((1)) expensive than cars, and are easy to maneuver through (2)crowded places.

More than 2,000 police departments in the United States have bicycle patrols, as ((3)) police departments in many other countries. One fully equipped police bike costs about $1,200. Compare that price to about $25,000 for a patrol car. Bicycle patrols are useful ((4)) policing areas such as parks and for zipping through crowded city streets.

Although only a small percentage of Americans use bicycles for transportation, (5)bicycles are a major mode of transportation for people in other parts of the world, such as Asia. In many Asian cities, people use bicycles and foot-operated vehicles such as rickshaws and cyclos to transport paying (6)customers or hundreds of pounds of freight. In some Chinese cities, bicycle trips (7)account for more than half of all trips. Local governments in Japan built millions of bicycle parking spaces ((8)) train stations to (9)encourage people to use bicycles (10)instead of cars to reach the train station.

The bicycle is also widely used in Europe. The Netherlands is probably the country ((11)) the bike is most widely used. There are many reasons for this. First, in the Netherlands, as in the rest of Europe, gasoline is very expensive. Second, most of the land is flat, ((12)) makes riding a bike there much easier than in countries with mountains and hills. Third, houses are often very close to businesses. (13)This makes it easier for people to use bicycles to get to and from work. Perhaps most important, the Dutch government has built thousands of miles of bicycle paths and bike lanes. (14)As a result, factory workers, farmers, shop owners, accountants, lawyers, and teachers ride bicycles to work.

In (15)Africa people also often use bicycles. In some parts of Africa, programs have encouraged the use of bicycles as taxis to transport shoppers to markets, children to school, and sick people to medical facilities. (16)A driver can transform a bicycle taxi into an ambulance by attaching a trailer to it.

Other means of transportation may (17)come and go, but the bicycle, invented in the early nineteenth century, (18)has clearly stood the test of time.

（注） recreational：レジャー用の，
energy-efficient：エネルギー効率の良い，
cost-effective：費用効果の高い，maneuver：操作する，
zipping：勢いよく進むこと，foot-operated：足で操作する，
rickshaws：人力車，cyclos：旅客用三輪車，freight：貨物，
The Netherlands：オランダ，accountants：会計士，
trailer：トレーラー（運搬用車両）

A．文中の空所(1)，(3)，(4)，(8)，(11)，(12)に入れるのに，もっとも適当なものを a～dから選びなさい。

(1)	a．better	b．less	c．more	d．worse
(3)	a．do	b．does	c．is	d．were
(4)	a．against	b．for	c．out	d．up
(8)	a．at	b．of	c．on	d．with
(11)	a．in which	b．of which	c．in what	d．on that
(12)	a．what	b．where	c．which	d．that

出典追記：Timed Readings Plus in Social Studies Book 7 by McGraw-Hill - Jamestown Education, McGraw-Hill

B．下線部(7)，(9)，(10)，(14)，(17)，(18)にもっとも意味の近いものをａ～ｄから選びなさい。

(7)　ａ．～を考慮に入れる　　ｂ．～を説明する
　　ｃ．～を占める　　ｄ．～を頼りにする

(9)　ａ．～するのを妨げる　　ｂ．～するように勧める
　　ｃ．～する資格がない　　ｄ．～することに反対する

(10)　ａ．～のために　　ｂ．～の代わりに
　　ｃ．～の役に立たない　　ｄ．～にもかかわらず

(14)　ａ．ある意味では　　ｂ．実のところ
　　ｃ．結果として　　ｄ．ご承知のように

(17)　ａ．あちこち出かける　　ｂ．ちょっと立ち寄る
　　ｃ．ばらばらになる　　ｄ．出現したり消滅したりする

(18)　ａ．明らかに時代の基準に当てはまらない
　　ｂ．明らかに時代の試練に耐えて残っている
　　ｃ．はっきりと時代の流れに取り残されている
　　ｄ．はっきりと時代の試験に我慢できない

C．下線部(2)，(6)，(15)のもっとも強く発音する部分と同じ発音を含むものをａ～ｄから選びなさい。

(2)　ａ．country　ｂ．doubtful　ｃ．shoulder　ｄ．would

(6)　ａ．burden　ｂ．common　ｃ．guest　ｄ．struggle

(15)　ａ．America　ｂ．Asia　ｃ．Canada　ｄ．England

D．下線部(5)，(13)，(16)を和訳しなさい。

E．本文の内容と一致するものにはＴ，一致しないものにはＦをマークしなさい。

1．アメリカで自転車によるパトロールが多いのは，自転車が自動車に比べて安価なためである。

2. アメリカでは，非常に多くの人が交通手段として自転車を利用している。

3. オランダでは，政府によって自転車専用の道路や車線が整備されている。

4. オランダで自転車による通勤が多い一番の理由は，地面が平らだからである。

5. アフリカのある地域では，自転車がタクシーとして人々を色々な場所に運んでいる。

2. A．次の日本文と同じ意味になるように英文を完成するには，（　　　）にどの語句が入るか，a～fから選びなさい。

(1) 本を読む時間が十分ないと不満を言う人は多い。

Many people ______ ______ (　　　) ______ ______ ______ read books.

a．of　　b．time　　c．to

d．enough　　e．not having　　f．complain

(2) 旅行先の本を読むことで，旅行の楽しみを倍増させることができます。

By ______ ______ (　　　) ______ ______ ______ to visit, you can double the enjoyment of your trip.

a．the places　　b．about　　c．you

d．reading books　　e．going　　f．are

(3) そのチームがチャンピオンズリーグで２位を獲得するのは３回目です。

This is the ______ ______ ______ (　　　) ______ ______ in the Champions League.

a．second　　b．time　　c．the team

d．third　　e．placed　　f．has

(4) 必ずガスの栓を閉めなさい。

______ ______ ______ (　　　) ______ ______ gas.

a. sure　　b. off　　c. to

d. be　　e. turn　　f. the

(5) あなたを援助するために，できることは何でもしよう。

I will do ______ ______ ______ (　　　) ______ ______ you.

a. help　　b. power　　c. my

d. everything　　e. in　　f. to

B. 次の日本文と同じ意味になるように英文を完成するために，(　　　)に適切な単語を一つ入れなさい。

(1) 健康にいくら注意をしても注意しすぎることはない。

You ((a)) be ((b)) careful about your health.

(2) その島にいる羊の数は，人口の数倍にもなる。

The number of sheep on the island is several ((c)) more ((d)) the population of people there.

(3) 我が家にまさる場所はない。

There is ((e)) place ((f)) home.

3. 次の空所に入れるのに，もっとも適当なものをａ～ｄから選びなさい。

(1) Customers can place an order online (　　　) having to come to the store.

ａ．as　　ｂ．not to　　ｃ．so that　　ｄ．without

(2) It's been a long time (　　　) I studied Japanese history.

ａ．when　　ｂ．past　　ｃ．since　　ｄ．while

(3) Tom got wet while waiting for his sister (　　　) the rain.

ａ．at　　ｂ．by　　ｃ．in　　ｄ．on

(4) Are you (　　　) or against the new plan?

ａ．on　　ｂ．up　　ｃ．down　　ｄ．for

(5) (　　　) people present at the meeting were under twenty.

ａ．Almost　　ｂ．Almost of the

ｃ．Most of　　ｄ．Most of the

4. 次の下線部に，もっとも意味の近いものをa～dから選びなさい。

(1) I picked up a nice old book about my village in a second-hand bookshop.

a. knew　b. noticed　c. obtained　d. took

(2) I couldn't catch what he said because of the loud noise.

a. hear　b. believe　c. think　d. accept

(3) His proposal was good but was turned down by the developers.

a. declined　b. transformed
c. reduced　d. welcomed

(4) Yoko attended a meeting in English on behalf of her father.

a. concerning　b. in front of
c. based on　d. representing

(5) She eats nothing but vegetables.

a. little　b. only　c. except　d. else

5. 次の空所(1)〜(6)に入れるのに，もっとも適当なものを a 〜 f から選びなさい。

Klaus: My boss invited my wife and me to dinner at his house.

Olivia: （ (1) ）

Klaus: Yes, but what do you do here when you're invited to someone's house?

Olivia: （ (2) ）

Klaus: Like what?

Olivia: Oh, maybe some flowers or chocolates.

Klaus: （ (3) ）

Olivia: Well, if you want to bring them, you're expected to ask if it's OK first. （ (4) ）

Klaus: Well, when you are invited to someone's house, you can also take flowers. Not red roses, chrysanthemums, carnations, or lilies, but most other flowers are fine.

Olivia: When should you arrive? Should you arrive a little early?

Klaus: No. Never. You are expected to arrive on time. （ (5) ） If you're going to be more than 15 minutes late, it's important to call the host. It's also the custom to write a short thank-you note the following day.

Olivia: I like that. （ (6) ） To me, it shows good manners.

a. What are some of the customs in Germany?

b. I wish we did that here more often.

c. Oh, how nice!

d. And is it all right to bring our kids along?

e. Punctuality is very important in Germany.

f. Well, here in the U.S., it's the custom to bring a small gift.

出典追記：Interchange Level 3 Student's Book with Online Self-Study by Jack C. Richards, Cambridge University Press

（注）　chrysanthemums：菊，carnations：カーネーション，
punctuality：時間厳守

日本史

（60分）

1　次のA～Eの各文を読み、文中の(　ア　)～(　オ　)に適語を記入しなさい。

（ア） [1]　　（イ） [2]　　（ウ） [3]　　（エ） [4]

（オ） [5]

また、下の問１～５に答えなさい。

A　古墳時代前期の土器は弥生土器の製法を引き継ぐ土師器が用いられたが、５世紀になると朝鮮半島から硬質で灰色の(　ア　)の製作技術が伝えられ、土師器とともに用いられるようになった。<u>この時代の人々にとって農耕儀礼は重要なものであり、また呪術的な風習もおこなわれた</u>(a)。

問１　下線部(a)に関連して述べた文として誤っているものを、一つ選びなさい。

[6]

①　川など水の中に入り、身についた穢れを落とす禊《みそぎ》がおこなわれた。

②　春に豊作を願う新嘗祭はこの時代の人々にとって大切な祭りであった。

③　鹿の骨を焼いてそのひびわれの形で吉凶を占う太占の風習があった。

④　盟神探湯は熱湯に手を入れて火傷の有無によって真偽を確かめる原始的な神判である。

B　律令政治のもとで官吏は多くの特権を持っていた。すなわち官吏には位階が与えられその位階に対応する(　イ　)に任じられ、位階・(　イ　)に応じて禄や田地などが給付された。また調・庸・雑徭などの税負担は免除されていた。(b)<u>一方農民は多くの税負担を義務付けられ、苦しい生活を余儀なくさせられた</u>。

問２　下線部(b)に関連して述べた文として誤っているものを、一つ選びなさい。

[7]

① 租は田地に課される土地税であり、調・庸は人頭税であった。

② 雑徭は国司が農民を年間60日の限度で使役できる労役である。

③ 正丁とは正規の課役負担者で21歳から60歳の良民男子のことである。

④ 兵役は正丁3人から4人に1人の割合で徴発され諸国の軍団で訓練を受け、一部は防人として宮城の警備に当たった。

C　乙丑、詔して曰く、「聞くならく、墾田は(c)養老七年の格に依りて、限満つる後、例に依りて収授す。是に由りて農夫怠倦して、開ける地復た荒る、と。(d)今より以後、任に私財と為し、（　ウ　）を論ずること無く、咸悉くに永年取る莫れ。……」

（『続日本紀』）

問3　下線部(c)・(d)の時期の政権担当者の組合せとして正しいものを、一つ選びなさい。　8

① (c)　長屋王　　(d)　橘諸兄

② (c)　藤原不比等　　(d)　藤原仲麻呂

③ (c)　橘諸兄　　(d)　藤原仲麻呂

④ (c)　藤原仲麻呂　　(d)　道鏡

D　10世紀以降有力農民などの地方豪族は、さかんに墾田開発をして開発領主と呼ばれるようになった。彼らのなかには国衙の干渉を免れるために所領を中央の貴族・寺社に寄進し、みずからは預所や下司などの荘官となるものが現われた。寄進を受けた貴族・寺社は領家と呼ばれ、領家が荘園の権利をより安定させるためさらに上級の貴族や有力な皇族に寄進する場合もあり、その寄進先は本家と呼ばれた。(e)こうしてできた荘園を（　エ　）という。

問4　下線部(e)に関連して述べた文として誤っているものを、一つ選びなさい。　9

① 開発領主の開発した墾田は、原則として税を納める義務のある輸租田であった。

② 荘園領主の権威を利用して、国衙の派遣する検田使などの立ち入りを拒否する不入の特権を得る荘園が次第に増加した。

③ 太政官符や民部省符によって税の免除が認められた荘園を国免荘といった。

④ 後三条天皇は延久の荘園整理令を出し、記録荘園券契所を設けて荘園整理を行った。

E 土着した国司の子孫や地方豪族は、自己の土地を守るために武装するようになった。彼らは一族を(オ)として組織し、配下の郎党といわれる従者を率いて中小の武装集団を形成した。その中小武士団をまとめたのが地方に土着した皇族・貴族の子孫であり、彼らは棟梁と呼ばれた。(f)なかでも桓武平氏と清和源氏はその代表であった。

問5 下線部(f)に関連して述べた文として正しいものを、一つ選びなさい。

10

① 平将門は下総の猿島を本拠地として常陸・下野・上野の国府を攻略。新皇と称して権勢を振るったが、源経基らに討たれた。

② 平貞盛は藤原秀郷と協力して藤原純友の乱を平定した。

③ 源満仲は安和の変で源高明を密告して藤原氏に接近し、また平忠常の乱を平定した。

④ 源義家は藤原清衡を助けて後三年合戦を平定し、関東武士の信望を集めた。

2　次のA～Dの各文を読み、文中の(　ア　)～(　オ　)に適語を記入しなさい。

(ア) [11]　(イ) [12]　(ウ) [13]　(エ) [14]

(オ) [15]

また、下の問1～5に答えなさい。

A　鎌倉時代日本は中国の宋との間で、(a)僧侶・商人などの往来はさかんであった。ところが、13世紀のはじめモンゴル高原にチンギス＝ハンが出てモンゴルの諸部族を統一し、孫の(　ア　)は高麗を服属させ、都を大都に定め国号を元と改めた。元は日本にも朝貢を要求してきたが、時の執権北条時宗がこれを拒否したので、二度にわたり日本に襲来した。

問1　下線部(a)に関連して述べた文として誤っているものを、一つ選びなさい。 [16]

①　栄西は二度宋に渡って日本に臨済宗を伝えた。臨済宗は幕府の保護を受けて発展した。

②　蘭溪道隆は来日して北条時頼の帰依を受け、鎌倉に円覚寺を開いた。

③　重源は宋の工人陳和卿を登用し、平氏の南都焼き討ちで炎上した東大寺を豪壮な大仏様で再建した。

④　道元は入宋して曹洞宗を日本に伝えたが、加藤景正は道元とともに宋に渡り中国の製陶法を研究した。

B　南北朝の動乱の頃、朝鮮半島や中国の沿岸部に倭寇といわれる日本人の海賊集団が出没して恐れられていた。倭寇に悩まされていた高麗は日本にその禁圧を求めた。また建国した明も日本に倭寇の禁圧と朝貢を求めてきたので、(b)将軍(　イ　)は明に使者を派遣して国交を開き日明貿易を開始した。

問2　下線部(b)に関連して述べた文として誤っているものを、一つ選びなさい。 [17]

①　遣明船は倭寇と区別するため勘合と呼ばれる証票を持参した。

②　遣明船に同乗した商人が持ち帰った輸入品の売値総額の1割を、分一銭

として幕府に納めさせた。

③　日本からの輸出品には刀剣などの武具や工芸品、銅・硫黄などの鉱産物があり、輸入品は銅銭・生糸・陶磁器・書籍などがあった。

④　明と国交を開いた時の遣明船の使者は僧の祖阿や商人の肥富らであった。

問 3　下線部(b)に関連して、日明貿易の変遷について述べた文として誤っているものを、一つ選びなさい。　18

①　日明貿易は将軍足利義教時代に一時中断したが、その後再開された。

②　15世紀の後半になると日明貿易の実権は、堺商人と結んだ細川氏や博多商人と結んだ大内氏の手に移っていった。

③　1523年の寧波の乱以後、大内氏が日明貿易を独占するようになった。

④　大内氏の滅亡とともに日明貿易が断絶すると、再び倭寇の活動が活発になった。

C　朝鮮半島では1392年武将の(　ウ　)が朝鮮を建国した。朝鮮もまた倭寇の禁圧を日本に求めたので幕府もこれに応じ両国の間に国交が開かれた。<u>朝鮮との貿易は対馬の(　エ　)氏を仲介して行われた</u>(c)。

問 4　下線部(c)に関連して述べた文として誤っているものを、一つ選びなさい。　19

①　日朝貿易は朝鮮が倭寇の根拠地とみなした対馬を襲う応永の外寇により一時中断した。

②　朝鮮から日本へ木綿や大蔵経などがもたらされた。とくに木綿は保湿性、肌触りの良さから衣料として人々の生活様式に大きな影響を与えた。

③　日朝貿易は日明貿易と同様幕府が独占して行っていた。

④　日朝貿易は1510年の三浦の乱後、次第に衰えていった。

D　琉球では北山・中山・南山の地方勢力が争っていたが1429年に中山王(　オ　)が三山を統一して<u>琉球王国</u>(d)をつくりあげた。当時の琉球は海外貿易をさかんにおこなっていた。

問 5　下線部(d)に関連して述べた文として誤っているものを、一つ選びなさい。

[20]

①　琉球は明に朝貢する一方日本の将軍にも入貢し、両国と国交をむすんでいた。

②　王国の都首里の外港那覇は中国、日本、南海を往来する船でにぎわった。

③　明の海禁政策で中国人の貿易活動が衰えているなか、琉球船は東南アジア諸国間の中継貿易を活発におこなった。

④　琉球は1609年薩摩の島津義久の軍に征服された後も中国との朝貢貿易は続けていた。

3

次のA～Eの各文を読み、文中の(　ア　)～(　オ　)に適語を記入しなさい。

(ア) [21]　(イ) [22]　(ウ) [23]　(エ) [24]

(オ) [25]

また、下の問1～5に答えなさい。

A　江戸時代(a)幕府は天皇・朝廷が権力をふるったり他大名に利用されることのないように、著しい制約を加えていた。1615年(　ア　)を制定し、天皇や公家の行動を規制した。

問 1　下線部(a)に関連して述べた文として誤っているものを、一つ選びなさい。

[26]

①　天皇家の所領である禁裏御料は当初は1万石程度で幕府の直轄領である天領とは格段の差が生じていた。

②　武家伝奏といわれる朝幕間の事務連絡の窓口を設け、京都所司代の役人がその任務に就いた。

③　将軍徳川秀忠は天皇と外戚関係をつくろうとして娘和子を後水尾天皇に入内させた。

④　紫衣事件をきっかけに後水尾天皇は譲位し、秀忠の孫の興子内親王が奈良時代以来の女性天皇として即位し、明正天皇となった。

B　徳川家光が死去すると子の家綱が将軍になった。家綱は幼少であったため、叔父で会津藩主の(　イ　)が補佐して将軍を支えた。(b)家綱の治世は従来の武断主義から文治主義への転換がはかられた時代であった。

問 2　下線部(b)に関連して述べた文として誤っているものを、一つ選びなさい。

27

①　慶安の変後末期養子の禁を緩和して、牢人の増加防止をはかった。

②　この時代明暦の大火がおこり、江戸の町の大半が焼失した。

③　主人が死んだ時に家臣があとを追って自殺する殉死を禁止し、価値観の転換につとめた。

④　生類憐みの令を出して、生物の殺生を禁じた。

C　7 代将軍徳川家継が死去すると徳川宗家が途絶え、御三家の紀伊藩主(　ウ　)が 8 代将軍になった。(c)彼は「諸事権現様御定の通り」と幕府創業期を目標に幕政改革をすすめた。

問 3　下線部(c)に関連して述べた文として正しいものを、一つ選びなさい。

28

①　幕府財政赤字解消のため諸大名に石高 1 万石につき 100 石を上納させ、代わりに参勤交代の江戸在府期間を半減した。

②　年貢徴収について、豊凶に関係なく一定量を徴収する定免法から 1 年ごとに豊凶に応じて年貢量を決める検見法に改めた。

③　実学奨励の立場から漢訳洋書の輸入制限を緩和し、貝原益軒に命じて甘藷の栽培を奨励し、甘蔗・朝鮮人参の栽培も行った。

④　元禄小判と同率の享保小判を鋳造させ、物価の騰貴をおさえようとした。

D　田沼意次の失脚後、江戸・大坂など全国主要都市で打ちこわしが続発していた。こうしたなかで老中首座となって 11 代将軍徳川家斉を補佐したのは、白河藩主の(　エ　)である。(d)彼は田沼時代の政策を改め、幕政の改革に着手した。

問 4　下線部(d)に関連して述べた文として誤っているものを、一つ選びなさい。

29

① 石川島に人足寄場を設け無宿人を収容し、技術を身につけさせ職業を持たせようとした。

② 旗本・御家人救済のため棄捐令を出して、札差に天明4(1784)年以前の借金を放棄させ以後のものは低利年賦返済とした。

③ 仙台藩の医師工藤平助の意見を取り入れ、最上徳内を蝦夷地に派遣して調査させた。

④ 朱子学を儒学の正学とし、それ以外の学派を異学として聖堂学問所での講義を禁止した。

E　大塩の乱やモリソン号事件など内憂外患のなか、将軍徳川家慶のもと老中(e)(　オ　)が幕府権力の強化を目指して改革をおこなった。

問 5　下線部(e)に関連して述べた文として誤っているものを、一つ選びなさい。

30

① 倹約令を出してぜいたく品や華美な衣服を禁じ、人情本作家為永春水らを処罰するなど庶民の風俗や思想を厳しく取り締まった。

② 物価騰貴の原因は株仲間による商品流通の独占にあるとして株仲間の解散を命じ、以後明治まで株仲間の再興はなかった。

③ 上知令を出して江戸・大坂周辺の土地を直轄領にして、財政の安定や対外防備の強化をはかろうとした。

④ 人返しの法を発し、江戸に流入した離農者を強制的に帰農させた。

4 次のＡ～Ｅの各文を読み、文中の（　ア　）～（　オ　）に適語を記入しなさい。

（ア） 31　（イ） 32　（ウ） 33　（エ） 34

（オ） 35

また、下の問１～５に答えなさい。

Ａ　近代の教育制度は 1871 年文部省が設置され、翌年フランスの学校制度にならって（　ア　）が公布されてはじまった。これは実学を重視し国民皆学を目指したものであったが現実とかけ離れ、国民生活とは合わなかった。以後も政府により教育制度の整備が進められていった。(a)

問１　下線部(a)に関連して近代の教育制度について述べた文として誤っているものを、一つ選びなさい。 36

① 1879 年アメリカ流の自由主義的な教育方針を取り入れた教育令が公布された。

② 1886 年文部大臣森有礼のもとで学校令が公布され、小学校、中学校、高等学校、帝国大学からなる学校体系が整備された。

③ 1890 年井上毅・元田永孚などによって起草された教育に関する勅語が発布され、忠君愛国を強調する国民教育の基本が示された。

④ 義務教育は 1907 年の小学校令の改正で６年に延長された。

Ｂ　明治時代日本の近代化実現に向けて欧米の先進文化を取り入れるため、政府や学校に多くの外国人教師が招かれた。彼らはお雇い外国人(b)と呼ばれ、日本の近代化に貢献した。

問２　下線部(b)に関連して述べた文として誤っているものを、一つ選びなさい。 37

① ナウマンはドイツ人の地質学者で、日本各地の地質を調査した。ナウマンゾウは彼の名に由来し、フォッサマグナは彼の指摘によるものである。

② アメリカ人のフェノロサは東大で哲学などを講義した。日本美術を高く評価し、岡倉天心と東京美術学校設立に尽力した。

③　コンドルはイギリス人の建築家で、辰野金吾・片山東熊らを育てた。鹿鳴館は彼が設計したものである。

④　ドイツ人ボアソナードは明治政府に招かれて、刑法・民法の法典を編纂した。日本は彼の影響を受け次第にドイツ法系が中心となっていった。

C　日清戦争前後には北村透谷らによって人間の感情面を重んじる(c)(　イ　)文学がさかんになった。北村透谷の雑誌「文学界」はその母体となり、森鷗外、泉鏡花、樋口一葉、与謝野晶子らが活躍した。日露戦争後には自然科学やフランス文学の影響を受け、現実を直視して人間生活をありのままに描こうとする(d)(　ウ　)が文壇の主流となり、国木田独歩、田山花袋、島崎藤村らの作家が現われた。

問 3　下線部(c)・(d)に関連して作家と作品の組合せで誤っているものを、一つ選びなさい。　38

①　森鷗外　―『舞姫』

②　樋口一葉　―『たけくらべ』

③　田山花袋　―『蒲団』

④　島崎藤村　―『一握の砂』

D　(　エ　)といふ文字は、日本語としては極めて新らしい用例である。従来は民主々義といふ語を以て普通に唱へられて居ったやうだ。時としては又民衆主義とか、平民主義と呼ばれたこともある。……我々が視て以て憲政の根底と為すところのものは、政治上一般民衆を重んじ、其間に貴賤上下の別を立てず、而かも国体の君主制たると共和制たるとを問はず、普く通用する所の主義たるが故に、(　エ　)といふ比較的新しい用語が一番適当であるかと思ふ。……

（『中央公論』1916年1月号）

問 4　Dの史料に関連して述べた文として誤っているものを、一つ選びなさい。　39

①　この論文名は「憲政の本義を説いて其有終の美を済すの途を論ず」である。

② この史料の考え方や美濃部達吉の天皇機関説は大正デモクラシーの理念となった。

③ この論文が発表された時の首相は平民宰相といわれた原敬であった。

④ 史料の著者は福田徳三らと黎明会を結成し、東大に新人会を組織した。

E 日本は1955年に(　オ　)といわれる大型景気を迎え、これ以後技術革新・設備投資が進み経済成長率が著しく高い時代が続いた。この時期においてとくに日本の発展を世界に示した国家的イベントが東京オリンピックと大阪で開催された日本万国博覧会であった。(e)

問5 下線部(e)の時期(1964～1970年)におこった出来事について述べた文として正しいものを、一つ選びなさい。 40

① 黒澤明監督の映画「羅生門」がベネチア国際映画祭でグランプリを受賞した。

② アメリカの宇宙船アポロ11号が、人類史上初めて月面着陸に成功した。

③ 湯川秀樹が日本人で初めてノーベル物理学賞を受賞した。

④ 旧ソ連ウクライナのチェルノブイリ原子力発電所で爆発事故が発生し、放射能が拡散した。

現代社会

（60分）

1　次の会話は野中広務さん（元衆議院議員）と辛淑玉さん（人材育成コンサルタント）の対談の一部である。これを読み、問いに答えなさい。

辛　(a)ハンセン病回復者の人たちから提訴された訴訟で、(b)小泉さんが【　A　】を取りやめたじゃないですか。

野中　あれは、僕が小渕内閣の官房長官の時に、回復者の人たちが熊本地裁に提訴したんですよ。

辛　ええ、そうです。

最初は、(c)沖縄のハンセン病回復者を、(d)日本の領土ではなかったからという理由で、一旦はずしたじゃないですか。だけど、それなら日本の領土だった(e)朝鮮半島や台湾を入れるのかといったら、それは入れないわけですよ。そのあと、沖縄を入れると決めた後も、朝鮮半島は入れないというかたちになって、あの問題を解決する時にもやっぱり(f)在日は、視野に入っていなかった。ハンセン病回復者の中でも、あの訴訟に関わった人と関われなかった在日がいるわけですよ。それからインドネシア出身の人たちもそうでしたね。

私、日本のハンセン病の療養所にいる人たちと、官邸の前にいたんですよ。その時は野中さん向こう側にいたわけですよね。

野中　僕は所用で出かけていて国会へ行こうと思ったら、官邸の前で人がたむろしているわけ。「何だ、あれ？」と秘書官に聞いたら、(g)「ハンセン病の訴訟団が会わせてほしいといっているんです」と言うので、僕は「会うたらいいんじゃないか」と言った。すると「いやいや、もう(h)各省、会いませんから」って言うから、秘書官に「国会へ行くのにまだ時間があるんだろう。みんな入ってもらえ」と。それで官邸の入口の応接室で話を聞いてやったんだ。一人ずつ挨拶して握手して、「頑張ってやれ」と言うてやったんだ。

しかし、熊本地裁で勝訴して、すぐ僕のところに来て上訴しないように頼まれたのだけど、僕のところに来たって解決しない。あんな小泉みたいな変わった奴がおるんだからね。これは策を弄さなあかんということで、公明党の坂口力さん(小泉内閣の厚生労働大臣)に会う段取りを付けたんだ。(後略)

辛　小泉さんが「【　A　】しないと決めた」と言った時に、私、周りにいる弁護士とか運動関係者に、「でもね、在日はどうなるの？植民地だった国の人々はどうなるの？」って聞いたの。すると、「それは日韓条約で終わってるでしょ」って。(後略)

(出典：野中広務・辛淑玉『差別と日本人』(角川新書、2009年))

問1　【A】には、第一審の判決を不服として、第二審裁判所へ上訴することを意味する用語が入る。【A】に入る適語を書きなさい。　1

問2　下線部(a)について、この訴訟はらい予防法(1996年廃止)による強制隔離政策で基本的人権を侵害されたとして、ハンセン病の元患者が国を相手に起こしたものである。この訴訟の種類として適切なものを次の①～④のうちから一つ選びなさい。　2

①　国家賠償請求訴訟　②　弾劾裁判　③　刑事訴訟

④　違憲審査

問3　下線部(b)について、「小泉さん」とは第87代内閣総理大臣(2001年4月～2006年9月)の小泉純一郎氏のことである。小泉内閣によって行われた政策として適切でないものを一つ選びなさい。　3

①　日本郵政公社の民営化　②　日本国有鉄道の民営化

③　石油公団の廃止　④　日本道路公団の民営化

問4　下線部(c)について、沖縄に関する記述として適切でないものを次の①～④のうちから一つ選びなさい。　4

①　米軍が管理する普天間飛行場は住宅密集地に立地し、世界で最も危険な飛行場といわれることもあり、日米両政府の間で名護市辺野古への移設が合意されている。

② 1996年、全国初の県民投票として「日米地位協定の見直し及び基地の整理縮小に関する県民投票」が行われ、有権者の過半数が賛成の意思表示を行った。

③ 日本国土の1％に満たない沖縄県に、在日米軍基地の約30％が集中しており、沖縄県民は他の地域より大きな基地負担と基地被害に苦しんできた。

④ 太平洋戦争後、サンフランシスコ平和条約によって奄美・沖縄諸島は日本から行政分離されることが決定し、沖縄では土地収容令が公布され、米軍による民間地の強制収用が進められた。

問5　下線部(d)について、日本の領土に関する記述として適切なものを次の①～④のうちから一つ選びなさい。　5

① 今日、日本が直面する領土問題は、無主地の先占に従って日本が領有した領域が、日米安全保障条約で日本が放棄した地域に含まれるかどうかをめぐって周辺国との間に生じた利害対立である。

② 北方領土は択捉島、国後島、色丹島、歯舞群島からなるが、1956年の日ソ共同宣言では、両国間の平和条約締結後、色丹島と歯舞群島は日本に引き渡されるとしている。

③ 竹島は中国が不法に占拠しており、日本としては竹島の領有権問題を国際司法裁判所に付託することを提案しているが、中国がこれに同意していない。

④ 尖閣諸島は今日では日本が実効支配しており、日本は尖閣諸島の領有権問題はないという立場であるが、韓国が領有権を主張するようになった。

問6　下線部(d)について、主権が及ぶ領域に関する記述として適切でないものを次の①～④のうちから一つ選びなさい。　6

① 宇宙空間（大気圏外）は国家の主権が及ばない国際的空間とされている。

② 領土と領海の上空は領空と呼ばれ、主権が及ぶ領域にあたる。

③ 海洋において、基線から300海里より外洋を公海とし、公海自由の原則が認められる。

④　1 海里は 1,852m とされており、国連海洋条約は領海を基線から 12 海里まで、排他的経済水域を 200 海里までとしている。

問 7　下線部(e)について、朝鮮半島に関する記述として適切でないものを次の①～④のうちから一つ選びなさい。　7

①　1991 年に韓国が先に国連に加盟し、その後遅れて北朝鮮が国連に加盟しており、2000 年には初めての南北の首脳会談が行われ、南北融和が期待された。

②　2018 年にシンガポールで行われた史上初の米朝首脳会談では、アメリカは北朝鮮の体制維持を保証し、北朝鮮は朝鮮半島の完全な非核化に取り組むことを約束した。

③　国連安全保障理事会の決議を通じて、北朝鮮には核計画の放棄が求められ、経済制裁が科されており、日本も独自の制裁措置を科している。

④　1950 年に朝鮮戦争が勃発すると、GHQ は日本に対して警察予備隊をつくることを命じ、警察予備隊は保安隊を経て、1954 年には自衛隊となった。

問 8　下線部(f)について、「在日」とは主に日本に住む韓国・朝鮮籍の人々を指している。特定の民族の人々を排斥する言動が問題となっているが、このような憎悪表現を何というか。カタカナで答えなさい。　8

問 9　下線部(g)について、日本国憲法第 16 条に定めた国や地方自治体に対して要望を表明する権利を何というか答えなさい。　9

問10　下線部(h)について、日本の行政組織に関する記述として適切なものを次の①～④のうちから一つ選びなさい。　10

①　肥大化した行政の簡素化・効率化を掲げて、許認可などの規制・権限を減らす規制緩和や行政機関の整理・統合・民営化などの行政改革が進められてきた。

②　一般の行政機関から独立して職権を行使できる合議制の機関として、国家安全保障会議などの行政委員会がある。

③　内閣は、行政権の行使について、国会に対して連帯して責任を負い、衆議院が内閣に対して不信任決議をしたときは、内閣は総辞職しなければならない。

④　地方公共団体の仕事には、地方公共団体本来の仕事である自治事務と、国などの関与が必要なものとして法律で定められる機関委任事務の2種類がある。

2　次の文章を読み、問いに答えなさい。

国際社会には、国内と異なり、中央政府が存在しない。そのため、歴史的にみると、(a)国家間の紛争は軍事力の行使にいたる例が多く、そのため戦争を防ぐさまざまな方策がとられてきた。二度にわたる大戦を経験した各国はこうした悲劇をくりかえすまいと、1945年10月に国際連合を成立させた。

(b)国際連合は【　A　】に本部をおき、総会、安全保障理事会、経済社会理事会、信託統治理事会、事務局、そして【　B　】におかれている(c)国際司法裁判所の機関からなっている。

特に安全保障理事会は武力行使をやめさせる強い権限をもっている。理事会は常任理事国の5大国(米・英・仏・中・ロ)と、地域ごとに選出された非常任理事国10か国の計15か国によって構成される。常任理事国には【　C　】が認められ、安全保障理事会での議決の成立を阻止する権限が認められている。安全保障理事会が常任理事国の【　C　】行使によって本来の任務を果たせない場合がある。過去には、【　D　】の際に、国連総会が「平和のための結集」決議を行い、安全保障理事会が動けない場合には、総会がその仕事を部分的に補うことになった。

経済社会理事会は、人権の保障や国際経済・社会問題を扱い、(d)国際労働機関(ILO)や国連食糧農業機関(FAO)などの専門機関をおいている。専門機関では、(e)非政府組織(NGO)にも一定の発言の場を与えている。

事務局は事務総長を中心に国際公務員によって構成され、国連業務全体の計画・遂行にあたっている。

問１ 【A】・【B】に入る都市名を次の①～⑧のうちから一つずつ選びなさい。

【A】 11 【B】 12

① ワシントン ② ジュネーブ ③ ストックホルム
④ ハーグ ⑤ ヨハネスブルグ ⑥ ニューヨーク
⑦ ロンドン ⑧ パ リ

問２ 【C】に入る適語を書きなさい。 13

問３ 【D】に入る適語を次の①～④のうちから一つ選びなさい。 14

① イラク戦争 ② 朝鮮戦争 ③ 湾岸戦争
④ キューバ危機

問４ 下線部(a)について、「国家の三要素」と呼ばれ、国家が成立するために必要な要素を３つ答えなさい。 15

問５ 下線部(b)について、国際連合に関する記述として適切なものを次の①～④のうちから一つ選びなさい。 16

① 国連総会での表決は、国の大小にかかわらず、一国一票の多数決を原則とするが、重要事項については３分の２以上の多数決である。

② 国連は、総会に国際平和及び安全に関する主要な責任を負わせ、集団安全保障体制の構築をめざしている。

③ 1951年、日本はサンフランシスコ平和条約の締結によって主権を回復し、同年、国連に加盟した。

④ 1945年、第二次世界大戦末期にマルタで行われた連合国側(米・英・ソ)の首脳会談で、国際連合の設立が協議され、安全保障理事会の表決方法が決定した。

問６ 下線部(b)について、国際連合の組織や活動に関する記述として適切なものを次の①～④のうちから一つ選びなさい。 17

① 国連の事務総長は安全保障理事会の常任理事国から選出されることが通例となっている。

② 国連憲章には平和維持活動(PKO)についてその根拠となる明確な規定はないが、国連の活動として定着している。

③ 信託統治理事会は、冷戦後、新たな信託統治領が設定されたため、活動の範囲が拡大している。

④ 経済社会理事会は、人権問題に関する紛争を解決するために拘束力のある決定を行う権限がある。

問7　下線部(c)について、国際司法裁判所に関する記述として適切でないものを次の①～④のうちから一つ選びなさい。　18

① 国際司法裁判所は国際紛争の平和的解決をめざし、各国の国際法の専門家15名が裁判官に就いている。

② 国際司法裁判所は1945年に設立され、日本は2007年に加盟したが、アメリカは加盟していない。

③ 国際司法裁判所は国家間の紛争に関して判決を下すほか、国際連合やその専門機関からの要請を受けて法律問題について勧告を出す権限をもつ。

④ 国際裁判の管轄権は、紛争当事国双方による同意を基礎としているため、国家が国際司法裁判所の裁判に強制的にかけられることはない。

問8　下線部(d)について、国際機関に関する記述として適切でないものを次の①～④のうちから一つ選びなさい。　19

① IAEAは、核兵器保有国を対象に、核兵器の国際管理を行っている。

② UNESCOは、教育、科学、文化に関する国際協力を推進し、世界の文化遺産や自然遺産の保護を行っている。

③ UNHCRは、難民に対して、救援保護、人道支援、帰還促進などを行っている。

④ UNICEFは、発展途上国や自然災害を受けた地域の子どもなどに、食糧や医療などの援助を行っている。

問 9　下線部(e)について、非政府組織(NGO)に関する記述として適切なものを次の①～④のうちから一つ選びなさい。　20

① 非政府組織には国境を超えて経済活動を行う巨大な多国籍企業も含まれ、国際社会の多様化やグローバル化を進めることに貢献している。

② 非政府組織は国連の専門機関として認められており、国連での勧告や宣言、行動計画の採択の際、加盟国同様に投票権を有している。

③ 非政府組織は、国連NGOといわれ、もともと国連の経済社会理事会の特別協議資格をもつ、政府代表者以外の組織を指していた。

④ 代表的な非政府組織の一つとして挙げられるアムネスティ・インターナショナルは、医療奉仕のためのNGOであり、戦地や被災地、難民キャンプなどで活動している。

3　次の各文章A～Eそれぞれの下線部①～⑤には適切でないものが1つある。その記号(①～⑤)と適切な語句を書きなさい。

A　先進国と発展途上国の①経済格差と、それが生み出すさまざまな課題を、南北問題という。②南半球には発展途上国が多く存在しているが、この問題は地理的な位置に起因するものではなく、近代の③自由貿易や植民地化、そして④プランテーションなどの不平等な⑤国際分業体制が深く関係している。しかし、地域間の経済格差はまだ解消しておらず、貧困などの問題が根強く残っている。

記号　21　語句　22

B　発展途上国の中には、農業が特定の①輸出向け商品作物の生産に偏っている国がある。この状態を②モノカルチャーと呼ぶ。この状態にある国の中には、自国民を養うために必要な③穀物などを輸入や援助に頼らざるをえない国もある。それらの国では、国際穀物価格の④下落が、貧困層の生存に危機をもたらす可能性がある。このため、国連開発計画は1994年に、飢餓・疾病・抑圧等の恒常的な脅威からの安全の確保と、日常の生活から突然断絶されることからの保護の2点を含む、⑤人間の安全保障の必要性を訴えた。

記号　23　語句　24

C 発展途上国の中には、工業化に成功した①新興工業経済地域(NIES)や、石油などの天然資源の輸出で経済的に豊かになるものが現れた。前者には、②台湾、シンガポール、ブラジルなどが含まれる。他方、工業化が思うように進まず、先進国政府、民間金融機関、国際機関などから借り入れた資金の返済が困難になり、③累積債務に苦しむ発展途上国も少なくない。とくに、④後発発展途上国と呼ばれる国々では、多くの人々が⑤相対的貧困の状態に直面し飢餓に苦しんでいる。

記号 [25] 語句 [26]

D 発展途上国は、開発、貧困削減、世界経済への統合のための原動力として貿易と投資を利用できるようにすることをめざし、1964年に設立された①国連貿易開発会議での先進国との交渉を経て、一次産品の価格引き上げなどの成果を得た。また、1974年には、②国連資源特別総会で、③領海の恒久主権の確立や④国際通貨制度の改革などを内容とする⑤「新国際経済秩序樹立に関する宣言」が採択された。この背景には、従来の自由貿易の原則とは異なり、発展途上国に対する一方的な優遇措置を含む新たな原則が必要であるという考えがあった。

記号 [27] 語句 [28]

E 「貧困がテロの温床になっている」との見方があり、発展途上国の貧困をなくすため、先進国は発展途上国に対してさまざまな援助を行っている。発展途上国の経済や社会の発展、国民の福祉向上や民生の安定に協力するために行われる政府または政府の実施機関が提供する資金や技術の協力を、①政府開発援助(ODA)という。②経済協力開発機構(OECD)は、経済規模にあった援助を促すため、③国内総生産(GDP)に海外で稼いだ分を加えた④国民総所得(GNI)の⑤0.7%以上を政府開発援助に提供するよう呼びかけている。

記号 [29] 語句 [30]

4　次の文章を読み、問いに答えなさい。

日本の公害(a)問題の原点は、明治時代の【　Ａ　】であるといわれている。その後、公害は、高度経済成長期(b)に深刻化・広域化した。事業者は、経済的利益を追求する中で、有害物質の処理費用の負担を惜しみ、廃棄物として有害物質を排出していた。政府は、産業・経済の発展を優先したため、有害物質の排出規制が後れ、公害の被害が拡大した。

1960年代後半、イタイイタイ病、水俣病、(　1　)、新潟水俣病の被害者たちは、事業者を相手にあいついで訴訟(四大公害訴訟)を起こした。いずれも事業者の責任が認められ、原告(被害者)側が勝訴した。この訴訟をきっかけとして、1967年に、公害防止に関する事業者・国及び地方公共団体の責務などを定めた公害対策基本法が制定され、それに続き、大気汚染防止法、水質汚濁防止法(c)など、多くの公害関係法が制定された。

1970年代以降、従来の産業公害にかわって、自動車の排出ガスによる大気汚染、生活排水による水質汚濁、廃棄物の焼却施設から排出されるダイオキシンによる健康被害など、新たな問題が続出した。これらの問題や地球環境問題(d)への関心の高まりを背景として、1993年に、公害対策基本法と自然環境保全法を発展させた(　2　)が制定された。この法律は、持続可能な社会の構築や地球環境保全の推進などを基本理念としている。

地球環境を保全し、持続可能な社会を構築するためには、大量生産・大量消費・大量廃棄の社会から資源の循環をはかる循環型社会に転換する必要がある。2000年に制定された循環型社会形成推進基本法(e)では、３Ｒの優先順位(f)が定められており、事業者・国及び地方公共団体だけでなく、消費者である国民の努力も求められている。

問１　(１)・(２)に入る適語を書きなさい。　(１)　31　　(２)　32

問２　【Ａ】に入る適語を次の①～④のうちから一つ選びなさい。　33

①　東京大気汚染公害事件　　②　別子銅山煙害事件

③　足尾銅山鉱毒事件　　④　日立煙害事件

問 3　下線部(a)について、典型 7 公害は、大気汚染、水質汚濁、土壌汚染、振動、地盤沈下、悪臭の他に、もう一つ何があるか、書きなさい。 34

問 4　下線部(a)について、公害のように、事業者の経済活動が市場を経由しないで直接第三者に不利益を与えることを何というか。適切なものを次の①～④のうちから一つ選びなさい。 35

①　外部不経済　　②　非価格競争　　③　共有地の悲劇

④　ペティ＝クラークの法則

問 5　下線部(b)について、高度経済成長期とはいつ頃のことをいうか。適切なものを次の①～④のうちから一つ選びなさい。 36

①　1950 年から 1973 年まで　　②　1955 年から 1973 年まで

③　1955 年から 1978 年まで　　④　1960 年から 1978 年まで

問 6　下線部(c)について、下記の文章を読み、(3)に入る適語を書きなさい。

37

大気汚染防止法、水質汚濁防止法の濃度規制は、有害物質を薄めればいくらでも排出できるという問題があったため、法律を改正して、規制を強化した。具体的には、有害物質の濃度の規制に加えて、排出の(　3　)を規制する(　3　)規制を導入した。

問 7　下線部(d)について、下記の文章を読み、【B】に入る適語を次の①～④のうちから一つ選びなさい。 38

地球環境問題の中でも、特に地球温暖化による問題が懸念されている。第 21 回気候変動枠組み条約締約国会議(COP21)では、すべての締約国が温室効果ガスの排出削減に取り組む義務を負うことなどを定めた【　B　】が採択された。

①　名古屋議定書　②　京都議定書　③　モントリオール議定書
④　パリ協定

問８　下線部(e)について、循環型社会形成推進基本法の関連法に該当しないものを次の①～④のうちから一つ選びなさい。　39

①　資源有効利用促進法　②　土壌汚染対策法
③　建設リサイクル法　④　廃棄物処理法

問９　下線部(f)について、３Ｒのうち優先順位が最も高いものを次の①～④のうちから一つ選びなさい。　40

①　リユース　②　リサイクル　③　リフューズ
④　リデュース

数学

（注）　工学部建築学科住居デザイン専攻の文系受験，経営学部の文系受験，情報科学部情報科学科メディア情報専攻の文系受験は「文系」を，その他は「理系」を解答する。

■理　　　系■

（90分）

数学問題1　（(1)～(5)は必答問題，(6)，(7)は選択問題）

次の［　　］を適当に補え。

(1)　△ABCにおいて，∠A＝90°，BC＝2とする。△ABCの面積が$\dfrac{1}{2}$であるとき，3辺の長さの和は［㋐］であり，内接円の半径は［㋑］である。

(2)　数列$\{a_n\}$はすべての項が正の実数であり，関係式

$$\log_2 a_1 = 1, \qquad \log_2(a_1 a_2 \cdots a_n) = n^2 \quad (n = 2, 3, 4, \cdots)$$

をみたすとする。このとき，$a_3 =$［㋒］であり，一般項は$a_n =$［㋓］である。

(3)　$-\dfrac{\pi}{4} \leqq x \leqq \dfrac{\pi}{4}$において，$\dfrac{1+\sqrt{3}\tan x}{\sqrt{3}-\tan x}$の最大値は［㋔］であり，最小値は［㋕］である。

(4)　xy平面において，2つの曲線$y = x^2$，$y = -ax^2+1$が交点をもつような定数aの範囲は［㋖］である。また，この2つの曲線で囲まれた部分の面積が1であるようなaの値は$a =$［㋗］である。

(5)　$f(x)=\dfrac{(x+2)^2}{x^2-1}$ とする。$f'(x)=0$ をみたす x は $x=$ [㋘] である。また，$f(x)$ の極大値は [㋙] である。

次の(6)，(7)は選択問題である。１問を選択し，解答用紙の所定の欄のその番号を○で囲み，解答せよ。

(6)　長さ10mの4本のロープを真っ直ぐに伸ばして束ね，一方の端をAさんが持ち，もう一方の端をBさんが持つ。Aさんは4本のロープから2本を選んで端を繋《つな》ぎ，さらに残った2本の端を繋ぐ。Bさんは4本のロープから2本を選んで端を繋ぐ。このとき，4本のロープが繋がって長さ40mの1本のロープになる確率は [㋚] である。

次に，長さ10mの5本のロープを真っ直ぐに伸ばして束ね，一方の端をAさんが持ち，もう一方の端をBさんが持つ。Aさんは5本のロープから2本を選んで端を繋ぎ，さらに残った3本から2本を選び端を繋ぐ。Bさんも同様の作業を行ったとき，5本のロープが繋がって長さ50mの1本のロープになる確率は [㋛] である。

(7)　16進法において，10進数の10，11，12，13，14，15をそれぞれA，B，C，D，E，Fで表すことにする。例えば，16進数の$2\mathrm{B}_{(16)}$は10進数の43である。16進数$\mathrm{A}2_{(16)}$を2進法で表すと [㋜] となる。また，6桁の2進数のうち最大の数から10進数の3を引いた数を16進法で表すと [㋝] となる。

数学問題 2 （必答問題）

次の問に答えよ。必要ならば $\displaystyle\lim_{x \to 0} \frac{e^x - 1}{x} = 1$ を用いてよい。ただし，e は自然対数の底である。

(1) $f(x) = 2^x$ の導関数 $f'(x)$ を求めよ。

(2) 極限値 $\displaystyle\lim_{x \to 0} \frac{2^x - 1}{x}$ を求めよ。

(3) N を自然数とする。初項 $\dfrac{1}{N}$，公差 $\dfrac{1}{N}$ の等差数列を $\{x_n\}$ としたとき，極限値 $\displaystyle\lim_{N \to \infty} \frac{1}{N} \sum_{n=1}^{N} 2^{x_n}$ を求めよ。

■文　　系■

（60分）

数学問題 1 （(1), (2), (3) は必答問題, (4), (5), (6) は選択問題）

次の [　　] を適当に補え。

(1) △ABC において, ∠A = 90°, BC = 2 とする。△ABC の面積が $\frac{1}{2}$ であるとき, 3 辺の長さの和は [㋐] であり, 内接円の半径は [㋑] である。

(2) m を自然数とする。x の 2 次方程式 $x^2 + 2mx + 16 = 0$ が異なる 2 つの整数解をもつとき, $m =$ [㋒] であり, このときの解は $x =$ [㋓] である。

(3) a を実数とする。2 つの変量 x, y のデータの値が次の表で与えられている。このとき, y の分散が最小となる a の値は [㋔] である。また, x と y の相関係数が正であるような a の値の範囲は [㋕] である。

x	1	2	3	4	5
y	a	$5+2a$	4	$9-a$	$7-2a$

次の⑷，⑸，⑹は選択問題である。２問を選択し，解答用紙の所定の欄のその番号を○で囲み，解答せよ。

⑷　長さ10 m の4本のロープを真っ直ぐに伸ばして束ね，一方の端をAさんが持ち，もう一方の端をBさんが持つ。Aさんは4本のロープから2本を選んで端を繋《つな》ぎ，さらに残った2本の端を繋ぐ。Bさんは4本のロープから2本を選んで端を繋ぐ。このとき，4本のロープが繋がって長さ40 m の1本のロープになる確率は [㋖] である。

次に，長さ10 m の5本のロープを真っ直ぐに伸ばして束ね，一方の端をAさんが持ち，もう一方の端をBさんが持つ。Aさんは5本のロープから2本を選んで端を繋ぎ，さらに残った3本から2本を選び端を繋ぐ。Bさんも同様の作業を行ったとき，5本のロープが繋がって長さ50 m の1本のロープになる確率は [㋗] である。

⑸　16進法において，10進数の10，11，12，13，14，15をそれぞれA，B，C，D，E，Fで表すことにする。例えば，16進数の$2B_{(16)}$は10進数の43である。16進数$A2_{(16)}$を2進法で表すと [㋘] となる。また，6桁の2進数のうち最大の数から10進数の3を引いた数を16進法で表すと [㋙] となる。

⑹　$AB = 8$，$BC = 7$，$CA = 6$ である $\triangle ABC$ において，$\angle A$ の二等分線と辺BCの交点をDとする。このとき，$AD =$ [㋚] である。さらに，$\triangle ABC$ の外接円上の点Eを，直線AEが $\angle CAD$ の二等分線となるようにとり，直線AEと辺BCとの交点をFとすると，$EF =$ [㋛] である。

数学問題2 （必答問題）

長さ4の線分ABを直径とする円が底面であり，頂点がO，高さが$4\sqrt{2}$である直円錐を考える。

(1) 線分OAの長さを求めよ。

(2) 線分OBを1：2に内分する点をPとする。今，一匹のアリが点Aから点Pへこの直円錐の側面上を通って行くときの，最短経路の長さを求めよ。

物理

（60分）

物理問題 1

次の空欄を補え。

(1)　ある質量の小物体と，その2倍の質量の小物体が，同一直線上をそれぞれ一定の速さ v，$3v$ で近づきつつある。今，互いの距離が s であるとすると，2つの小物体は時間 [①] 後に衝突する。また，衝突後2つの小物体が一体となって等速直線運動するとすれば，その速さは [②] である。

(2)　ある金属線の温度 t[℃]での抵抗率 ρ は0℃の時の抵抗率を ρ_0 として，$\rho=\rho_0(1+\alpha t)$ と表されることがわかっている。ここで，α[1/K]は抵抗率の温度係数と呼ばれる定数であり，この金属線での値は 5×10^{-3}[1/K]である。抵抗値は抵抗率 ρ に比例し，0℃でのこの金属線の抵抗値は2kΩであった。この金属線の両端の電位差を10Vに保ち，しばらく電流を流したところ，金属線の温度は0℃から50℃まで変化した。このとき，金属線を流れる電流は [③] mAから [④] mAまで変化する。

(3)　図は，長さ0.5m，断面積 $3.0\times10^{-4}\,\mathrm{m}^2$ のソレノイドに流れる電流 I[A]とソレノイドの内部にできる一様な磁場 H[A/m]との関係を示す。これより，ソレノイドの全巻数は [⑤] 回である。このソレノイド内部の磁束密度を一定の割合で2秒間に4.0Tだけ変化

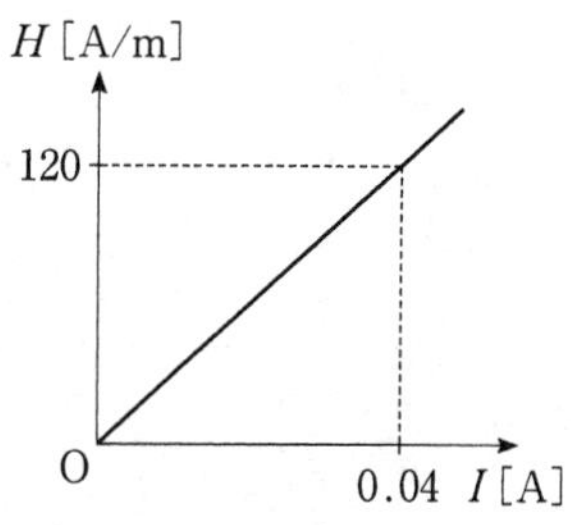

させると，ソレノイドの両端に生じる誘導起電力の大きさは [⑥] Vである。

(4) 弦を伝わる横波の速さの2乗は，弦を張る張力の大きさを弦の単位長さ当たりの質量(線密度)で割った値となることが知られている。これより，質量 m，長さ l の一様な弦を大きさ F の張力で張って両端を固定し，弦に腹が3個できるように振動させたときの振動数は [⑦] である。次に，この弦の長さを半分とし，弦を張る張力の大きさを変化させたところ，同じ振動数で基本振動した。このとき，張力の大きさは元の [⑧] 倍である。

(5) なめらかに動くピストンが付いた容器に n[mol]の単原子分子理想気体が閉じ込められている。この気体の圧力を一定に保ったまま加熱すると，気体は外部に仕事 W[J]をし，気体の温度は上昇して元の a 倍になった。これより，気体が吸収した熱量は [⑨] [J]であり，気体の元の温度は [⑩] [K]である。ここで，気体定数を R[J/(mol·K)]とした。

物理問題2

質量 m の小物体があらい水平な床上で直線運動する。小物体は点Oから大きさ $2v$ の初速度で動き出し，時間 t の後，速さ v で点Pにある鉛直な壁に衝突し，その後逆方向に進み，しばらくして静止した。小物体と壁との間の反発係数を $\frac{1}{2}$，重力加速度の大きさを g として，次の問いに答えよ。

(1) OP間の距離はいくらか。

(2) 床と小物体との間の動摩擦係数はいくらか。

(3) 小物体が壁に衝突後，静止するまでの時間はいくらか。

(4) 小物体が点Oを出発してから静止するまでに，動摩擦力が小物体にした仕事はいくらか。

化学

（60分）

解答用紙の所定の記入欄に，問題の答えをそれぞれ指示された通り記述しなさい。また，問題文中の体積の単位記号Lは，リットルを表します。

必要であれば，定数および原子量は問題中に指示がある場合をのぞき，次の値を用いなさい。

アボガドロ定数　$N_A = 6.02 \times 10^{23}$/mol

標準大気圧　1 atm $= 1.013 \times 10^5$ Pa $=$ 1013 hPa

気体定数　$R = 8.31 \times 10^3$ Pa·L/(K·mol) $=$ 8.31 Pa·m^3/(K·mol)

$=$ 8.31 J/(K·mol)

圧力の単位にatm，体積の単位にLを用いると，

$R =$ 0.0820 atm·L/(K·mol)

ファラデー定数　$F = 9.65 \times 10^4$ C/mol

原子量　H $=$ 1.0，C $=$ 12，N $=$ 14，O $=$ 16，Na $=$ 23，

Cl $=$ 35.5，Fe $=$ 56，Br $=$ 80

化学問題 1

次の各問の空欄を補え。

問 1. 次の原子またはイオン(a)～(e)について，電子配置が同じであるものの組み合わせとして正しいものは，下の①～⑩のうち [　　　] である。

(a)　Ar　　(b)　Al^{3+}　　(c)　Br^-　　(d)　K^+　　(e)　Zn^{2+}

①　a，b　　②　a，c　　③　a，d　　④　a，e　　⑤　b，c
⑥　b，d　　⑦　b，e　　⑧　c，d　　⑨　c，e　　⑩　d，e

問 2. 白金電極を用い，硫酸銅(Ⅱ)$CuSO_4$ 水溶液を5.00 A の電流で32分10秒間電気分解した。生じた酸素 O_2 の体積は標準状態(0℃，1.013×10^5 Pa)で [　　　] L である。答えは有効数字3桁で記せ。

問 3. 次の化学反応式①～⑤のうち，下線で示した原子が酸化されているものだけをすべて記すと [　　　] である。

① $2K\underline{I} + Cl_2 \longrightarrow I_2 + 2KCl$
② $\underline{Si}O_2 + Na_2CO_3 \longrightarrow Na_2SiO_3 + CO_2$
③ $2\underline{Cu}O + C \longrightarrow 2Cu + CO_2$
④ $\underline{N}_2 + 3H_2 \longrightarrow 2NH_3$
⑤ $2\underline{F}_2 + 2H_2O \longrightarrow 4HF + O_2$

問 4. ある液体を内容量360 mL のフラスコ形状のガラス容器に入れ，このフラスコ形状のガラス容器の入口に小さな穴をあけたアルミニウム箔でふたをした。これを87℃の温水に浸し，内部の液体を完全に蒸発させた。このとき，この液体はすべて蒸発し，このガラス容器内はこの物質の蒸気だけで満たされた。その後放冷したところ，このガラス容器の内部に1.0 g の液体が残った。この液体物質の分子量は [　　　] である。ただし，気体定数 R を 8.3×10^3 Pa·L/(K·mol)，大気圧を 1.0×10^5 Pa とする。また，このガラス容器の室温から100℃までの内容量変化はないものとし，室温における液体の蒸気圧は無視できるものとする。

問 5. アルミニウムに関する次の記述(a)～(c)の正誤の組み合わせとして正しいものは，下の①～⑧のうち [ ] である。

(a) アルミニウムの単体は，工業的には原料鉱石のボーキサイトを精製して得られる酸化アルミニウムをミョウバンとともに溶融塩電解して製造される。

(b) アルミニウムは両性金属であり，酸や塩基の水溶液と反応して水素を発生して溶解するが，濃硝酸には溶けない。

(c) アルミニウムイオン Al^{3+} を含んだ水溶液に，アンモニア水または少量の水酸化ナトリウム水溶液を加えると，白色ゲル状沈殿を生じる。この沈殿は，塩酸や水酸化ナトリウム水溶液のいずれにも溶けるが，過剰量のアンモニア水を加えても溶けない。

① a：正，b：正，c：正　② a：正，b：正，c：誤
③ a：正，b：誤，c：正　④ a：正，b：誤，c：誤
⑤ a：誤，b：正，c：正　⑥ a：誤，b：正，c：誤
⑦ a：誤，b：誤，c：正　⑧ a：誤，b：誤，c：誤

問 6. 塩化ナトリウムを大量の水に溶かしたときの熱化学方程式は次のように表されるものとする。

$$\mathrm{NaCl(固)} + \mathrm{aq} = \mathrm{NaCl\,aq} - 3.9\,\mathrm{kJ}$$

今，塩化ナトリウム 11.7 g を大量の水に溶かすと，何 kJ の熱が発熱，あるいは吸熱するか。最も近い数値と適切な語句の組み合わせとして正しいものは，下の①～⑧のうち [ ] である。ただし，原子量は Na = 23.0，Cl = 35.5 とする。

① 0.20，発熱　② 0.20，吸熱
③ 0.39，発熱　④ 0.39，吸熱
⑤ 0.78，発熱　⑥ 0.78，吸熱
⑦ 1.2，発熱　⑧ 1.2，吸熱

問 7. 食酢を5倍にうすめた水溶液10 mLを濃度0.25 mol/Lの水酸化ナトリウム NaOH水溶液で中和滴定すると，6.0 mLを要した。食酢中の酸はすべて酢酸 CH_3COOH であるとすると，元の食酢中の酢酸のモル濃度は ☐ mol/L である。

問 8. アセトアニリドの合成経路を次に示す。反応に用いて作用させる物質(ア)，(イ)に当てはまる最も適切な物質の組み合わせとして正しいものは，下の①～⑫のうち ☐ である。

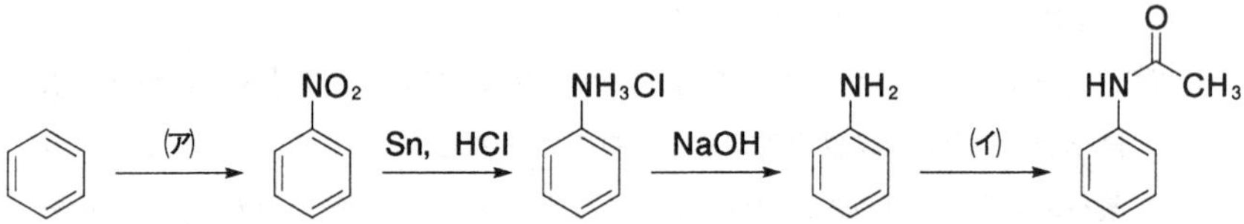

	(ア)	(イ)
①	硝酸カリウム	二酸化炭素
②	硝酸カリウム	酢酸
③	硝酸カリウム	無水酢酸
④	亜硝酸ナトリウム	二酸化炭素
⑤	亜硝酸ナトリウム	アセトン
⑥	亜硝酸ナトリウム	無水酢酸
⑦	濃硫酸と濃硝酸の混合物	二酸化炭素
⑧	濃硫酸と濃硝酸の混合物	アセトン
⑨	濃硫酸と濃硝酸の混合物	無水酢酸
⑩	アンモニア	二酸化炭素
⑪	アンモニア	酢酸
⑫	アンモニア	無水酢酸

化学問題 2

次の文を読み，各問に答えよ。

鉄は元素の周期表の第 [(a)] 周期，8族に属する金属元素で，地殻中には，元素の割合(質量%)で表すと [(b)] ，Si，[(c)] に次いで多く存在する。主な鉄の酸化物には，赤鉄鉱の主成分であり「べんがら」ともよばれる [(d)] や，空気中で鉄を強熱すると生じる黒さびおよび磁鉄鉱の主成分である [(e)] や，Feが＋2の酸化数をとる [(f)] などがある。工業的には，(1)<u>鉄は，赤鉄鉱を多く含む鉄鉱石を，コークスから発生した一酸化炭素と反応させることにより得られる</u>。この反応では，一酸化炭素は [(g)] 剤として作用している。

鉄片に塩酸を加えたところ気体を発生して溶け，[(ア)] 色の水溶液Aになった。水溶液Aに塩素を通じて反応させると [(イ)] 色の [(h)] 水溶液Bになる。水溶液Aに水酸化ナトリウム水溶液を加えると [(ウ)] 色の [(i)] が沈殿する。[(i)] は酸素により酸化されて [(エ)] 色の [(j)] へ変化する。水溶液Bに(2)<u>ヘキサシアニド鉄(Ⅱ)酸カリウム</u>の水溶液を加えると，[(オ)] 色の沈殿を生じる。水溶液Bに(3)<u>チオシアン酸カリウム</u>の水溶液を加えると，[(カ)] 色の水溶液になる。鉄片に希硝酸を加えると気体を発生して溶けるが，(4)<u>濃硝酸に対しては溶けない</u>。

(5)<u>鉄片を希硫酸で溶解した水溶液5.0 mLを酸性条件下0.020 mol/Lの過マンガン酸カリウム水溶液で滴定すると，5.0 mLを加えたところで終点に達した</u>。

問 1. 文中の空欄(a)に適切な数字を，空欄(b)〜(f)，(h)〜(j)に当てはまる元素記号または化学式を記せ。また，空欄(g)に当てはまる語句を記せ。

問 2. 文中の空欄(ア)〜(カ)に当てはまる最も適当な色を，次の①〜⑦から1つずつ選べ。ただし，同じ番号を複数回選択してもよい。

① 濃青　② 赤褐　③ 緑白　④ 血赤　⑤ 淡緑　⑥ 黄褐　⑦ 黒

問 3. ①　文中の下線部(1)に関し，[(d)]を一酸化炭素と反応させる場合について化学反応式を記せ。

②　文中の下線部(2)の化合物を化学式で記せ。

③　文中の下線部(3)の化合物を化学式で記せ。

④　文中の下線部(4)に関し，鉄表面に生じている現象・状態を何というか。答えは3文字で記せ。

問 4. ①　文中の下線部(5)の滴定中に起こる反応について，(Ⅰ)：鉄イオンと(Ⅱ)：過マンガン酸イオンの酸化・還元を表す2つの半反応式(電子 e^- を用いた反応式)を記せ。

②　上の①の問題の答えとして記入した(Ⅰ)，(Ⅱ)の2つの半反応式を用いて，文中の下線部(5)の酸化還元反応を1つのイオン反応式で記せ。

③　下線部(5)の水溶液中の鉄イオンの濃度は何 mol/L か。答えは有効数字2桁で記せ。

問 5. 酸化鉄[(d)](固体) 1 mol を一酸化炭素と反応させ，鉄を得る化学反応(熱化学方程式)の反応熱は 25 kJ(発熱)である。また，一酸化炭素 CO(気体)の生成熱は 111 kJ/mol であり，酸化鉄[(d)](固体)の生成熱は 824 kJ/mol である。炭素(黒鉛)の燃焼熱は何 kJ/mol か。答えは整数で記せ。

化学問題３

次の文を読み，各問に答えよ。

分子内に二重結合を１つ含む鎖式炭化水素を [(a)] といい，その分子式は一般式 [(b)] で表される。化合物Ａ～Ｃは分子量84.0である [(a)] のいくつかある構造異性体のうちの３つである。A～Cはいずれも臭素と反応し，その際に臭素の赤褐色が消失する(1)。この反応は [(c)] に分類される。

[(a)] を硫酸酸性の過マンガン酸カリウム水溶液で完全に反応させると，ケトンまたはカルボン酸が生成する。この反応は次の例のように表すことができる。

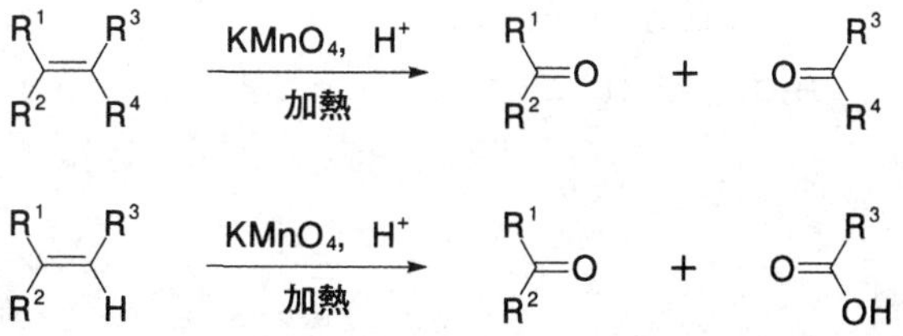

R^1 ～ R^4 はアルキル基を示す

化合物Ａ～Ｃを上記のように酸化したところ，ＡとＢからはそれぞれ１種類のみの化合物ＤおよびＥが生成した。一方，Ｃからは２種類の化合物が生成した。このうち，Ａから生成した化合物Ｄは中性の物質であり，Ｃから生成した化合物の１つと同一化合物であった。一方，Ｂから生成した化合物Ｅは酸性を示す物質であり，Ｃから生成したもう１つの化合物と同一化合物であった。

問 1. 文中の空欄(a)～(c)に当てはまる最も適当なものは，それぞれ次の①～④のうちどれか。

(a) ①　アルカン　②　アルケン　③　アルキン　④　芳香族化合物

(b) ①　C_nH_n　②　C_nH_{2n-2}　③　C_nH_{2n}　④　C_nH_{2n+2}

(c) ①　置換反応　②　酸化反応　③　付加反応　④　縮合反応

問 2. 化合物A～Cの分子式を示せ。

問 3. 文中の下線部(1)に関して，同じ量の化合物A～Cをとって，それぞれ臭素と反応させると4.80 gの臭素が消費された。このとき，反応に使われた化合物A～Cの量は何gか。答えは有効数字3桁で記せ。ただし，臭素の原子量を80.0とする。

問 4. 化合物A～Eの構造式を次の例にならって記せ。ただし，これらの中でシス-トランス異性体をもつものはどちらか1つの構造式を示せ。

例

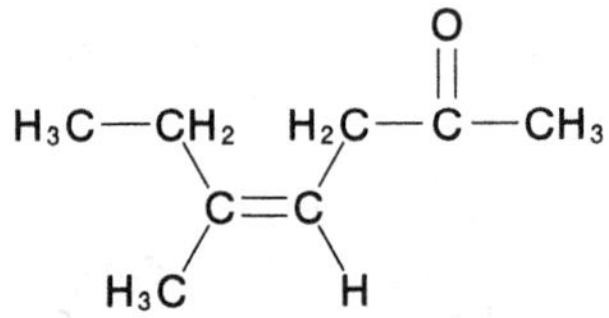

d　茨城県は農作物をベースにした加工食品の生産が以前から盛んで、首都圏への出荷量も多く、周辺住民は安さと便利さを享受しているから。

問5　傍線部(C)「メロンを取るか、実習生を取るか――」とあるが、どういうことか。適当なものをa～dから一つ選びなさい。解答番号は［28］。

a　メロン栽培を今後も続けるためには、若い外国人実習生に毎月支払う賃金を、大幅に下げる必要があるだろうということ。

b　メロン栽培を今後も続けるためには、メロンの栽培の規模を小さくするなどして、家族だけでやっていく必要があるということ。

c　外国人実習生を雇い続けるためには、従来のメロン栽培だけでなく葉物野菜の生産にも手を広げ、多角経営をする必要があるということ。

d　外国人実習生を雇い続けるためには、メロン栽培から小松菜や水菜などの葉物野菜の栽培に切り替える必要があるということ。

問6　傍線部(D)「稼ぐ大規模農家ほど、外国人への〝依存〟も進む傾向にある」とあるが、どういうことか。次の空欄に入るかたちで、句読点も含めて二十字以上三十字以内で説明しなさい。解答は記述欄(二)に記入すること。

［　　　　　　　　　　　　］ということ。

(ii)　「その実態」の報告内容に合致するものをａ～ｄから一つ選びなさい。解答番号は［26］。

ａ　担い手不足が深刻な若い世代に限って言えば、働く人における外国人労働者の割合が最も高いのは、やはり製造業である。

ｂ　外国人がコンビニや飲食店や建設現場などで働く姿は多く見られるようになったが、それは東京などの大都市においてのみならず、全国各地のどこでも同様である。

ｃ　調査の対象を、20代から30代に絞ってみれば、働く人に占める外国人労働者の数の割合は多くなり、どの業種においても同程度に外国人に依存している。

ｄ　働く人のうちで最も外国人労働者が多いのは製造業で26万人余りにのぼるが、割合で見ると、すごく多いという感じは受けない。

問４　傍線部(B)「首都圏の台所」とあるが、茨城県が「台所」と言われるのはなぜか。もっとも適当なものをａ～ｄから一つ選びなさい。解答番号は［27］。

ａ　茨城県は畜産業も盛んで、農作業が暇な期間をうまく利用することで、首都圏の住民に安くて高品質な食品を多く届けているから。

ｂ　茨城県は農業産出額が北海道に次ぐほどの高さを誇っていて、首都圏の食に関する営みを幅広く支えている農業大国だから。

ｃ　茨城県は農作物を安定的に市場に出荷していて、首都圏における食品流通の重要拠点と位置づけられ、盛んな取り引きを展開しているから。

(ウ)　躍進　23

a　めざましい勢いで進み出ること
b　目立つところに華々しく登場すること
c　わき目もふらずにひたすら前進すること
d　準備を十分にしたうえで一気に進むこと

問2　空欄(1)～(4)に入れることばの組み合わせとしてもっとも適当なものを、a～dから一つ選びなさい。解答番号は 24 。

a　(1)　さて　(2)　そのうえ　(3)　けれども　(4)　とりあえず
b　(1)　さて　(2)　くわえて　(3)　ひとえに　(4)　ふたたび
c　(1)　では　(2)　さらに　(3)　ちょうど　(4)　とにかく
d　(1)　では　(2)　しかも　(3)　そこで　(4)　さらに

問3　傍線部(A)「その実態」について、以下の問いに答えなさい。

(i)　「実態」の意味としてもっとも適当なものを、a～dから一つ選びなさい。解答番号は 25 。

a　実現することが強く望まれるあり方のこと
b　人や物事の、実際の状態のこと
c　本来、そうあるべき状況のこと
d　隠されていた本当の姿のこと

に、農業に従事する外国人の人数と1農家あたりの耕地面積は比例関係にある。規模を拡大し、農作物の販売金額が1億円を超える〝稼ぐ農家〟も続出。減少傾向だった産出額も2002年以降増加に転じ、2008年以降は全国2位の座を守っている。その(ウ)躍進を支えるのが、実習生だというのだ。

（NHK取材班『データでよみとく　外国人〝依存〟ニッポン』）

問1　傍線部(ア)～(ウ)の意味としてもっとも適当なものを、a～dからそれぞれ一つ選びなさい。解答番号は 21 ～ 23 。

(ア)　異変　21

a　理解しようとしても理解しがたいこと
b　予測とはちがった事態
c　普段は見られない異常な現象や出来事
d　人が思いつかないような異様なことがら

(イ)　裏付ける　22

a　不自然なかたちで保証すること
b　正当でないやり方で説明すること
c　たくみな方法で明快な説明を加えること
d　あることが確かであることを証拠立てること

メロンの産出額日本一を誇る茨城県鉾田《ほこた》市では、近年、畑の風景が変化している。特産であるメロンの栽培をやめて、小松菜などの葉物野菜に切り替える農家が続出しているのだ。約６００戸あったメロン農家はこの10年間で半減。一方、小松菜を栽培する農家は5年でほぼ3倍に増えた。

産地に異変をもたらしたのが「技能実習生」だというのだ。

「こんなに大勢の外国人を使うようになるとは思わなかった……」。こう話すのは、鉾田市で農業を営《いとな》む50代の男性だ。男性が初めて実習生を受け入れたのは14年前。長年「家族経営」でメロンを育ててきたが、両親が高齢となり体力的に農作業が難しくなったのがきっかけだった。若い実習生が入ったことで作業は楽になり、これなら両親がいなくてもメロン作りが続けていけると、当初は安心したそうだ。

しかしメロンは収穫が年に1、2回で、つまり収入があるのはその時期だけ。農作業が暇な期間も長く、その間は実習生の手が余ってしまう。収入がない時期、仕事がない時期にも毎月実習生に賃金を支払うのは、新たな負担となった。

(C)メロンを取るか、実習生を取るか――。

「メロン作りを始めた親は、実習生を雇うのをやめて家族で栽培を続けようと、泣いて反対しました。でも、親がもっと年を取って働けなくなったら、私と妻だけでは農業が続けられなくなるのは目に見えていました」

悩みに悩んだ末に、男性は長年続けてきたメロン栽培をやめた。代わりに育て始めたのは、小松菜や水菜といった葉物野菜だ。年間を通じて栽培でき、実習生に毎月賃金を払うにはうってつけだった。

今では実習生を6人にまで増やし、耕地面積も2・5倍。気づけば「家族経営の農家」から「農業経営者」になっていた。売り上げも2倍になったそうだ。

「(D)稼ぐ大規模農家ほど、外国人への〝依存〟も進む傾向にある」。ＪＡ茨城県中央会の幹部はそう話す。それを(イ)裏付けるよう

れば農業は続けられない」

農林水産省のデータを見てみると、農業を主な仕事としている「基幹的農業従事者」の数は２０１０年の約２０５万人から２０１９年には約１４０万人と、この10年近くで60万人以上、率にして30パーセント以上も減少している。（　(2)　）、基幹的農業従事者のうち68パーセントが65歳以上の高齢者。平均年齢も２０１７年のデータで66・６歳となっている。

高齢化と担い手の減少が止まらない農業。（　(3)　）欠かせない存在になっているのが、海を渡ってきた若者たちというわけだ。

農業に従事している外国人の人数は、１９９５年には全国で約２８００人だったのが２０１５年には約2万１０００人と、20年で７・５倍にまで増えている。

現場を支える若手である20代から30代で外国人は14人に１人だと述べたが、これを（　(4)　）都道府県別に見てみると、「首都圏の台所」茨城県ではその割合が3人に1人にまで高くなる（29・64パーセント）。この他香川県では5人に1人、長野県では6人に1人など、７つの県で割合が10パーセントを超えている。

東京大学大学院農学生命科学研究科の安藤光義《みつよし》教授はこう指摘する。

「農業の担い手不足が深刻な中でも野菜を今と変わらずに作ろうとすれば、『人件費の安い海外で安く作って輸入する』か『作り手として外国人に来てもらう』かだ。しかし新鮮さや安心、安全が求められる生鮮野菜は輸入には向かない。外国から技能実習生が来てくれなければ、野菜の収穫量は大きく減り、価格も大幅に上がるだろう」

茨城県の農家の男性が言った「外国人がいなければ東京から野菜が消える」という言葉は、決して大げさなものではないのかもしれない。

外国人への〝依存〟が進む農業。そんな中、(ア)異変が起きている地域があった。

二

次の文章を読んで、問いに答えなさい。

コンビニや飲食店、建設現場などで働く外国人の姿は、東京などの大都市部だけではなく全国各地で珍しくなくなっている。人手不足に悩む現場からは、「外国人はもはや欠かせない存在」という声も聞こえてくる。（ 1 ）(A)その実態は今、どうなっているのだろうか。私たちはまず、産業別に、働く人に占める外国人労働者の数を調べてみた。分析は産業別、年代別の労働者数がわかる国勢調査を基に行った。

最も外国人労働者が多いのは製造業で26万人余り。それでも割合で見てみると約2パーセント、50人に1人程度とはそれなりの割合だが、すごく多いという印象は受けないだろう。

しかし、担い手不足が深刻な20代から30代に絞ると、その割合はぐっと高まる。最も割合が高いのは農業で、約7パーセントと14人に1人が外国人。次いで漁業は16人に1人、製造業では21人に1人。〃依存〃とも言える状況が見えてきた。

〃依存率〃の最も高い農業の現状を調べるため取材に向かったのは、北海道に次いで全国2位の農業産出額を誇る茨城県だ。(B)「首都圏の台所」とも呼ばれる農業大国だが、取材した農家の男性は「外国人がいなければ、東京から野菜が消える」とまで言うほどである。

取材で訪れたある農家では5、6人の若者たちが収穫したばかりの小松菜を選別していた。黙々《もくもく》と作業に励《はげ》む若者たちの1人に声をかけてみると、返ってきたのは「ニホンゴ、ワカラナイ」の言葉。みな、中国やベトナムなどから来た技能実習生だった。実習生たちが栽培した小松菜はその日のうちに出荷され、東京のスーパーに並ぶ。

実習生の様子を見守っていた農家の男性はこう話した。

「このあたりの農家の平均年齢は70歳ぐらいで、跡継ぎがいない家も多い。作業は実習生頼みなのが実情だ。実習生がいなけ

c 波線部(き)（「……できあがってくれば、(き)それに従って……」）

d 波線部(く)（「……動き、あるいは(く)それに従って機械を……」）

問10 本文の内容に合致するものをa～dから一つ選びなさい。解答番号は 20 。

a 動物たちはそれぞれに「環世界」を持っていて、チョウのそれは主観的世界であるのに対し、人間の「環世界」は目に見えないものを含めて客観的に把握したものである。

b 人間の目では見えない紫外線や赤外線、体験できない死後の世界の存在を知ってしまった人間は、他の動物の見ている世界をも把握することが可能である。

c それぞれの動物が見ている現実は、それぞれの知覚の枠によって本当の現実の一部を切り取って見ているともいえるため、いずれも本当の現実全体とは言えない。

d 動物の「環世界」はその動物にとって現実であり、チョウの知覚の枠は非常に広く、人間の見ている現実と比較すると、より客観的世界に近いものである。

問11 傍線部(G)「このイリュージョンの上に立って」とあるが、ここでいう「イリュージョン」とはどのようなものか。句読点を含めて三五字以上五十字以内でわかりやすく説明しなさい。解答は記述欄(一)に記入すること。

問7 傍線部(D)「それ以外に世界はないのである」とはどういうことか。もっとも適当なものをa〜dから一つ選びなさい。解答番号は 17 。

a モンシロチョウの生活にとって有意な現象で構築されているものが、モンシロチョウ唯一の世界だということ。

b モンシロチョウは人間に見えない世界が見えるように、現実にはどこにも客観的な世界は存在しないということ。

c モンシロチョウは人間の感じないものを含めた世界を構築していて、それ以上でもそれ以下でもないということ。

d モンシロチョウは本当の客観的な世界を知らないので、自分たちの現実がその一部である事実も知らないということ。

問8 傍線部(E)「それに意味を与えて」とはどういうことか。もっとも適当なものをa〜dから一つ選びなさい。解答番号は 18 。

a それぞれの本能にしたがって自分たちを取りまく世界を有効性で分類し、目には見えない世界を作ること。

b 自分たちを取りまく環境の中で、本能と関係するいくつかの要素を取り出して他と区別して認識すること。

c 本能を、自分たちの行動を制御するものとしてではなく、生きていく上での指標の一つと位置付けること。

d 本能に関係するその環境の要素が、自分たちにとってどのような機能をはたすのかという価値づけを行うこと。

問9 傍線部(F)「それ」と同じものを指す「それ」は本文中の波線部(お)〜(く)のどれか。a〜dから一つ選びなさい。解答番号は 19 。

a 波線部(お)(「……完全に認識し、(お)それに基づいた世界を構築する……」)

b 波線部(か)(「……理論的には(か)それはできる。科学的な理論が……」)

b 波線部(い)（「……それが言えるだろう。(い)それはそのチョウ、モンシロチョウなら……」）

c 波線部(う)（「……環世界であるけれども、(う)それは現実の姿とは……」）

d 波線部(え)（「……ということになる。(え)それがそのモンシロチョウが構築している……」）

問5 傍線部(B)「知覚の枠」の説明としてもっとも適当なものを、a～dから一つ選びなさい。解答番号は 15 。

a 客観的なものと主観的なものを分ける境界。

b 現象を現実のものかどうか判断する基準。

c 見たり触れたり感じたりできる範囲。

d 頭の中で理論的に認識できる限界。

問6 傍線部(C)「その一部は現実的な価値を持つ」とはどういうことか。もっとも適当なものをa～dから一つ選びなさい。解答番号は 16 。

a われわれが頭で考えている現実が、われわれが捉えきれない現実の一部分を作っているのだということ。

b われわれが知識として得ているものは、現実生活でその現象を確認できる場合があるということ。

c われわれが現実だとは思っていない主観的世界にも、現実に確かに存在するものごとがあるということ。

d われわれが捉えている主観的世界の一部は現実であり、客観的世界でも有効であるということ。

② 即物的 [11]

a　ものごとを具体的に捉えること
b　ものごとを利害関係で捉えること
c　ものごとを客観的な視点から捉えること
d　ものごとを物質的に捉えること

③ 抽出 [12]

a　多くの中からある特定のものを取り出すこと
b　漠然とした中から重要なものを探し出すこと
c　混沌とした中から意味のあるものを導き出すこと
d　表に出ていない部分から潜在的な価値を見出すこと

④ 色眼鏡 [13]

a　間違ったものの見方をすること
b　都合の良いものだけを見ること
c　偏ったものの見方をすること
d　損得勘定でものごとを見ること

問4　傍線部(A)「それ」と指すものが**異なる**「それ」は本文中の波線部(あ)～(え)のどれか。a～dから一つ選びなさい。解答番号は [14] 。

a　波線部(あ)（「……環世界を持っている。(あ)それはわれわれが見ている……」）

問2　空欄(1)～(4)に入れるのにもっとも適当なものを、a～dからそれぞれ一つ選びなさい。解答番号は［6］～［9］。

(1)［6］
a　効用　b　恩恵　c　作用　d　示唆

(2)［7］
a　夢幻　b　曲解　c　誤謬《ごびゅう》　d　錯覚

(3)［8］
a　しかるべく　b　さながら　c　さりながら　d　しかるに

(4)［9］
a　ただし　b　なおも　c　やはり　d　現に

問3　傍線部①～④の意味としてもっとも適当なものを、a～dからそれぞれ一つ選びなさい。解答番号は［10］～［13］。

①　唱えた［10］
a　名づけた
b　主張した
c　説いた
d　喧伝した

(イ) ガイ念 [2]

a ガイ然性がない
b 気ガイを感じる
c 世相をガイ嘆する
d 条件にガイ当する

(ウ) ヌらずに [3]

a テン付資料を見る
b 切手をチョウ付する
c 天然セン料を使う
d ト布方法を守る

(エ) ソウ置 [4]

a 表ソウ雪崩が起こる
b 新ソウ開店する
c ソウ業不能になる
d ソウ意工夫する

(オ) 論シ [5]

a 初シ貫徹
b 権利行シ
c 趣シ説明
d 意シ疎通

る。人間の場合もまた同じである。そうすると人間の構築している世界もイリュージョンで成り立っているといってもよいだろう。たとえば、人間は死というものを知ってしまった。他の動物はたぶんそれを知らない。人間は死というものがあるということは理論的に知っているが、自分がそれを感じて、どんなものであるかを感覚的に認識することはできない。

そこから悩みは始まっている。死というものの存在を知ってしまったけれど、人間の知覚の枠の外にある以上、それを体験することはできない。頭の中ではそれを取り込んだ形で世界を構築せざるをえない。すると死というものはどういうものか、死んだ後の世界はどうなっているのか、それをまったくわからないままに世界を構築しているので、そこにできあがってくる世界は、イリュージョンとしかいいようがない。そして人間は(G)このイリュージョンの上に立って、いろいろなことをやってきた。

（日高敏隆『動物と人間の世界認識　イリュージョンなしに世界は見えない』）

問1　傍線部(ア)〜(オ)を漢字で書いたときと同じ漢字を含むものをa〜dからそれぞれ一つ選びなさい。解答番号は［1］〜［5］。

(ア)　先ク　［1］

a　害虫をク除する
b　ク徳を積む
c　ク心惨憺
d　旅費をク面する

タジーをも含んでいると思われるが、人間以外の動物たちがそこにファンタジーを感じたり、自我を見出したつもりになっているとは考えられない。

それはある種の（ (2) ）であるとも言える。けれどそれは必ずしもつねに「思いちがい」であるわけではないし、客観的事実と一致しない、誤った知覚であるとは限らない。

きわめて俗っぽくいえば、それはある意味での④色眼鏡かもしれない。しかし、たとえば動物と人間における色眼鏡と呼んだとすると、かなり限定された印象を与えることになろう。

そのようなことをいろいろと考えた末、ぼくはそれをイリュージョン（illusion）と呼ぶことにした。

モンシロチョウはモンシロチョウなりのイリュージョンを持っている。そのイリュージョンは彼らの知覚的な枠によってできたものといえる。その知覚的な枠の中で、世界を感じ、その世界を構築し、その中で（ (3) ）動いて、それによって彼らは食物を取ることができる。そして子孫を残していくことができる。このようにしてモンシロチョウは何十万年もこの地球上に生きつづけてきた。他の動物についてもそれは同じである。

人間もまた知覚の枠を持っている以上、この地球上の世界というものを完全に認識し、(お)それに基づいた世界を構築することはできないはずである。しかし理論的には(か)それはできる。科学的な理論ができあがってくれば、(き)それに従ってこれこれしかじかの世界があるはずだということは認識できる。そしてそれに従って動き、あるいは(く)それに従って機械をつくり、そして生きていくことができる。（ (4) ）人間はそのようにして生きてきた。

けれど(F)それは現実にはわれわれには感じることができないものを含んでいる。理論的に存在し、頭ではわかっているが、現実に見たり触れたりして実感することはできないもの。それはある種のイリュージョンではないか。

そしてさらに、そのイリュージョンはそれぞれの動物のその知覚の枠というきちっとした根拠のあるものの上にたってい

(D)それ以外に世界はないのである。するとこの現実はひとつの虚構として成り立っているといえるかもしれない。しかしそれは虚構ではない。それはモンシロチョウにとってみれば実際の現実なのである。

かねてからいわゆる「唯幻論」を展開している岸田秀《しゅう》氏は、「人間は本能が壊れてしまったためにその代わりとなる『自我』が必要になった、けれどこの自我なるものはじつは幻想であるので、人間は幻想に支えられて生きることになった」と考えている。岸田氏のいうとおり、このような考え方自体は昔からあったかもしれないが、岸田氏の論(オ)シは明快であり、説得されるところ大であった。

人間が古来からさまざまな幻想を持ち、それによってさまざまな生き方をしてきたことはまさに岸田氏の指摘するとおりであるが、本能によって生きているとされる動物たち（人間以外の動物たち）もまた、ある意味での幻想を持っていないというわけではない。

ユクスキュルの環世界論はその点でたいへん興味ぶかいものであった。人間以外の動物たちも、身のまわりの環境すべてを本能によって②即物的にとらえているわけではない。むしろ本能というものがあるがゆえに、それによって環境の中のいくつかのものを③抽出し、(E)それに意味を与えて自らの世界認識を持ち、その世界（ユクスキュルによれば環世界）の中で生き、行動している。

その環世界はけっして「客観的」に存在する現実のものではなく、あくまでその動物主体によって「客観的」な全体から抽出、抽象された、主観的なものである。

それは人間の場合について岸田氏のいう「現実という幻想」にあたるものかもしれない。

そのようなものを何と呼んだらよいであろうか？

それを「幻想」と呼べば呼べるかもしれないが、そうすると人間における幻想と混乱する。人間の幻想はさまざまなファン

では、われわれ人間は本当に客観的な世界を見、客観的な世界を構築しているのだろうか。それも違う。後に述べるとおり、人間にも、(B)知覚の枠というものがある。誰でも知っているとおり、われわれには紫外線や赤外線は見えない。そのようなものは現実の世界に存在しているのであるが、われわれにはそれを見ることも感じることもできない。ただ、その（ (1) ）を受けているだけである。われわれはそれを研究することによって、そのような紫外線なり赤外線なりというものの存在を知る。

知ったうえで、それを含めた世界を頭で考えている。(C)その一部は現実的な価値を持つ。紫外線というものがあるのだから、それを避けるような日焼け止めクリームを(ウ)ヌらずにいると、ものすごい日焼けをする場合がある。

赤外線を発するような(エ)ソウ置を作れば、赤外線は目には見えないけれど、熱として感じることができる。したがって、赤外線ヒーターというものをつくることができた。それによってわれわれは、眼には見えない世界を構築することができる。しかしそれは、頭の中で構築しているのであって、現実に感じているものではない。

動物たちにも、それぞれの知覚の枠があって、アゲハチョウの場合にはその枠が非常に広い。彼らは紫外線を本当に感じることができる。それに従って彼らは世界を構築している。それは人間が見ている世界の一部ではない、人間が見ている世界を超えたものである。そして人間には彼らの世界を実感することができない。

そうなると、ユクスキュルが言っている環世界というものは何を言っているのか。それが現実であって、人間はその一部しか見ていないのか。人間は科学、技術によって紫外線、赤外線、さらには電磁波など、さまざまな存在を知っているから、客観的にものを知っていると思っている。それが本当の客観的世界であって、動物たちに見えている世界はいずれもそのごく一部にすぎないという言い方もできるし、実際にそのような言い方もされている。

けれどたとえば、モンシロチョウにとって、彼らが構築している世界というものは彼らにとっては現実であるはずである。

国語

（六〇分）

一　次の文章を読んで、問いに答えなさい。

動物行動学の先(ア)ク的研究家であるドイツのユクスキュル（1864–1944）が①唱えた「環世界」というガ(イ)イ念は、一九三〇年代というきわめて古い時代のものであるが、動物たちを見ていると、ユクスキュルは非常に重要なことを言っていたのだということがわかってくる。

動物たちはそれぞれがそれぞれの環世界をもっている。(あ)それはわれわれが見ている客観的な世界とは違って、そのごく一部を切り取って見ているといえるかもしれない。たとえば、チョウの場合にそれが言えるだろう。(い)それはそのチョウ、モンシロチョウならモンシロチョウ、アゲハチョウならアゲハチョウが構築している環世界であるけれども、(う)それは現実の姿とは違う。もし、われわれ人間が、見て捉えている、把握しているものを現実のものとすれば、モンシロチョウやアゲハチョウが捉えている世界は、それとは違うものである。

(A)それは客観的なものでなく、きわめて主観的な、それぞれの動物によって違うものであるということになる。(え)それがそのモンシロチョウが構築している世界だとすると、きわめて限定された、まさに主観的な世界を構築していることになる。

解答編

英語

1 **解答**　A．⑴―b　⑶―a　⑷―b　⑻―a　⑾―a　⑿―c
B．⑺―c　⑼―b　⑽―b　⒁―c　⒄―d　⒅―b
C．⑵―b　⑹―d　⒂―c
D．⑸世界の他の地域の人々にとって，自転車は主要な交通手段である
⒀このことは人々が自転車で職場に行き来するのをより簡単にする。
⒃運転手はトレーラーをつけることで，自転車タクシーを救急車に変えることができる。
E．1―T　2―F　3―T　4―F　5―T

解説　≪自転車の有用性≫

A．⑴主語であるTheyはbicyclesを置き換えたもので，「自転車は燃料を必要としない」「混雑した場所でも小回りが利く」とあるため，ここは自転車のメリットを述べた箇所だと推測できる。よって，空所には劣等比較のlessを入れ，less expensive「高価でない」とするのが適切。b．lessが正解。
⑶ as do Sで「Sもまた～する」の意味である。doは代動詞で，主語と時制によって変化する。本問の場合では，既出の現在形の他動詞haveを置き換えたもので，主語は複数形のpolice departmentsである。よって，a．doが適切な形となる。
⑷ be useful for ～「～に役立つ」
⑻ Local governments in Japan built millions of bicycle parking spacesとtrain stationsの関係性を考えると，「日本の地方自治体は鉄道駅に数百万の駐輪場を建設した」の意味になると推測できる。よって，空所には場所を示す前置詞であるa．atを入れるのが適切である。
⑾空所直前のthe countryを先行詞とする関係詞の問題。空所の後にthe bike is most widely usedと，文の要素に欠落のない完全文が続くことか

ら，空所には通常であれば関係副詞 where が入る。選択肢には関係副詞 where がないが，関係副詞 where は前置詞＋関係代名詞の形の in which で書き換えが可能である。よって，a．in which が正解。

⑿空所直前にコンマがあることから，非制限用法の関係詞の問題だとわかる。選択肢のうち非制限用法で使用できるのは，関係副詞 where と関係代名詞 which である。空所の後に続くまとまりが，makes riding a bike there much easier than in countries with mountains and hills で主語が欠落していることから，空所には主格の関係代名詞が入る。よって，c．which が正解。

B．⑺ account for ～ は前置詞 for の後に割合などを示す語がくると「～を占める」の意味となる成句表現である。本問では，more than half of all trips「全ての旅行の半数以上」が続くため，c が正解。

⑼ encourage *A* to *do* は「*A* を～するように励ます」の意味である。よって，最も意味が近いのは b となる。

⑽ instead of ～「～の代わりに」

⒁ as a result で「結果として」の意味。

⒄ come and go は「生じては消える」を意味する成句表現であり，d が最も意味が近くなる。

⒅ stood の後に名詞句 the test of time が続くことから，本問での stand は他動詞であるとわかる。他動詞 stand は「～に耐える」の意味である。この意味が含まれる選択肢は b のみである。

D．⑸英文の構造を分析すると，bicycles が主語，are が動詞，a major mode of transportation が補語となっている。よって，SVC の第２文型として訳すとよい。

⒀動詞 makes の目的語 it の後に，比較級となった形容詞 easier が続くことから，第５文型の make O C「OをCにする」が英文の骨組みとなる。また，to 不定詞句 to use bicycles があることから，it が形式目的語で for people 以降が真主語（S）とわかる。よって，it を「それ」とは訳さず，真主語である for people to use bicycles to get to and from work「人々が職場に行き来するために自転車を使うこと」を当てはめて訳出する。for は不定詞の意味上の主語。

⒃ transform *A* into *B*「*A* を *B* に変形する」と by *doing*「～することに

よって」を組み合わせて訳すとよい。

E．1．第2段第1文（More than 2,000 …）に，「アメリカの2,000以上の警察署で自転車によるパトロールがある」とある。また，第2段第2～4文（One fully equipped … crowded city streets.）に，「完璧に装備の整った自転車は1,200ドル」で「パトカーの値段は25,000ドル」であるという値段の比較と，「自転車は公園や入り組んだ市街地でのパトロールに便利である」という記述がある。これらのことから，自動車よりも自転車の方が値段が安いことが，自転車でパトロールすることの理由の一つであると推測できる。よって，本文の内容と一致すると言える。

2．第3段第1文（Although only a small …）の内容と一致しない。

3．第4段第8文（Perhaps most important,…）の内容と一致する。

4．第4段第5文（Second, most of …）に「土地のほとんどが平地で，そのことが山や丘の多い国よりも自転車に乗ることをはるかに簡単にしている」とあるが，続く第4段第8文（Perhaps most important,…）に「おそらく最も重要なのだが，オランダ政府が数千マイルに及ぶ自転車専用の道路やレーンを建設している」とある。よって，前者を「一番の理由」とするのは本文の内容と一致しない。

5．第5段第2文（In some parts of …）の内容と一致する。

2 解答

A．(1)―e (2)―a (3)―f (4)―e (5)―b

B．(1)(a) cannot (b) too (2)(c) times (d) than (3)(e) no (f) like

解説 A．(1)(Many people) complain of <u>not having</u> enough time to (read books.) complain of ～で「～について不平をいう」の意味となり，前置詞 of の後には名詞あるいは動名詞が続く。本問においては，「～する時間が十分にある」を意味する have enough time to *do* を，否定の動名詞 not *doing* の形でつなぐとよい。

(2)(By) reading books about <u>the places</u> you are going (to visit, you can double the enjoyment of your trip.) 英文から「旅行先の本を読むことで」の部分を並べ替えることがわかる。まず，by *doing* で「～することによって」を意味する表現であるため，書き出しの By の直後は reading books となる。この後に前置詞 about「～について」をつなげ，books about～「～についての本」とする。残りの「旅行先」であるが，the places を先行詞とし，関係副詞 where を省略した the places you are going to vist「あなたが訪問するつもりの場所」の形で表現するとよい。

(3) (This is the) third time the team has placed second (in the Champions League.) This is the～time S V で「S が V するのは今回で～回目だ」を意味する構文である。よって，書き出しの This is the の後には「3回目」を意味する third time が入る。この後に，the team を主語とし，現在完了形の has placed を自動詞として用い，副詞 second「第2位に」と組み合わせて節を作るとよい。

(4) be sure to *do* で「必ず～する」の意味。また，turn off～で「～を消す，締める」を意味する成句表現。

(5) do everything in *one's* power で「できる限りのことをする」の意味となる定形表現。また，「あなたを援助するために」の部分は，to 不定詞の副詞的用法で表現できるので，既に訳出されている文末の you の前に to help を置くとよい。

B．(1) cannot be too～で「いくら～でも～しすぎることはない」を意味する頻出の重要構文。

(2)倍数表現は，～times＋比較級＋than *A*「*A* の～倍…だ」の形で表現する。よって，(c)には times，(d)には than が入る。

(3) There is no place like home.「我が家にまさる場所はない」は，旅行などから帰宅した際に用いる定形表現である。

3 解答 (1)—d (2)—c (3)—c (4)—d (5)—d

解説 (1)空所直後に動名詞句 having to come to the store「店に来なければならないこと」が続くことから，空所には前置詞が入るとわかる。よって，動詞の原形が続く否定の to 不定詞を作る b の not to，節が続き目的を示す副詞節を作る c の so that は不適。残った前置詞の a の as「～として」と d．without「～なしに」であるが，空所までの英文の意味が「客はオンラインで注文できる」であるため，前置詞 without でつなぐのが適切である。ゆえに，d が正解。

(2) It has been＋時間＋since S V，あるいは It is＋時間＋since S V で

「SがVして以来～になる」を意味する基本構文。よって，c．sinceが正解。また，この構文ではVに入る動詞が過去形になることも合わせて覚えておくとよい。

(3) in the rainで「雨の中」の意味となる。

(4) Are you for or against ～?で「あなたは～に賛成ですか，それとも反対ですか」の意味となる定形表現。

(5)「ほとんど」を意味する副詞almostと名詞mostの用法の問題。almostの直後は名詞以外の品詞となるか，almost all of＋名詞の形となる。一方，mostはmost of the＋名詞の形で用いる。本問では空所の直後に名詞peopleがあることから，空所に入る適切な形となっているのはd．Most of theである。

4 解答 (1)―c (2)―a (3)―a (4)―d (5)―b

解説 (1) pick up ～は「拾い上げる」，「手に取る」，「手に入れる」の意味である。他動詞obtain「～を手に入れる」，他動詞take「～を手に取る」が同意表現となるが，英文にin a second-hand bookshop「古本屋で」とあることから，本問では「手に入れる」の意味で用いていると推測できる。よって，c．obtainedが正解となる。

(2)他動詞catchは「～をつかまえる」の意味であるが，目的語が文字や発言となると「～を聞いてわかる」の意味となる。本問の目的語は関係代名詞節what he said「彼の言ったこと」である。よって，後者の意味となり，a．hearが最も意味が近くなる。

(3) turn down ～で「～を下げる」，「～を断る」の意味。本問ではHis proposalが主語となる受動態で用いているため，「彼の提案は開発者によって断られた」と解釈するのが適切である。よって，a．declinedが正解。

(4) on behalf of ～で「～の代理で」を意味する成句表現。最も意味が近いのはd．representingである。a．concerningは前置詞で「～に関しての」の意味，b．in front of ～は「～の前で」の成句表現，c．based on ～は「～に基づいて」を意味する表現である。それぞれ頻出の表現であるため，合わせて覚えておくとよい。

(5) nothing but ～は「～だけ」を意味する成句表現で，onlyの同義語である。よって，b．onlyが正解。

5　**解答**　(1)ー c　(2)ー f　(3)ー d　(4)ー a　(5)ー e　(6)ー b

［解説］　≪招待されたときの習慣≫

クラウス　：上司が私と妻を自宅での夕食に招待してくれたんだ。

オリヴィア：あら，いいじゃない。

クラウス　：ああ，でも，君が誰かの家に招待されたとき，この地ではどうするのかな？

オリヴィア：えっと，ここ合衆国では，ちょっとした贈り物を持っていくのが習慣ね。

クラウス　：どんなもの？

オリヴィア：そうね，花だったり，チョコレートだったり。

クラウス　：そして，子供を一緒に連れていくのは大丈夫？

オリヴィア：えっと，もし連れていきたいのであれば，まず大丈夫かどうか尋ねるのを求められるわね。ドイツでの習慣はどうなの？

クラウス　：えっと，誰かの家に招待されたとき，やっぱり花を持っていくね。赤い薔薇，菊，カーネーションやユリはダメだけど，大抵の他の花はいいんだ。

オリヴィア：いつ到着すべき？　少し早く到着すべきなの？

クラウス　：絶対ダメだよ。時間通りに到着すると思われてるからね。ドイツでは時間厳守がとても重要なんだ。もし 15 分以上遅れるようなら主催者に連絡するのが大事さ。翌日に短いお礼の手紙を書くのも習慣だね。

オリヴィア：それいいね。ここでももっとそうすればいいのに。私にとっては良いマナーだと思うわ。

〔選択肢訳〕

a．ドイツでの習慣はどうなの？

b．ここでももっとそうすればいいのに。

c．あら，いいじゃない。

d．そして，子供を一緒に連れていくのは大丈夫？

e．ドイツでは時間厳守がとても重要なんだ。

f．えっと，ここ合衆国では，ちょっとした贈り物を持っていくのが習慣ね。

日本史

1 解答 ≪古代の政治・社会≫

(ア)須恵器 (イ)官職 (ウ)三世一身 (エ)寄進地系荘園 (オ)家子

問1．② 問2．④ 問3．① 問4．③ 問5．④

2 解答 ≪中世の外交≫

(ア)フビライ=ハン (イ)足利義満 (ウ)李成桂 (エ)宗 (オ)尚巴志

問1．② 問2．② 問3．① 問4．③ 問5．④

3 解答 ≪近世の政治≫

(ア)禁中並公家諸法度 (イ)保科正之 (ウ)徳川吉宗 (エ)松平定信 (オ)水野忠邦

問1．② 問2．④ 問3．① 問4．③ 問5．②

4 解答 ≪近現代の政治・文化≫

(ア)学制 (イ)ロマン主義 (ウ)自然主義 (エ)民本主義 (オ)神武景気

問1．② 問2．④ 問3．④ 問4．③ 問5．②

現代社会

1　解答　≪現代の政治≫

問1．控訴　問2．①　問3．②　問4．③
問5．②　問6．③　問7．①　問8．ヘイトスピーチ
問9．請願権　問10．①

2　解答　≪国際連合≫

問1．A―⑥　B―④　問2．拒否権　問3．②
問4．国民，領域，主権　問5．①　問6．②
問7．②　問8．①　問9．③

3　解答　≪南北問題≫

A―③：奴隷貿易　B―④：上昇　C―⑤：絶対的貧困
D―③：天然資源　E―②：国際連合

4　解答　≪公害問題≫

問1．(1)四日市ぜんそく　(2)環境基本法
問2．③　問3．騒音　問4．①　問5．②
問6．総量　問7．④　問8．②　問9．④

数学

理　系

1 **解答**　(1)㋐ $2+\sqrt{6}$　㋑ $\dfrac{\sqrt{6}-2}{2}$　(2)㋒ 32　㋓ 2^{2n-1}

(3)㋔ $2+\sqrt{3}$　㋕ $-2+\sqrt{3}$　(4)㋖ $a>-1$　㋗ $\dfrac{7}{9}$

(5)㋘ $-2,\ -\dfrac{1}{2}$　㋙ -3　(6)㋚ $\dfrac{2}{3}$　㋛ $\dfrac{8}{15}$　(7)㋜ $10100010_{(2)}$　㋝ $3\mathrm{C}_{(16)}$

解説　≪小問6問≫

(1)　AB$=c$，AC$=b$ とおく。∠A$=90°$ であるから

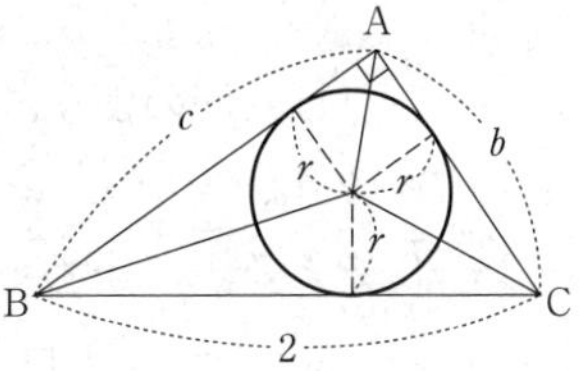

$$\triangle \mathrm{ABC}=\frac{1}{2}bc=\frac{1}{2}$$

よって　$bc=1$　……①

また　$b^2+c^2=4$　……②

①，②より　$(b+c)^2=b^2+c^2+2bc=4+2=6$

$b+c>0$ より　$b+c=\sqrt{6}$

よって，3辺の長さの和は　$2+\sqrt{6}$　……③　(→㋐)

内接円の半径を r とすると，③より

$$\triangle \mathrm{ABC}=\frac{1}{2}(2+b+c)r=\frac{2+\sqrt{6}}{2}r=\frac{1}{2}$$

よって　$r=\dfrac{1}{\sqrt{6}+2}=\dfrac{\sqrt{6}-2}{2}$　(→㋑)

(2)　$n\geqq 3$ のとき

$$\log_2(a_1a_2\cdots a_n)-\log_2(a_1a_2\cdots a_{n-1})=n^2-(n-1)^2$$

$$\log_2\frac{a_1a_2\cdots a_n}{a_1a_2\cdots a_{n-1}}=2n-1$$

よって　$\log_2 a_n=2n-1$　……①

$$\log_2 a_3 = 5$$

したがって　　$a_3 = 2^5 = 32$　(→㋒)

$$\log_2 a_1 = 1,\ \log_2(a_1 a_2) = \log_2 a_1 + \log_2 a_2 = 2^2$$

であるから

$$\log_2 a_2 = 3$$

①は $n=1$，2 でも成り立つ。

ゆえに，①より一般項は　　$a_n = 2^{2n-1}$　(→㋓)

(3)　$T = \dfrac{1+\sqrt{3}\tan x}{\sqrt{3}-\tan x}$，$t = \tan x$ とおく。

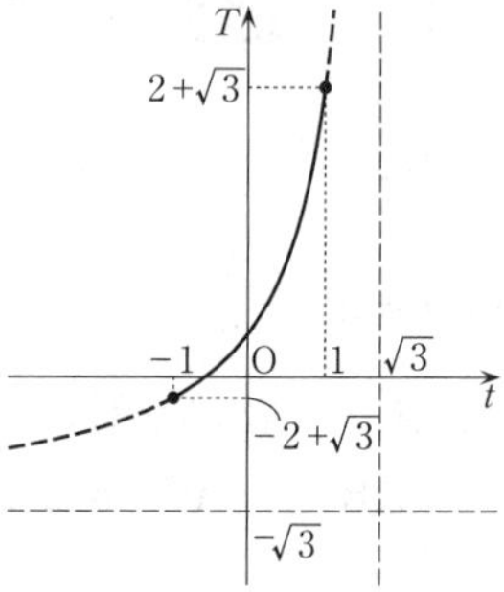

$-\dfrac{\pi}{4} \leqq x \leqq \dfrac{\pi}{4}$ より　　$-1 \leqq t \leqq 1$

$$T = \frac{1+\sqrt{3}t}{\sqrt{3}-t}$$

$$= -\sqrt{3} + \frac{-4}{t-\sqrt{3}} \quad (-1 \leqq t \leqq 1)$$

このグラフは右図のようになる。

よって，T は $t=1$ のとき最大値 $2+\sqrt{3}$ をとり，$t=-1$ のとき最小値 $-2+\sqrt{3}$ をとる。(→㋔，㋕)

(4)　$f(x) = x^2 - (-ax^2+1)$ とおく。

$$f(x) = (a+1)x^2 - 1$$

(i) $a+1 \leqq 0$ のとき

$f(x) \leqq -1$ であるから，$f(x)=0$ となる実数 x は存在しない。

よって，2 曲線は共有点をもたない。

(ii) $a+1>0$ のとき

$$f(x) = (a+1)\left(x^2 - \frac{1}{a+1}\right) = (a+1)\left(x + \frac{1}{\sqrt{a+1}}\right)\left(x - \frac{1}{\sqrt{a+1}}\right)$$

$f(x)=0$ となる x は　　$x = \pm\dfrac{1}{\sqrt{a+1}}$

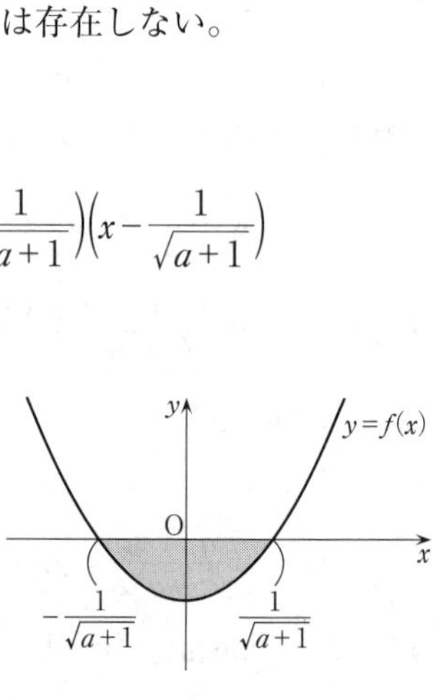

これより，2 曲線は 2 点で交わる。

よって，交点をもつような a の範囲は

$$a > -1 \quad (→㋖)$$

また，2つの曲線で囲まれた部分の面積は，

$y=f(x)$ と x 軸で囲まれた部分の面積に等しい。

よって $\displaystyle\int_{-\frac{1}{\sqrt{a+1}}}^{\frac{1}{\sqrt{a+1}}} -(a+1)\left(x+\frac{1}{\sqrt{a+1}}\right)\left(x-\frac{1}{\sqrt{a+1}}\right)dx=1$

$$\frac{a+1}{6}\left(\frac{2}{\sqrt{a+1}}\right)^3=1$$

$$\frac{4}{3}\cdot\frac{1}{\sqrt{a+1}}=1 \qquad \sqrt{a+1}=\frac{4}{3} \qquad a+1=\frac{16}{9}$$

$a=\dfrac{7}{9}$ （$a>-1$ を満たす） （→㋗）

(5) $f(x)=1+\dfrac{4x+5}{x^2-1}$

$$f'(x)=\frac{4(x^2-1)-2x(4x+5)}{(x^2-1)^2}=\frac{-4\left(x+\frac{1}{2}\right)(x+2)}{(x^2-1)^2}$$

よって，$f'(x)=0$ となる x は $-2,\ -\dfrac{1}{2}$ （→㋘）

x	…	-2	…	-1	…	$-\frac{1}{2}$	…	1	…
$f'(x)$	$-$	0	$+$		$+$	0	$-$		$-$
$f(x)$	↘	極小	↗		↗	極大	↘		↘

上の増減表より，$f(x)$ の極大値は

$f\left(-\dfrac{1}{2}\right)=-3$ （→㋙）

(6) Aが繋いだ2本のロープをそれぞれ $\{a,\ a'\}$，$\{b,\ b'\}$ とする。
Bが $\{a,\ a'\}$，$\{b,\ b'\}$ より1本ずつ選べばよいので，40mの1本のロープになる確率は

$\dfrac{{}_2C_1\times{}_2C_1}{{}_4C_2}=\dfrac{2}{3}$ （→㋚）

同様にAが繋いだ後の5本のロープを $\{a,\ a'\}$，$\{b,\ b'\}$，c とする。
Bはここから4本選び，2本ずつ繋ぐと考える。
50mの1本のロープになるのは，Bが c を含んだ4本を選び，c が選んだ中のAによって繋がれているロ

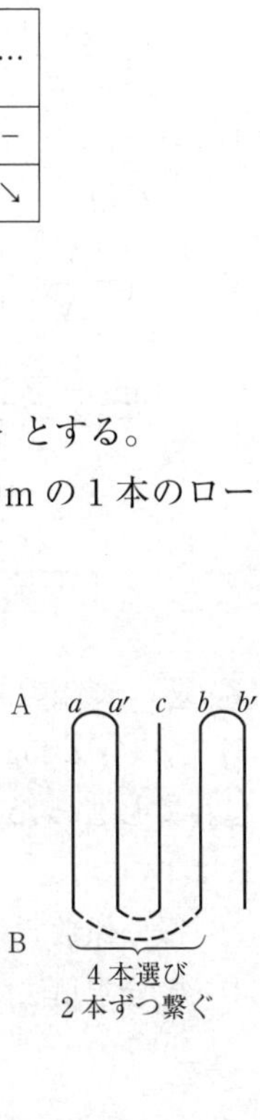

ープのどちらかと繋がれるときである。例えば，a，a'，c，b が選ばれたときは，a' と c，a と b が繋がれる，または a と c，a' と b が繋がれるときである。

よって，求める確率は

$$\frac{1\cdot{}_4C_3}{{}_5C_4}\times\frac{{}_2C_1}{{}_3C_1}=\frac{4}{5}\times\frac{2}{3}=\frac{8}{15}\quad(\to㋛)$$

(7)　$A2_{(16)}=10\times16+2=162=1\times2^7+1\times2^5+1\times2^1=10100010_{(2)}$

(→㋜)

2 進数の 7 桁の最小の数は 2^6 であるから

$$2^6-1-3=60=3\times16+12=3C_{(16)}\quad(\to㋝)$$

2　解答

(1)　$2=e^{\log2}$ であるから

$$f(x)=2^x=(e^{\log2})^x=e^{x\log2}$$

よって

$$f'(x)=\log2\cdot e^{x\log2}=2^x\cdot\log2\quad\cdots\cdots(答)$$

(2)　$$\lim_{x\to0}\frac{2^x-1}{x}=\lim_{x\to0}\frac{f(x)-f(0)}{x-0}=f'(0)$$

(1)より

$$f'(0)=2^0\log2=\log2\quad\cdots\cdots(答)$$

(3)　$$x_n=\frac{1}{N}+\frac{1}{N}(n-1)=\frac{n}{N}$$

$$\lim_{N\to\infty}\frac{1}{N}\sum_{n=1}^{N}2^{x_n}=\lim_{N\to\infty}\sum_{n=1}^{N}2^{\frac{n}{N}}\cdot\frac{1}{N}$$

$$=\int_0^1 2^x dx=\left[\frac{2^x}{\log2}\right]_0^1$$

$$=\frac{1}{\log2}\quad\cdots\cdots(答)$$

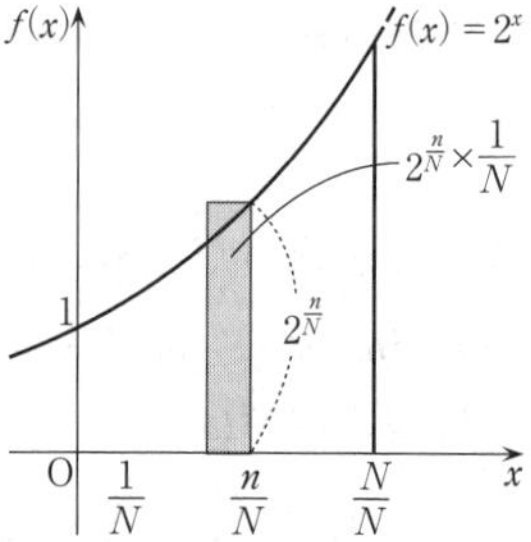

解説　≪指数関数の微積分≫

(1)　$(a^x)'=a^x\log a$ は公式であるので答えだけでよいと思われるが，もし忘れてしまったら，〔解答〕のように底を変換して，e^x の導関数を利用すればよい。

(2)　微分係数 $f'(0)$ の定義を利用する。

(3)　区分求積法で処理する。

■文　　系■

1

解答 (1)㋐ $2+\sqrt{6}$ ㋑ $\dfrac{\sqrt{6}-2}{2}$ (2)㋒ 5 ㋓ $-2,\ -8$

(3)㋔ $\dfrac{13}{10}$ ㋕ $a<2$ (4)㋖ $\dfrac{2}{3}$ ㋗ $\dfrac{8}{15}$ (5)㋘ $10100010_{(2)}$ ㋙ $3C_{(16)}$

(6)㋚ 6 ㋛ $\dfrac{11\sqrt{15}}{30}$

解 説 ≪小問5問≫

(1) ■理系■1(1)に同じ。

(2) xについて解くと

$$x=-m\pm\sqrt{m^2-16}\quad\cdots\cdots①$$

xが異なる2つの整数解となるのは

$$m^2-16=k^2\quad(k\text{は自然数})\quad\cdots\cdots②$$

のときだから，②より

$$(m+k)(m-k)=16\qquad m+k>m-k$$

$m+k\geqq2$ であるから

$$\begin{cases}m+k=16\\ m-k=1\end{cases}\quad\cdots\cdots③$$

$$\begin{cases}m+k=8\\ m-k=2\end{cases}\quad\cdots\cdots④$$

③は $m=\dfrac{17}{2}$ となり，不適。

④より　　$m=5$　(→㋒)

よって，$m=5$ のとき，①より

$$x=-5\pm3=-2,\ -8\quad(\to㋓)$$

(3) x，y の平均値，標準偏差をそれぞれ $\overline{x}$，$\overline{y}$，s_x，s_y，x と y の共分散を s_{xy}，相関係数を r とする。

$$\overline{y}=\frac{1}{5}(a+5+2a+4+9-a+7-2a)=5$$

$$s_y{}^2=\frac{1}{5}\{(a-5)^2+4a^2+(-1)^2+(4-a)^2+(2-2a)^2\}$$

$$=\frac{1}{5}(10a^2-26a+46)$$

$$=2\left(a-\frac{13}{10}\right)^2+\frac{291}{50}$$

よって，y の分散 $s_y{}^2$ は，$a=\dfrac{13}{10}$ のとき最小となる。（→㋔）

$\bar{x}=3$，右の表より

$$5s_{xy}=18-9a \quad \cdots\cdots ①$$

$x-\bar{x}$	$y-\bar{y}$	$(x-\bar{x})(y-\bar{y})$
-2	$a-5$	$-2a+10$
-1	$2a$	$-2a$
0	-1	0
1	$4-a$	$4-a$
2	$2-2a$	$4-4a$
0	0	$18-9a$

$r=\dfrac{s_{xy}}{s_x s_y}$ で $s_x>0$，$s_y>0$ より，$s_{xy}>0$ となればよい。

よって，①より

$$18-9a>0 \qquad a<2 \quad (→㋕)$$

(4)　■理系■ 1 (6)に同じ。

(5)　■理系■ 1 (7)に同じ。

(6)　AD は∠A の二等分線であるから

$$\text{BD}:\text{DC}=\text{AB}:\text{AC}=4:3$$

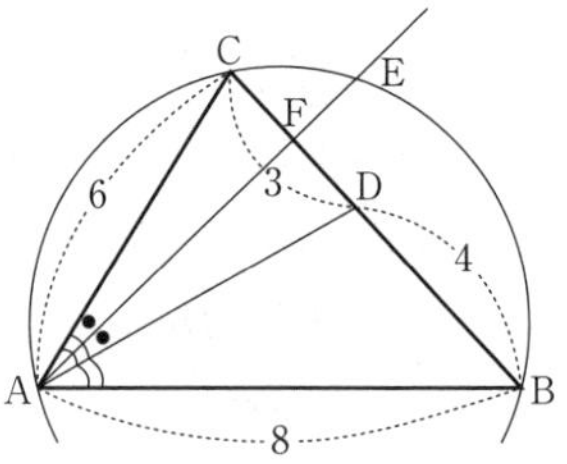

BC＝7 より

$$\text{BD}=4,\ \text{DC}=3$$

$$\cos C=\frac{6^2+7^2-8^2}{2\cdot6\cdot7}=\frac{1}{4}$$

$$\text{AD}^2=6^2+3^2-2\cdot6\cdot3\cdot\frac{1}{4}=36$$

AD＞0 より　　AD＝6　（→㋚）

AD＝AC＝6，∠CAF＝∠FAD より　　CF＝FD，AF⊥CD

よって　　$\text{CF}=\dfrac{3}{2}$，$\text{AF}=\sqrt{6^2-\left(\dfrac{3}{2}\right)^2}=\dfrac{3\sqrt{15}}{2}$

方べきの定理より

$$\text{AF}\cdot\text{FE}=\text{CF}\cdot\text{FB}$$

よって　　$\dfrac{3\sqrt{15}}{2}\cdot\text{EF}=\dfrac{3}{2}\cdot\left(7-\dfrac{3}{2}\right)$

$$\text{EF}=\frac{11}{2\sqrt{15}}=\frac{11\sqrt{15}}{30} \quad (→㋛)$$

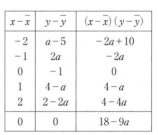

2 解答

(1) ABの中点をMとすると，△OAMは∠OMA＝90°の直角三角形であるから

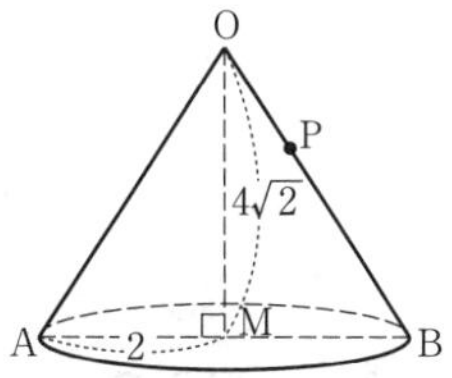

$$OA=\sqrt{AM^2+OM^2}=\sqrt{4+32}=6 \quad \cdots\cdots(\text{答})$$

(2) 側面の展開図を考える。

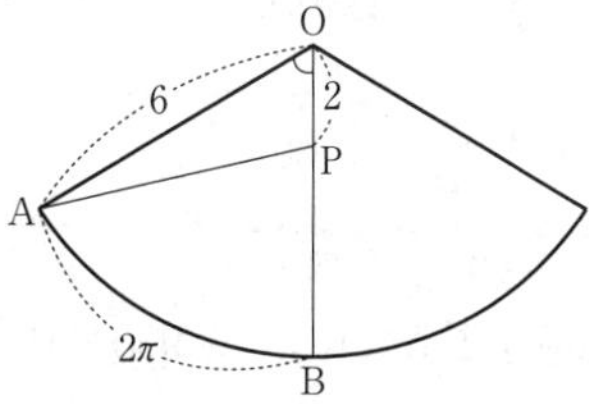

$$\overset{\frown}{AB}=\frac{1}{2}\times 4\pi=2\pi$$

$$\angle AOP=\frac{2\pi}{12\pi}\times 360°=60°$$

$$OP=\frac{1}{3}OB=\frac{1}{3}\times 6=2$$

AからPへの最短経路は線分APであるから，△OAPにおいて余弦定理より

$$AP^2=6^2+2^2-2\cdot 6\cdot 2\cos 60°=28$$

AP＞0より　　$AP=\sqrt{28}=2\sqrt{7}$　……(答)

解 説　≪円錐の側面上の最短距離≫

曲面上の最短距離は，展開図において2点を結ぶ線分の長さである。辺の長さとして考え，余弦定理で求める。

物理

1 解答 ≪小問5問≫

(1)① $\frac{s}{4v}$　② $\frac{5}{3}v$

(2)③ 5　④ 4

(3)⑤ 1.5×10^3　⑥ 9.0×10^{-1}

(4)⑦ $\frac{3}{2}\sqrt{\frac{F}{ml}}$　⑧ $\frac{9}{4}$

(5)⑨ $\frac{5}{2}W$　⑩ $\frac{W}{(a-1)nR}$

2 解答 ≪粗い面上での小物体の運動と衝突≫

(1)　OP間の距離を L とし，小物体が点Oから点Pに移動するまでの加速度を，右向きを正として a とおく。等加速度運動の式より

$$v=2v+at \qquad \therefore \quad a=-\frac{v}{t}$$

これと，等加速度運動の式より

$$L=2vt+\frac{1}{2}at^2=2vt+\frac{1}{2}\left(-\frac{v}{t}\right)t^2=\frac{3}{2}vt \quad \cdots\cdots(\text{答})$$

(2)　求める動摩擦係数を μ とする。小物体が点Oから点Pまで移動する間に動摩擦力がした仕事は，$-\mu mgL$ と表せるから，仕事とエネルギーの関係より

$$\frac{1}{2}m(2v)^2+(-\mu mgL)=\frac{1}{2}mv^2$$

整理して，L を代入して

$$\mu=\frac{3v^2}{2gL}=\frac{v}{gt} \quad \cdots\cdots(\text{答})$$

(3) 求める時間を t' とおく。壁に衝突した直後の小物体の速さは $\frac{1}{2}v$ である。小物体が静止するまでの加速度を，左向きを正として a' とおく。運動方程式と前問の結果より

$$ma' = -\mu mg$$

$$\therefore \quad a' = -\mu g = -\frac{v}{t}$$

これと，等加速度運動の式より

$$0 = \frac{1}{2}v + a't'$$

$$\therefore \quad t' = -\frac{v}{2a'} = \frac{1}{2}t \quad \cdots\cdots(\text{答})$$

(4) 動摩擦力が小物体にした仕事は，小物体が点Oから壁に衝突する直前までの運動エネルギーの変化量と，壁に衝突した直後から静止するまでの運動エネルギーの変化量の和である。

よって

$$\left\{\frac{1}{2}mv^2 - \frac{1}{2}m(2v)^2\right\} + \left\{0 - \frac{1}{2}m\left(\frac{1}{2}v\right)^2\right\} = -\frac{13}{8}mv^2 \quad \cdots\cdots(\text{答})$$

188 2023 年度　化学〈解答〉

化学

1 解答 ≪小問 8 問≫

問 1 ．③　問 2 ．5.60×10^{-1}　問 3 ．①　問 4 ．83　問 5 ．⑤
問 6 ．⑥　問 7 ．0.75　問 8 ．⑨

2 解答 ≪鉄とその化合物の性質および反応≫

問 1 ．(a) 4　(b) O　(c) Al　(d) Fe_2O_3　(e) Fe_3O_4　(f) FeO　(g)還元
(h) $FeCl_3$　(i) $Fe(OH)_2$　(j) $Fe(OH)_3$

問 2 ．(ア)—⑤　(イ)—⑥　(ウ)—③　(エ)—②　(オ)—①　(カ)—④

問 3 ．① $Fe_2O_3 + 3CO \longrightarrow 2Fe + 3CO_2$

② $K_4[Fe(CN)_6]$　③ KSCN　④不動態

問 4 ．①(I) $Fe^{2+} \longrightarrow Fe^{3+} + e^-$

(II) $MnO_4^- + 8H^+ + 5e^- \longrightarrow Mn^{2+} + 4H_2O$

② $5Fe^{2+} + MnO_4^- + 8H^+ \longrightarrow 5Fe^{3+} + Mn^{2+} + 4H_2O$

③ 1.0×10^{-1} mol/L

問 5 ．394 kJ/mol

3 解答 ≪アルケンのオゾン分解による構造式の決定≫

問 1 ．(a)—②　(b)—③　(c)—③　問 2 ．C_6H_{12}　問 3 ．2.52 g

問 4 ．A：$\begin{matrix} H_3C \\ H_3C \end{matrix} C=C \begin{matrix} CH_3 \\ CH_3 \end{matrix}$　　B：$\begin{matrix} H_3C-CH_2 \\ H \end{matrix} C=C \begin{matrix} H \\ CH_2-CH_3 \end{matrix}$

C：$\begin{matrix} H_3C \\ H_3C \end{matrix} C=C \begin{matrix} CH_2-CH_3 \\ H \end{matrix}$　D：$\begin{matrix} H_3C \\ H_3C \end{matrix} C=O$　E：$\begin{matrix} H_3C-CH_2 \\ HO \end{matrix} C=O$

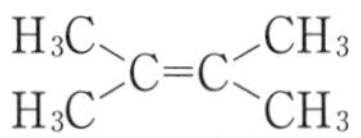

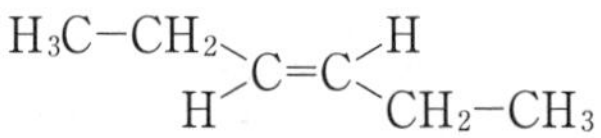

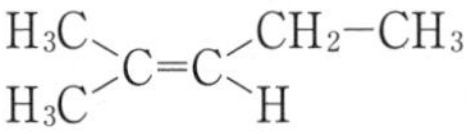

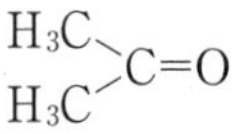

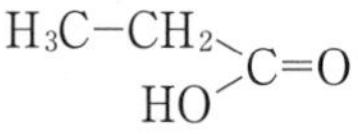

二

出典　NHK取材班『データでよみとく　外国人〝依存〟ニッポン』〈第1章「労働者」として考える外国人〝依存〟　1　外国人がいなければ続けられない〉（光文社新書）

解答

問1　(ア)－c　(イ)－d　(ウ)－a

問2　d

問3　(i)－b　(ii)－d

問4　b

問5　d

問6　外国人労働者を確保しないと、経営を拡大し、利潤をあげられない（二十字以上三十字以内）

一

出典　日高敏隆『動物と人間の世界認識――イリュージョンなしに世界は見えない』（ちくま学芸文庫）

解答

問1　(ア)―a　(イ)―b　(ウ)―d　(エ)―b　(オ)―c

問2　(1)―c　(2)―d　(3)―a　(4)―d

問3　①―b　②―b　③―a　④―c

問4　a

問5　c

問6　b

問7　a

問8　d

問9　d

問10　c

問11　知覚の枠の外にあるが理論的に存在すると頭ではわかっているものを含んで頭の中で構築された世界。（三五字以上五十字以内）

■一般選抜前期日程M方式

問題編

▶試験科目・配点

学　部	教　科	科　　　目	配　点
全学部(全専攻)	外国語	コミュニケーション英語Ⅰ・Ⅱ，英語表現Ⅰ	200点
	数　学	数学Ⅰ・Ⅱ・Ⅲ・A・B*	200点
	理　科	「物理基礎・物理」，「化学基礎・化学」から1科目選択	200点
工(住居デザイン)・経営(全専攻)・情報科(メディア情報)	外国語	コミュニケーション英語Ⅰ・Ⅱ，英語表現Ⅰ	200点
	選　択	「日本史B，現代社会から1科目選択」，「数学Ⅰ・A」，「国語総合（古文・漢文を除く）・現代文B」から2教科選択	各200点

▶備　考

- 筆記試験（マークセンス式／3教科受験）のうち高得点2教科で判定。
- 工学部建築学科住居デザイン専攻・経営学部（全専攻）・情報科学部情報科学科メディア情報専攻は，出願時に「外国語，数学，理科」または「外国語必須で地理歴史・公民，数学，国語の3教科から2教科選択」のいずれかを選択することができる。
- 共通テストプラスM方式について：前期日程M方式の高得点の1教科1科目と大学入学共通テストの高得点の2教科2科目を利用して判定。

*「数学B」は「数列，ベクトル」から出題する。

英語

（60分）

1. 次の英文を読んでA～Eの設問に答えなさい。

Between 3 April 1860 and 24 October 1861, horses carried mail between St. Joseph, Missouri, and Sacramento, California. (1)At a cost of one dollar for fourteen grams, letters and (2)packages could be carried 3,000 kilometers (3)through the six states between Missouri and California and arrive within ten days. (4)Although the service never made money for its owners, its story is still told. It all came to an end in 1861 ((5)) the Pacific Telegraph line was completed. After that, messages got through very quickly, although letters ((6)) more time until the railroad to California opened in 1869.

The beginnings of electric telegraphy (7)go back to the early nineteenth century, but the first working system was invented by the Englishmen William Cooke and Charles Wheatstone in 1837. (8)This used five needles, which pointed to different letters on a board. By 1843, the two men had built a connection along the railroad between Paddington in central London and Slough, thirty-five kilometers to the west. Two years later, this was very useful when a murderer was seen ((9)) on a train at Paddington. A message was telegraphed to Slough and the police were waiting for him when he arrived.

In 1837 the Americans Samuel Morse, an artist ((10)) an interest in telegraphy, and Alfred Vail, an engineer, invented a new way to signal letters and words. The telegraph made (11)immediate use of this. Now, instead ((12)) needles, the operator used a simple key to send long and short sounds. At the other end, these sounds were printed onto a piece of paper as long and short lines and then had to be written out in normal language. In 1855, David Hughes invented a printing telegraph; after that, the message was simply typed at one end of the line and printed in words at the other end.

In 1851, Britain — which already had 6,400 kilometers of telegraph line — was connected with France, and in 1858 with the US. But the wire across the Atlantic Ocean was too thin and it failed within a week. Another wire, put down in 1865, was still too thin and also broke. A successful connection was completed the following year. By the 1870s, Europe and America were connected to India, the Far East, and Australia.

Progress in communication affected(13) many areas of life. In Aachen, Germany, in 1849, Paul Julius Reuter started an organization for sending business information. He started to sell news reports as well(14), and his company, Reuters, still does this today, all around the world. In the Crimean War of 1853-56, a wire was put in place across the Black Sea from Balaclava to Varna in Bulgaria. This allowed British and French commanders (　(15)　) their governments(16) using the existing(17) European system.

（注） St. Joseph：セントジョセフ（ミズーリ州の都市），
Sacramento：サクラメント（カリフォルニア州の州都），
electric telegraphy：電信，
William Cooke：ウィリアム・クック（イギリスの電気技師，1806 年～79 年），
Charles Wheatstone：チャールズ・ホイートストン（イギリスの物理学者，1802 年～75 年），
Paddington：パディントン（ロンドン西部の住宅地区），
Slough：スラウ（イングランド中南東部にある町），
Samuel Morse：サミュエル・モース（アメリカの画家・発明家，1791 年～1872 年），

出典追記：Inventions That Changed the World Level 4 by David Maule, Pearson Education

Alfred Vail：アルフレッド・ヴェール(アメリカの通信の開拓者，1807年～59年)，

David Hughes：デイビッド・ヒューズ(イギリスの発明家，1831年～1900年)，

the Atlantic Ocean：大西洋，

Aachen：アーヘン(ドイツ西部，ノルトライン・ウエストファーレン州の都市)，

Paul Julius Reuter：ポール・ジュリアス・ロイター（ドイツ生まれのイギリスのジャーナリスト，世界で最初の通信社を創設，1816年～99年)，

the Crimean War：クリミア戦争，the Black Sea：黒海，

Balaclava：バラクラーバ(ウクライナ南部の黒海に面する海港，クリミア戦争の激戦地)，

Varna：ヴァルナ(ブルガリア東部の黒海に面する港町)，

commanders：司令官

A．文中の空所(5)，(6)，(9)，(10)，(12)，(15)に入れるのに，もっとも適当なものをa～dから選びなさい。

(5)	a．that	b．which	c．when	d．what
(6)	a．made	b．took	c．set	d．had
(9)	a．get	b．gets	c．getting	d．got
(10)	a．of	b．in	c．for	d．with
(12)	a．moving	b．to moving	c．by moving	d．of moving
(15)	a．contact	b．contacted	c．contacting	d．to contact

B．下線部(1)，(7)，(11)，(13)，(14)，(17)にもっとも意味の近いものをa～dから選びなさい。

(1)　a．～の原価で　　b．～の費用で

c．～の報酬で　　d．～を犠牲にして

(7)　a．～に帰結する　b．～に引き返す
　c．～にさかのぼる　d．～に原因がある

(11)　a．即座の　b．緊急な　c．有益な　d．一時的な

(13)　a．提供した　b．実行した
　c．特徴づけた　d．影響を及ぼした

(14)　a．じょうずに　b．～もまた
　c．運よく　d．一様に

(17)　a．普遍的な　b．既存の　c．検討中の　d．終了した

C．下線部(2)，(3)，(16)のもっとも強く発音する部分と同じ発音を含むものをａ～ｄから選びなさい。

(2)　a．start　b．back　c．love　d．wear

(3)　a．wood　b．loud　c．road　d．food

(16)　a．red　b．long　c．bus　d．staff

D．下線部(4)，(8)の和訳として，もっとも適当なものをａ～ｄから選びなさい。

(4)　a．その事業の所有者にはお金が必要でなかったけれども，その話は所有者によって語られている。
　b．お金がもうかるその事業の話は所有者によって一度もなされていなかったけれども，その話は伝わっている。
　c．その事業は所有者にとって決してお金はもうからなかったけれども，その話は今でも語られている。
　d．その事業は所有者にとって決してお金がかからなかったけれども，その話はすぐに伝わった。

(8)　a．これは，文字盤の上の異なる文字を指し示す５本の時計の針を使った。
　b．これは，船上の異なる手紙を指す５本の針金を使った。
　c．乗車中に，これは５本の針を使って異なる手紙を指した。

d．これは5本の針を使い，その針は板の上の異なる文字を指した。

E．本文の内容と一致するものにはT，一致しないものにはFをマークしなさい。

1. 1843年に，二人のイギリス人が，ロンドンの中心地にあるパディントンと，ロンドンから西方に53キロ離れたスラウとを結ぶ鉄道に沿って，通信接続を建設した。
2. 1855年に，デイビッド・ヒューズは，オペレーターが長い音と短い音を送信するために，簡単なキーを使う新しい方法を発明した。
3. 1866年に，イギリスとアメリカを結ぶ電線が完成した。
4. 1870年代に，ヨーロッパとアメリカは，極東やオーストラリアなどと電線でつながった。
5. 1849年に，ロイターはドイツでニュース報道を扱う会社を設立し，そのロイター社は現在でも世界中でニュースを配信している。

2. 次の日本文と同じ意味になるように英文を完成するには，(　　)にどの語句が入るか，a～fから選びなさい。

(1) 彼は交通渋滞のため会議に遅れました。

He ______ ______ ______ (　　) ______ ______.

a．because　b．late for　c．the traffic jam
d．was　e．the meeting　f．of

(2) 公共交通機関の中で最も楽しめるのは，おそらく天気の良い日のフェリーです。

Probably the most ______ ______ (　　) ______ ______ ______ when the weather is nice.

a．mode　b．enjoyable　c．is
d．public transport　e．of　f．the ferry

(3) もう一度そのビルに行けば，そこに5回行ったことになります。

I will ______ ______ (　　　) ______ five times if I ______ ______ again.

a．the building　　b．have　　c．been

d．to　　e．go　　f．there

(4) 桜の木は今にも花が咲きそうだ。

______ ______ ______ ______ (　　　) ______ blossom.

a．trees　　b．about　　c．the

d．are　　e．to　　f．cherry

(5) 彼女がそのことをずっと秘密にしていたなんて，彼には想像もつかなかっただろう。

He ______ ______ ______ she had been ______ (　　　) ______ all the time.

a．keeping　　b．that　　c．it

d．have imagined　　e．a secret　　f．could not

(6) 彼女はアメリカで最も有名なテニス選手の一人です。

She ______ ______ ______ (　　　) ______ ______ tennis players in the United States.

a．most　　b．famous　　c．of

d．is　　e．the　　f．one

(7) 彼らは深海で，サメのように見えるものを見た。

They saw ______ ______ (　　　) ______ ______ ______ the deep sea.

a．looked　　b．in　　c．like

d．shark　　e．what　　f．a

3. 次の空所に入れるのに，もっとも適当なものをa～dから選びなさい。

(1) Tim stood with his arms (　　　) thinking about his future.

a. fold　b. to fold　c. folded　d. folding

(2) I cannot go home (　　　) I finish all my homework.

a. that　b. through　c. when　d. unless

(3) My friend invited me (　　　) his house on Wednesday.

a. to go　b. come　c. to　d. go to

(4) He is known (　　　) everybody as an opera singer.

a. to　b. with　c. at　d. for

(5) Kate is eager (　　　) in college.

a. to study　b. studying　c. study　d. studied

(6) Time ran (　　　) before I could answer all the questions.

a. over　b. out　c. across　d. through

(7) I don't understand what he says at all. It's (　　　) my comprehension.

a. on　b. beyond　c. over　d. in

4. 次の下線部に，もっとも意味の近いものをa〜dから選びなさい。

(1) I only see him occasionally.

a. at most　　b. hardly ever

c. now and then　　d. once more

(2) Many people find it difficult to concentrate under pressure.

a. focus　　b. concept　　c. remain　　d. sit still

(3) Some machines still have to be operated manually.

a. remotely　　b. by hand

c. mechanically　　d. by the book

(4) At the Smiths, John is normally in charge of dinner.

a. paying　　b. responsible for

c. making use of　　d. avoiding

(5) The doctor told her not to take a bath for three days after the surgery.

a. ordered　　b. threatened

c. suggested　　d. denied

(6) There were quite a few people at the party.

a. increasing　　b. crowded　　c. many　　d. much

(7) I don't have enough money for a new car, let alone a house.

a. not to mention　　b. except

c. beyond　　d. no more than

5. 次の空所(1)～(7)に入れるのに，もっとも適当なものをa～gから選びなさい。

Nancy: Hi, Mary. I haven't seen you for a long time.

Mary: Oh, hi Nancy. Yeah, I've been really busy recently.

Nancy: Busy? I thought this was a slow time for you.

Mary: It is at the coffee shop where I work. But I also work part-time at a travel agency and they need extra help because there are so many schedule changes.

Nancy: ((1)) I went on a trip last week and my itinerary changed three times. It was very inconvenient.

Mary: Well it can't be helped, I guess, with all the new regulations and last-minute cancellations. So where did you go on your trip?

Nancy: I travelled around Hokkaido with my family. We went to some hot springs and saw many scenic sights. ((2))

Mary: Sounds great! I wish I could take time off and travel around for a full week. By the way, do you remember the name of that restaurant we went to last time together? I want to take my sister there when she visits next month.

Nancy: Oh you mean the one near my house with the interesting paintings on the walls? I think it was called "Bocca House."

Mary: That's it. I thought their Italian food was excellent and the prices were very reasonable. But I don't remember where it is exactly. Say, why don't you join us? ((3))

Nancy: That would be fun. Where is your sister coming from?

Mary: She lives in Korea now and has been wanting to visit for some time. She was finally able to get time off for a trip.

Nancy: ((4)) But maybe your travel agency can help with that. So what days will your sister be in town?

Mary: I hope we can arrange it so there are no problems, too. ((5)) This is her first time to come here so I plan to take some time off and show the sites around town. I'll give you a call after she arrives and we can decide on a date.

Nancy: Great! I'm free on most evenings and on the weekends. ((6))

Mary: Ok. ((7)) Bye for now.

Nancy: Alright. Bye, Mary.

a. I can believe that!
b. It'd be fun to get together again.
c. She plans to arrive on the 15th and will stay for two weeks.
d. I hope she doesn't run into any problems.
e. We were there for about a week.
f. Let's stay in touch.
g. I look forward to hearing from you.

(注) slow time：暇, travel agency：旅行代理店, itinerary：旅程, last-minute cancellations：直前の取り消し, scenic sights：景勝, time off：休暇

日本史

（60分）

1　次のA～Eの各文を読み、問１～10に答えなさい。

A　紀元前４世紀頃から始まった弥生時代は(a)水稲農耕が行われ、(b)さまざまな遺跡も残っている。

問１　下線部(a)に関連して、誤っている文章を一つ選びなさい。　[1]

①　湿田だけでなく、弥生時代の中・後期には乾田も開発された。

②　金属器が使用されたので、収穫に石器は使われなかった。

③　収穫物は高床倉庫や貯蔵穴に納められた。

④　木製農具として、木鍬・木鋤や木臼や竪杵も使用された。

問２　下線部(b)に関連して、関係のないものを一つ選びなさい。　[2]

①　三内丸山遺跡　　②　唐古・鍵遺跡

③　吉野ヶ里遺跡　　④　登呂遺跡

B　壬申の乱を契機に、(c)天皇中心の中央集権国家体制の形成が進んだ。この時代の文化を(d)白鳳文化という。

問３　下線部(c)に関連して、誤っている文章を一つ選びなさい。　[3]

①　天武天皇は、国内最古の銭貨である和同開珎を鋳造した。

②　天武天皇は八色の姓を定めて、豪族たちを天皇中心の新しい身分秩序に編成した。

③　飛鳥浄御原令は、天武天皇が編集を命じた。

④　持統天皇は本格的な宮都である藤原京に遷都した。

問 4　下線部(d)に関連して、関係のないものを一つ選びなさい。　［ 4 ］

①　『興福寺仏頭』　②　『薬師寺金堂薬師三尊像』

③　『法隆寺金堂壁画』　④　『法隆寺金堂釈迦三尊像』

C　平安初期には律令再建のための改革(e)が行われた。この時代の文化が弘仁・貞観文化(f)である。

問 5　下線部(e)に関連して、正しい文章を一つ選びなさい。　［ 5 ］

①　桓武天皇は坂上田村麻呂を征夷大将軍に任じて蝦夷征討を行い、鎮守府を胆沢城に移した。

②　桓武天皇は健児の制を設けて、国司の交代の際の事務の引き継ぎを厳しく監督させた。

③　桓武天皇は法制の整備を進め、延喜格式を編纂した。

④　嵯峨天皇は平安京内の治安維持にあたる蔵人頭を設けた。

問 6　下線部(f)に関連して、正しい文章を一つ選びなさい。　［ 6 ］

①　『凌雲集』は、最初の勅撰和歌集である。

②　空海は庶民教育の目的で綜芸種智院を設置した。

③　仏像は寄木造のものが多く、翻波式といわれる表現方法も用いられた。

④　密教の世界観を絵画で表した来迎図が発達した。

D　(寛仁二年十月)十六日乙巳、今日、女御藤原威子を以て皇后に立つるの日なり。…太閤(g)下官を招き呼びて云く、「和歌を読まむと欲す。必ず和すべし」者。…「此の世をば我が世とぞ思ふ望月の　かけたることも無しと思へば」。

問 7　下線部(g)は誰を指すか。正しいものを一つ選びなさい。　［ 7 ］

①　藤原道長　②　藤原頼通　③　藤原基経　④　藤原良房

問 8　この史料の出典は何か。正しいものを一つ選びなさい。　**8**

①　『土佐日記』　　②　『蜻蛉日記』

③　『小右記』　　④　『更級日記』

E　保元の乱、平治の乱をへて、(h)平氏は全盛を迎えた。平安末期の文化を(i)院政期の文化とも呼ぶ。

問 9　下線部(h)に関連して、誤っている文章を一つ選びなさい。　**9**

①　保元の乱は、後白河天皇と崇徳上皇との皇位継承をめぐる対立が原因の一つであった。

②　平清盛は、地頭に任命することで西国一帯の武士を家人とすることに成功した。

③　平清盛は娘徳子(建礼門院)を高倉天皇の中宮に入れ、その子の安徳天皇を即位させた。

④　平清盛は日宋貿易に力を入れ、現在の博多港である大輪田泊を修築した。

問 10　下線部(i)に関連して、関係のないものを一つ選びなさい。　**10**

①　『梁塵秘抄』　　②　『風信帖』

③　『鳥獣戯画』　　④　『今昔物語集』

2　次のA～Dの各文を読み、問1～10に答えなさい。

A　鎌倉時代の武士(a)は質実剛健をむねとした。一方で地頭の荘園侵略は進み、荘園領主たちは地頭との紛争解決のため、地頭請所の契約を結んだり(　b　)の取り決めを行ったりした。

問1　下線部(a)に関連して、正しい文章を一つ選びなさい。　11

①　武士は館の周辺部に、位田・職田などとよばれた直営地を設けた。

②　当時の女性の地位は低く、女性が御家人や地頭になる例はなかった。

③　武家社会の相続は、庶子にも財産を分ける分割相続が原則であった。

④　武士の武芸訓練に騎射三物があった。具体的には笠懸・催馬楽・流鏑馬をいう。

問2　下線部(b)にあてはまる言葉を、一つ選びなさい。　12

①　下地中分　　②　半済　　③　新補率法　　④　不輸の権

B　室町幕府の機構(c)は足利義満の時代にほぼ整った。中央だけではなく、地方の機構(d)も整備された。

問3　下線部(c)に関連して、誤っている文章を一つ選びなさい。　13

①　将軍を補佐する管領は、細川・斯波・畠山の3家から任命された。

②　京都の警備や刑事訴訟を扱った侍所の長官は所司といった。

③　侍所の長官は、赤松・一色・山名・武田の4家から任命された。

④　室町幕府においても、評定衆や引付がおかれた。

問4　下線部(d)に関連して、誤っている文章を一つ選びなさい。　14

①　室町幕府の守護は一部を除いて在京が原則だったので、領国の管理は守護代が行った。

② 関東には鎌倉府がおかれ、長官の鎌倉公方は足利直義の子孫が受け継いだ。

③ 鎌倉公方を補佐する関東管領は、上杉氏が世襲した。

④ 東北地方には、奥州探題・羽州探題がおかれた。

C　室町時代の中期以降、土一揆が頻繁に発生した。また幕府権力の弱体化に伴い、戦国時代に突入していった。

ア　嘉吉の徳政一揆(e)がおこった。

イ　山城の国一揆がおこった。

ウ　加賀の一向一揆(f)がおこった。

エ　応仁の乱が勃発した。

オ　正長の徳政一揆(g)がおこった。

問5　下線部(e)に関連して、この土一揆の直前に謀殺された将軍は誰か。一つ選びなさい。　15

① 足利義教　② 足利義持　③ 足利持氏　④ 足利義視

問6　下線部(f)に関連して、浄土真宗を北陸地方に広めたのは誰か。一つ選びなさい。　16

① 顕如　② 明兆　③ 如拙　④ 蓮如

問7　下線部(g)に関連して、誤っている文章を一つ選びなさい。　17

① 近江坂本の馬借の蜂起が契機であった。

② 土民が襲撃したのは、借上・札差などであった。

③ 実力による債務破棄である私徳政が、各地で展開された。

④ 柳生の徳政碑文は、このときの債権破棄を宣言したものである。

問 8　上のア～オを時代順に並べたとき、古い方から2番目と4番目のものの組合せとして正しいものを、一つ選びなさい。　18

①　アイ　　②　アエ　　③　エイ　　④　オイ

D　室町文化を代表するものとして、芸能には能(h)があり、絵画には水墨画(i)がある。

問 9　下線部(h)に関連して、世阿弥が能の真髄を述べた芸術論書とは何か。一つ選びなさい。　19

①　『花鳥余情』　　②　『風姿花伝』

③　『応安新式』　　④　『元亨釈書』

問 10　下線部(i)に関連して、雪舟の作品ではないものはどれか。一つ選びなさい。　20

①　『四季山水図巻』　　②　『秋冬山水図』

③　『天橋立図』　　④　『洛中洛外図屏風』

3　次のA～Dの各文を読み、問1～10に答えなさい。

A　16世紀にはキリスト教宣教師(a)があいついで来日し、布教に努めた。そして1582年には天正遣欧使節(b)が派遣された。

問1　下線部(a)に関連して、関係のないものを一つ選びなさい。　21

①　ガスパル＝ヴィレラ　　②　オルガンティノ

③　ルイス＝フロイス　　④　シーボルト

問2　下線部(b)に関連して、誤っている文章を一つ選びなさい。　22

①　この派遣を勧めた宣教師はヴァリニャーニ(バリニャーノ)である。

②　派遣したキリシタン大名は、島津貴久・有馬晴信・大村純忠の3人である。

③　伊東マンショ、千々石ミゲルら4人の少年が、教皇グレゴリウス13世のもとへ行った。

④　帰国後4人の少年の中には、国外へ追放された者や殉教した者もいた。

B　17世紀後半には5代将軍徳川綱吉の政権(c)が誕生した。綱吉は文教政策(d)も行った。

問3　下線部(c)に関連して、誤っている文章を一つ選びなさい。　23

①　大老の堀田正俊が暗殺された後は、側用人の柳沢吉保が重用された。

②　勘定吟味役田沼意次の意見が採用され、金の含有量を減らした元禄小判を発行した。

③　神道の影響から服忌令が出され、死や血を忌みきらう風潮が広まった。

④　仏教を保護したが、護国寺の建立や寛永寺・増上寺の改築は財政難を招いた。

問 4　下線部(d)に関連して、誤っている文章を一つ選びなさい。　[24]

①　朱子学者木下順庵を侍講とした。

②　孔子廟である湯島聖堂を建てた。

③　林鳳岡(信篤)を寺社奉行に任じた。

④　渋川春海(安井算哲)を天文方に任じた。

C　白河藩主松平定信は将軍(　e　)のもと、老中として(f)さまざまな改革を行った。加えて洒落本作家の(　g　)を処罰するなど、(h)風俗・思想の統制も行った。また(i)この時期、諸藩でも改革に成功した名君がいる。

問 5　下線部(e)にあてはまる人物を、一つ選びなさい。　[25]

①　徳川家斉　　②　徳川家宣　　③　徳川吉宗　　④　徳川家定

問 6　下線部(f)に関連して、誤っている文章を一つ選びなさい。　[26]

①　旗本・御家人救済のため、棄捐令を出した。

②　飢饉に備え、各地に土倉をつくらせて米穀を蓄えさせた。

③　都市の治安対策として、江戸石川島に人足寄場を設けた。

④　飢饉・災害時に貧民を救済するため、七分積金の制度をつくった。

問 7　下線部(g)にあてはまる人物を、一つ選びなさい。　[27]

①　柳亭種彦　　②　曲亭馬琴　　③　十返舎一九　　④　山東京伝

問 8　下線部(h)に関連して、誤っている文章を一つ選びなさい。　[28]

①　朱子学を正学とし、湯島聖堂学問所でそれ以外の学派を教授することを禁止した。

②　柴野栗山・尾藤二洲・岡田寒泉(のち古賀精里)は寛政の三博士とよばれた。

③　海防論を説いた渡辺崋山を弾圧した。

④　作家だけでなく、出版元の蔦屋重三郎らも弾圧された。

問 9 下線部(i)に関連して、藩と藩主との組合せとして正しいものを一つ選びなさい。 29

① 米沢藩 ― 上杉治憲 ② 宇和島藩 ― 細川重賢

③ 福井藩 ― 佐竹義和 ④ 田原藩 ― 堀田正睦

D 19世紀前半からの幕末の改革に成功した藩は、雄藩(j)として政局に強い発言力をもつようになった。

問 10 下線部(j)に関連して、正しい文章を一つ選びなさい。 30

① 薩摩藩では藩主島津重豪のもと、大久保利通が改革に着手し、莫大な借財を事実上棚上げにした。

② 薩摩藩ではサツマイモの専売を強化し、朝鮮との貿易などで藩財政を再建した。

③ 長州藩では村田清風が登場し、紙・蝋の専売制を改革し、越荷方をおいて財政再建を行った。

④ 肥前藩では藩主松平慶永が均田制を実施し、反射炉を備えた大砲製造所も設けた。

4　次のA～Dの各文を読み、問1～10に答えなさい。

A　明治政府は殖産興業政策(a)を積極的に進めた。また教育面(b)でも大きな変革があった。

問1　下線部(a)に関連して、正しい文章を一つ選びなさい。　31

① 岐阜県に官営模範工場として富岡製糸場を設けた。

② 新貨条例を定め、円・銭・厘を単位に新硬貨をつくった。

③ 1877年、廃藩置県を行う前に第1回内国勧業博覧会を開催した。

④ 政府直営の第一国立銀行を設け、政府は渋沢栄一を頭取に送り込んだ。

問2　下線部(b)に関連して、誤っている文章を一つ選びなさい。　32

① 学制が頒布され、国民皆学の目標が示された。

② 1877年、旧幕府の諸校を統合して東京大学が設立された。

③ クラーク、モース、フェノロサ、パークスなど多くの外国人教師が、日本の学校や政府機関に招かれた。

④ 福沢諭吉の慶応義塾、新島襄の同志社などの私学も創設された。

B　旧幕府が欧米諸国と結んだ不平等条約の改正は、政府にとって重要な課題であった。

ア　外国人判事を大審院に限るという案で国別交渉を行ったが、外相は玄洋社の青年に負傷させられた。

イ　(　c　)外相のもとで、関税自主権の回復が達成された。

ウ　イギリスが条約改正に応じる態度を示したが、交渉中に大津事件がおきて頓挫した。

エ　(　d　)外相は日清戦争直前に、領事裁判権の撤廃を成し遂げた。

オ　外務卿(外相)は自らの条約改正案を進めるため、極端な欧化政策(e)をとった。

カ 寺島宗則外務卿は関税自主権の回復を目指したが、イギリスの反対にあった。

問 3 下線部(c)にあてはまる人物を、一つ選びなさい。 33

① 小村寿太郎 ② 井上馨 ③ 青木周蔵 ④ 陸奥宗光

問 4 下線部(d)にあてはまる人物を、一つ選びなさい。 34

① 小村寿太郎 ② 井上馨 ③ 青木周蔵 ④ 陸奥宗光

問 5 下線部(e)に関連して、誤っている文章を一つ選びなさい。 35

① 改正案については、内地雑居、外国人判事の任用、法典の予約という条件がついていた。

② 東京に列国の代表を集めて条約改正の予備会議を開き、その後正式会議を開催した。

③ この改正案が進められているときに、ノルマントン号事件がおきた。

④ 交渉促進のために建設された鹿鳴館は、ボアソナードが設計した。

問 6 上のア～カを時代順に並べたとき、古い方から3番目と5番目のものの組合せとして正しいものを、一つ選びなさい。 36

① アエ ② アイ ③ ウエ ④ ウイ

C 文学においては、日清戦争前後はロマン主義(f)、日露戦争前後は自然主義(g)が文壇の主流となった。

問 7 下線部(f)に関連して、関係のないものを一つ選びなさい。 37

① 北村透谷『文学界』 ② 二葉亭四迷『浮雲』

③ 樋口一葉『たけくらべ』 ④ 与謝野晶子『みだれ髪』

問 8　下線部(g)に関連して、関係のないものを一つ選びなさい。　38

①　島崎藤村『破戒』　②　田山花袋『蒲団』

③　夏目漱石『こころ』　④　徳田秋声『黴』

D　1952 年(h)、サンフランシスコ平和条約の発効に伴って(i)が設置された。そして 1954 年には MSA 協定で防衛力の増強が義務づけられて、(j)が発足した。

問 9　下線部(h)に関連して、この年の出来事ではないものを一つ選びなさい。

39

①　破壊活動防止法の成立　②　血のメーデー事件の勃発

③　日米行政協定の調印　④　防衛庁の新設

問 10　下線部(i)(j)にあてはまる語句の組合せとして正しいものを、一つ選びなさい。　40

①　i：警察予備隊　j：自衛隊　②　i：保安隊　j：自衛隊

③　i：警察予備隊　j：保安隊　④　i：自衛隊　j：保安隊

現代社会

（60分）

1 次の文章を読み、問いに答えなさい。

16世紀から17世紀のヨーロッパには、さまざまな近代的な思想が誕生した。

イギリスの(　1　)は、人間の生活を豊かにするために、自然を利用するための知識を獲得することが学問の目的であると考えた。「【　A　】」はこの考えを表現した言葉である。そして、観察される事実から一般法則を発見する学問の方法として【　B　】を唱えた。

他方、フランスの(　2　)は、人間の感覚や経験は不確かなもので信用できないと考え、【　C　】こそ確実な知の源泉であると主張した。そして、著書『【　D　】』では、人間はあらゆるものを徹底的に疑うことで真理に到達できると述べた。(　1　)と(　2　)は考えを異にするところがあるが、いずれも【　E　】の宗教的権威にしばられることなく、【　F　】的なものの見方を確立することをめざすものだった。

天文学では、コペルニクスが【　G　】を唱え、ケプラーや【　H　】が天体観測に基づいて【　G　】が正しいことを証明した。

問1　(1)・(2)に入る人物名を次の①～⑧のうちから一つずつ選びなさい。

(1) [1]　(2) [2]

①　パスカル　②　カルヴァン　③　デカルト　④　ルター
⑤　ホッブズ　⑥　カント　⑦　ベーコン　⑧　ルソー

問2　【A】に入る適語を次の①～④のうちから一つ選びなさい。　[3]

① われ思う、ゆえにわれあり

② 人間は考える葦である

③ 自然という書物は数学の言葉で書かれている

④ 知は力なり

問 3 【B】に入る適語を次の①～④のうちから一つ選びなさい。　4

① 弁証法　② 帰納法　③ 演繹法　④ 慣習法

問 4 【C】に入る適語を次の①～④のうちから一つ選びなさい。　5

① 神　② 精　神　③ 理　性　④ 真　理

問 5 【D】に入る適語を次の①～④のうちから一つ選びなさい。　6

① 方法序説　② 精神現象学　③ 情念論

④ 純粋理性批判

問 6 【E】に入る適語を次の①～④のうちから一つ選びなさい。　7

① イスラーム　② ユダヤ教　③ キリスト教　④ 仏　教

問 7 【F】に入る適語を次の①～④のうちから一つ選びなさい。　8

① 宗教改革　② 科　学　③ 理想主義　④ 民　主

問 8 【G】に入る適語を次の①～④のうちから一つ選びなさい。　9

① 天動説　② 地動説　③ 地球中心説

④ 万有引力の法則

問 9 【H】に入る人物名を次の①～④のうちから一つ選びなさい。　10

① ガリレイ　② ニュートン　③ ピタゴラス　④ ハレー

2　次の文章を読み、問いに答えなさい。

18 世紀後半の【　A　】を経て、19 世紀には資本主義が急速に発展した。資本主義は個人や企業などの経済主体が生産手段を私的に所有し、(a)自由な取り引きを通じて利益を得ることのできる経済システムである。

しかし、(b)少数の大企業が市場に対する支配力をもつようになると、価格メカニズムは十分に機能しなくなった。また、大きな景気変動が起きて、不況期には大量の失業が発生するようになった。これらは自由放任主義の限界であると捉えられるようになった。その結果、【　B　】は生産手段を国有とし国家が生産と分配を管理する経済システムに転換し、アメリカ合衆国の【　C　】大統領は(c)政府が市場経済に積極的に介入する政策を採用した。

【　B　】における経済システムの転換の影響を受けて、ドイツでは憲法に【　D　】や【　E　】などの社会権を定め、(d)国民の生活保障を目指して国家の機能を大きく変化させた。この憲法は日本国憲法にも受け継がれたが、【　F　】で最高裁判所は【　D　】は法的な権利ではないとの判断を示した。

問 1　【A】に入る適語を次の①～④のうちから一つ選びなさい。　**11**

①　ルネサンス　　②　産業革命　　③　市民革命　　④　封建社会

問 2　【B】に入る適語を次の①～④のうちから一つ選びなさい。　**12**

①　ドイツ　　②　ロシア　　③　フランス　　④　中　国

問 3　【C】に入る人物名を次の①～④のうちから一つ選びなさい。　**13**

①　ジョンソン　　②　ケネディ　　③　ローズベルト

④　アイゼンハワー

問 4　【D】に入る適語を次の①～④のうちから一つ選びなさい。　**14**

①　参政権　　②　生存権　　③　環境権　　④　選挙権

問 5　【E】に入る適語を次の①～④のうちから一つ選びなさい。　15

①　人格権　②　財産権　③　団結権　④　プライバシー権

問 6　【F】に入る適語を次の①～④のうちから一つ選びなさい。　16

①　砂川事件　②　朝日訴訟　③　恵庭事件

④　北海道学力テスト訴訟

問 7　下線部(a)について、このような経済システムを理論的に正当化した18世紀イギリスの経済学者を、次の①～④のうちから一つ選びなさい。

17

①　リカード　②　J. S. ミル　③　アダム・スミス

④　ラッサール

問 8　下線部(b)について、大企業による市場支配にはさまざまな形態があるが、それに該当しないものを次の①～④のうちから一つ選びなさい。　18

①　カルテル　②　持ち株会社　③　トラスト　④　M&A

問 9　下線部(c)について、この時期の経済政策に関する記述として適切なものを次の①～④のうちから一つ選びなさい。　19

①　ケインズは、好況期には有効需要を作り出すために、政府が積極的に公共事業を実施すべきだと主張した。

②　リストは、自国の工業化を図るため、自由貿易を批判し、保護貿易政策の採用を主張した。

③　ケインズは、金本位制を批判し、管理通貨制への転換を主張した。

④　リカードは、穀物の輸入制限を定めた穀物法に反対し、自由貿易政策の採用を主張した。

問10　下線部(d)について、このような国家機能の転換に関する記述として適切なものを次の①～④のうちから一つ選びなさい。　20

① 福祉国家から夜警国家へ ② 資本主義から社会主義へ

③ 社会主義から資本主義へ ④ 夜警国家から福祉国家へ

3 次の文章を読み、問いに答えなさい。

企業は、家計や政府とならぶ経済主体の一つであり、財やサービスを生産している。公企業、私企業、公私混合企業(公私合同企業)に分類でき、これらのうち私企業はさらに個人企業と法人企業に分類できる。これらの分類(a)のうち、日本で数が最も多いのは法人企業であり、その中でも株式会社(b)が特に多い。

株式会社の規模が大きくなる(c)と、株主以外の者が経営を担うケースが多くなる。この場合、事業の内容に詳しい者が経営者となることで、効率的な経営を行うことができるという利点がある一方で、株主には経営の実態が見えにくくなる。

例えば、経営者が組織ぐるみで違法行為をするなど、株主の利益に反する行動をする可能性がある。逆に、株主の利益を優先しすぎて、従業員の賃金や雇用が不安定になる場合もある。

多くの企業では、法令遵守(d)を重視したり、内部情報の開示(e)や株主が経営者を監視する企業統治(f)のしくみを取り入れたりしている。

企業は、法令を遵守するのはもちろんのこと、地球環境に配慮するとともに、株主、従業員、取引先企業、債権者、顧客、周辺の住民など、かかわりのあるすべての利害関係者に対して責任(g)のある行動をすることが求められている。

問 1 下線部(a)について、日本銀行や株式会社商工組合中央金庫は企業のどの分類に該当するか。適切なものを次の①～④のうちから一つ選びなさい。

21

① 公企業 ② 公私混合企業(公私合同企業) ③ 個人企業

④ 法人企業

問２　下線部(b)について、株式会社に関する記述として適切でないものを次の①～④のうちから一つ選びなさい。　22

①　株主は、株式数に応じて企業の利益の一部を利子として受け取る。

②　大企業は、所有と経営の分離が進んでいる。

③　株主は、株式数に応じて株主総会で議決権を行使する権利を持つ。

④　会社が倒産した場合、株主は出資額を超えて会社の債務を弁済する責任を問われない。

問３　下線部(b)について、株式会社は株式を発行して資金を調達している。この株式に関する記述として適切なものを次の①～④のうちから一つ選びなさい。　23

①　株式の発行を通じて資金を調達することは間接金融に該当する。

②　株式の発行を通じて調達した資金は、期限までに利息をつけて返済する必要がある。

③　株式の発行を通じて調達した資金は、自己資本という。

④　株式は債券市場で取引される。

問４　下線部(c)について、企業の分類には、規模による分類(大企業、中小企業、小規模企業)もある。中小企業に関する次の二つの問いに答えなさい。

(1)　下記の表の資本金額または従業員数のどちらかを満たす場合は中小企業に該当する。表の「製造業・その他」の空欄Ａ・Ｂに入る数値の組み合わせとして適切なものを次の①～④のうちから一つ選びなさい。　24

①　Ａ：3億円以下、Ｂ：100人以下

②　Ａ：1億円以下、Ｂ：300人以下

③　Ａ：3億円以下、Ｂ：300人以下

④　Ａ：5億円以下、Ｂ：300人以下

表　中小企業基本法による中小企業の定義

業種	資本金	従業員
製造業・その他	A	B
卸売業	1億円以下	100人以下
サービス業	5,000万円以下	100人以下
小売業	5,000万円以下	50人以下

中小企業庁「2022年版 中小企業白書」により作成。

⑵　下記の図は、中小企業が日本経済に占める割合を示している。A～Cの横棒グラフは、それぞれ何を表しているか。適切な組み合わせを次の①～④のうちから一つ選びなさい。　25

①　A：企業数、B：製造業出荷額、C：従業員数

②　A：企業数、B：従業員数、C：製造業出荷額

③　A：従業員数、B：製造業出荷額、C：企業数

④　A：従業員数、B：企業数、C：製造業出荷額

図　中小企業の日本経済に占める割合

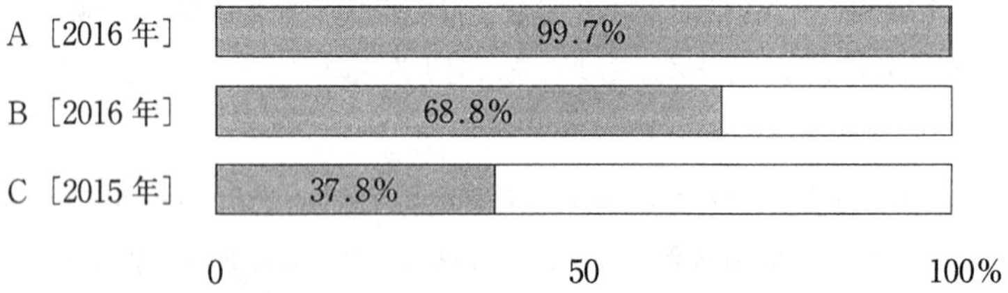

中小企業庁「2022年版 中小企業白書」により作成。

問5　下線部(c)について、規模の拡大をはかる企業に関する記述として適切でないものを次の①～④のうちから一つ選びなさい。　26

①　経営の多角化をはかるために、異なる業種の会社と合併したり、異なる業種の会社を買収したりすることをM&Aという。

② 異なる業種の会社の合併・買収により経営の多角化をはかる企業をコングロマリット(複合企業)という。

③ 海外に生産拠点などの子会社をつくり、世界規模で経営する企業を多国籍企業という。

④ 事業活動の支配を目的として他の会社の株式を所有する会社を合資会社という。

問 6 下線部(d)～(f)を意味する用語を次の①～⑧のうちから一つずつ選びなさい。

(d) 27　(e) 28　(f) 29

① ディスクロージャー	② コングロマリット
③ フィランソロピー	④ ステークホルダー
⑤ アカウンタビリティ	⑥ コンプライアンス
⑦ メセナ	⑧ コーポレート・ガバナンス

問 7 下線部(g)について、このような企業の社会的な責任のことを何というか。適切なものを次の①～④のうちから一つ選びなさい。 30

① CED　② CEO　③ CSV　④ CSR

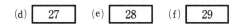

4　次の文章を読み、問いに答えなさい。

人々の生活や意識が平均化・画一化したり、人と人との接触が間接的なものになって人間関係が匿名化したりする現象を大衆化といい、このような特色をもつ「大量」の人々によって構成される社会を大衆社会という。

現代社会は、大衆が政治や経済、社会、文化などの面で大きな影響をもつ社会である。政治面では選挙権(a)の拡大によって、不特定の大衆の投票行動が一国の政治動向を決定づけるようになった。民主主義は、それまでの一部の名望家によるデモクラシーから、大衆の動向が政治を左右する大衆民主主義(マス・デモクラシー)(b)となった。

経済面では、大量生産方式が普及し、規格化された大量の商品が家庭に供給され、どこの家でも似たような消費生活が営まれている。このような社会は大衆消費社会(c)ともよばれる。

社会生活の面に目を転じると、現代社会においては、一定の目的をより能率的に達成するために組織された機能集団が発達し、ほとんどの人は組織の一員として毎日の生活を送っている。これらに見られる、目的をより合理的に達成するしくみのことをドイツの社会学者【　A　】は官僚(d)制とよんだ。

このような社会のなかで、わたしたちは既存の伝統(e)や権威、自分自身の確固とした信念や考えよりも、ともすれば他人の意向や評判を気にし、結果的に同調的な行動をとりがちである。アメリカの社会学者【　B　】は『孤独な群衆』において、このような人間の社会的性格を、それまでの社会における【　C　】指向型、【　D　】指向型に対して、【　E　】指向型とよんだ。

問 1　【A】・【B】に入る人物名を次の①～⑥のうちから一つずつ選びなさい。

【A】 31　【B】 32

①　チャップリン　　②　クーリー　　③　フロム

④　シュバイツァー　　⑤　リースマン　　⑥　ウェーバー

問 2　下記の文章を読み、【C】～【E】に入る適語を次の①～⑩のうちから一つずつ選びなさい。　【C】 33　【D】 34　【E】 35

【B】によると、【　C　】指向型とは、政治は特権的な統治者の仕事であるとして、政治に対する主体的意識や責任感をもたない、という近代以前の社会における社会的性格を指し、【　D　】指向型とは、自らの信念や良心に従って判断し、主体的な行動をとる、という近代市民社会における社会的性格を指す。一方、【　E　】指向型とは、マスコミなどによってつくられた流行や同世代の人々の好みや期待に敏感で、これらに合わせることを自らの行動原理とする、という大衆社会を生きる人々の社会的性格を指す。

① 主　体	② 旧　習	③ 内　部	④ 現　代
⑤ 客　体	⑥ 大　衆	⑦ 伝　統	⑧ 他　人
⑨ 孤　独	⑩ 外　部		

問 3　下線部(a)について、日本における選挙制度に関する記述として適切でないものを次の①～④のうちから一つ選びなさい。　36

① 2015年、公職選挙法が改正され、選挙権年齢と被選挙権年齢が18歳以上に引き下げられた。

② GHQ占領下、満20歳以上の男女による普通選挙制度が成立した。

③ 大正デモクラシーの時期に、満25歳以上の男性による普通選挙制度が成立した。

④ 民主主義的な選挙の原則として、普通選挙、秘密選挙、平等選挙、直接選挙があげられる。

問 4　下線部(b)について、大衆民主主義(マス・デモクラシー)に関する記述として適切でないものを次の①～④のうちから一つ選びなさい。　37

① 大衆民主主義のもとでは、政治的無知である「現代型無関心」と政治知識をもちながらも政治に冷淡な「伝統型無関心」が広がっている。

② 大衆民主主義のもとでは、大衆による不確実な投票行動や一方向に流れやすい選挙行動などによって、本来の政党政治や民主主義がうまく機能しなくなる恐れがある。

③ 大衆民主主義のもとで、ドイツのナチスなどに代表されるファシズムは人々の不安や不満をたくみに吸収しながら、勢力を急速に拡大した。

④ 大衆民主主義のもとでは、マスコミなどを利用した大衆操作型の政治が出現しやすくなる危険性がある。

問 5　下線部(c)について、大衆消費社会に関する記述として適切なものを次の①～④のうちから一つ選びなさい。　38

① 大衆消費社会では、消費が基本的な衣食住を満たす水準程度で進行し、需要と供給のバランスが整っている。

② 大衆消費社会では、第二次産業の従事者が増え、富裕層が増大し、豊かな消費市場が形成された。

③ PC やスマートフォンの普及によって e コマースが拡大し、大衆消費社会が誕生した。

④ 大衆消費社会では、誇大広告や欠陥商品、有害食品・薬害など消費者の生活をおびやかす問題が発生することがある。

問 6　下線部(d)について、行政機能に関する記述として適切なものを次の①～④のうちから一つ選びなさい。　39

① 20 世紀に入り、資本主義の発展に伴って貧富の差が拡大した結果、福祉や教育への国民の要求が高まるなどの要因によって、行政機能が拡大した。このような国家のあり方を夜警国家という。

② 中央官庁の官僚機構が法律案の作成など政策立案についても大きな役割を果たしており、日本の国会への提出件数と法案成立率は議員提出法案よりも内閣提出法案のほうが高い。

③　日本では、行政機関を外部から監視し、国民からの苦情申立てを処理するためのオンブズ・パーソンの制度が、地方公共団体だけでなく、国レベルでも成立している。

④　人事院や教育委員会などの行政委員会は、立法府への権限の集中の排除や専門性と中立性の確保などを目的にして設けられたものである。

問 7　下線部(e)について、日本の伝統思想に関する記述として適切なものを次の①～④のうちから一つ選びなさい。　40

①　日本の伝統社会では、牧畜を中心として、一年の決まったときに神々を迎え入れる年中行事が行われる。

②　日本では、山川草木など、すべての自然物に霊が宿るというシャーマニズムの思想があり、いたるところに神々が存在し、八百万の神とよばれた。

③　共同体に災いをもたらす行為や災害、疫病などをケガレとよび、幣《ぬさ》などでケガレを除いたり（禊《みそぎ》）、水でケガレを清めたりして（祓《はらい》）、ケガレを浄化しようとした。

④　古代より日本人は清明心を尊重し、後に正直や誠といった道徳観の源となったといわれる。

数学

(注)　工学部建築学科住居デザイン専攻の文系受験，経営学部の文系受験，情報科学部情報科学科メディア情報専攻の文系受験は「文系」を，その他は「理系」を解答する。

解答上の注意

1. 問題中のア，イ，ウ，… には，0から9までの数字が各々1つずつ入ります。それらを解答用紙のそれぞれの欄にマークして答えなさい。

2. 解答に分数が含まれる場合は，分数部分が既約分数になるように答えなさい。例えば，$\dfrac{2}{4}$，$\dfrac{5}{10}$ 等は $\dfrac{1}{2}$ として答えなさい。

3. 根号を含む解答の場合は，根号の中の自然数が最小となる形で答えなさい。例えば，$\sqrt{8}$，$\dfrac{\sqrt{27}}{6}$ はそれぞれ $2\sqrt{2}$，$\dfrac{\sqrt{3}}{2}$ として答えなさい。

■理　系■

（60分）

数学問題　（(1)〜(6)は必答問題，(7)，(8)は選択問題）

次の $\boxed{}$ を適当に補え。

(1)　$2\sqrt{2}+\sqrt{7}$ の整数部分を a，小数部分を b とすると，$a=\boxed{\text{ア}}$，
$ab+b^2+2a+5b=\boxed{\text{イ}}\sqrt{\boxed{\text{ウエ}}}$ である。

(2)　$\{a_n\}$ を初項 $\dfrac{\sqrt{2}}{4}$，公差 $\dfrac{\sqrt{2}}{4}$ の等差数列とする。このとき，

$\displaystyle\sum_{n=1}^{15} a_n\left(a_n+\frac{\sqrt{2}}{2}\right)=\boxed{\text{オカキ}}$ であり，$\displaystyle\sum_{n=1}^{15}\frac{1}{a_n\left(a_n+\dfrac{\sqrt{2}}{2}\right)}=\frac{\boxed{\text{クケコ}}}{\boxed{\text{サシ}}}$ である。

(3)　xy 平面において，点Pを $(2\cos\theta,\sqrt{3}\sin\theta)$ とする。θ が $0\leqq\theta\leqq 2\pi$ の範囲を動くとき，点Pと直線 $\sqrt{3}x+y=5$ の距離の最小値は

$\dfrac{\boxed{\text{ス}}-\sqrt{\boxed{\text{セソ}}}}{\boxed{\text{タ}}}$ であって，そのとき $\tan\theta=\dfrac{\boxed{\text{チ}}}{\boxed{\text{ツ}}}$ である。

(4)　1より大きい2つの実数 x，y が $xy=343$ をみたすとする。
このとき，$\log_7 x+\log_7 y=\boxed{\text{テ}}$ であり，$\dfrac{1}{\log_7 x}+\dfrac{1}{\log_7 y}$ の最小値は

$\dfrac{\boxed{\text{ト}}}{\boxed{\text{ナ}}}$ である。

(5)　$z=\dfrac{\sqrt{2+\sqrt{2}}}{2}+\dfrac{\sqrt{2-\sqrt{2}}}{2}i$ とする。このとき，z^2 の偏角 θ $(0\leqq\theta<2\pi)$ は

$\theta=\dfrac{\boxed{\text{ニ}}}{\boxed{\text{ヌ}}}\pi$ である。また，n が1桁の自然数を動くとすると，$\left|z^n-\dfrac{1}{z}\right|$ が

最大となるのは $n=\boxed{\text{ネ}}$ のときである。

(6)　mを正の定数とする。xy平面において，原点をOとし，曲線$y=\dfrac{1}{3}\log x$と直線$y=mx$が異なる2点P，Qで交わるとする(Pのx座標はQのx座標より小さいとする)。OP＝PQのとき，$m=\dfrac{\boxed{\text{ノ}}}{\boxed{\text{ハ}}}\log\boxed{\text{ヒ}}$であり，曲線$y=\dfrac{1}{3}\log x$と直線$y=mx$で囲まれた部分の面積は$\log\boxed{\text{フ}}-\dfrac{\boxed{\text{ヘ}}}{\boxed{\text{ホ}}}$である。

次の(7)，(8)は選択問題である。1問を選択し，解答用紙の所定の欄のその問題にマークして，解答せよ。

(7)　1個のさいころを投げて，出た目が1または2ならばAさんに3点を与え，出た目が3以上ならばBさんに2点を与える。この試行を5回行うとき，Aさんの得点とBさんの得点が等しくなる確率は$\dfrac{\boxed{\text{マミ}}}{\boxed{\text{ムメモ}}}$であり，Aさんの得点とBさんの得点の合計が12点以上になる確率は$\dfrac{\boxed{\text{ヤユヨ}}}{\boxed{\text{ラリル}}}$である。

(8)　2でも3でも割り切れて，それ以外の素因数をもたず，正の約数が24個あるような自然数は全部で$\boxed{\text{レ}}$個あり，そのうち，最小のものは$\boxed{\text{ロワヲ}}$である。ただし，自然数の正の約数には1とその数自身も含める。

■文　　系■

(60 分)

数学問題　((1)〜(5) は必答問題，(6)，(7)，(8) は選択問題)

次の $\boxed{}$ を適当に補え。

(1)　$2\sqrt{2}+\sqrt{7}$ の整数部分を a，小数部分を b とすると，$a=\boxed{\text{ア}}$，
$ab+b^2+2a+5b=\boxed{\text{イ}}\sqrt{\boxed{\text{ウエ}}}$ である。

(2)　a を正の実数とする。x の関数 $y=-x^2+2ax-a$ の区間 $0 \leqq x \leqq 2$ における最大値が $\dfrac{5}{4}$ となる a の値は，$a=\dfrac{\boxed{\text{オ}}+\sqrt{\boxed{\text{カ}}}}{\boxed{\text{キ}}}$ である。また，区間 $0 \leqq x \leqq 2$ における最大値が 3 となる a の値は，$a=\dfrac{\boxed{\text{ク}}}{\boxed{\text{ケ}}}$ である。

(3)　△ABC において，∠ACB = 90° であるとし，辺 AB の中点を M とする。△ACM の外接円の面積が △ABC の外接円の面積の 3 倍であるとき，
$\sin\angle\text{ACM}=\dfrac{\sqrt{\boxed{\text{コ}}}}{\boxed{\text{サ}}}$ であり，辺 AC の長さは辺 BC の長さの $\sqrt{\boxed{\text{シス}}}$ 倍である。

(4)　1 辺の長さが 2 の正方形を底面とし，4 つの側面が正三角形である四角錐の体積は $\dfrac{\boxed{\text{セ}}\sqrt{\boxed{\text{ソ}}}}{\boxed{\text{タ}}}$ である。また，この四角錐に内接する球の半径は
$\dfrac{\sqrt{\boxed{\text{チ}}}-\sqrt{\boxed{\text{ツ}}}}{\boxed{\text{テ}}}$ である。

(5)　Aのグループには男子が30人，女子が10人いて，Bのグループには男子が8人，女子がn人いる。この2つのグループに対して同じ試験を行ったところ，Aグループの男子の平均点が6点，女子の平均点が8点であった。このとき，Aグループ全体の平均点を小数で表すと $\boxed{\text{ト}}.\boxed{\text{ナ}}$ 点である。また，Bグループの男子の平均点は5点，女子の平均点は7点で，男女ともAグループの方が高かった。それにもかかわらずBグループ全体の平均点がAグループ全体の平均点より高くなるようなnの値の最小値は，$n=\boxed{\text{ニヌ}}$ である。

次の(6)，(7)，(8)は選択問題である。2問を選択し，解答用紙の所定の欄のその問題にマークして，解答せよ。

(6)　1個のさいころを投げて，出た目が1または2ならばAさんに3点を与え，出た目が3以上ならばBさんに2点を与える。この試行を5回行うとき，Aさんの得点とBさんの得点が等しくなる確率は $\dfrac{\boxed{\text{ネノ}}}{\boxed{\text{ハヒフ}}}$ であり，Aさんの得点とBさんの得点の合計が12点以上になる確率は $\dfrac{\boxed{\text{ヘホマ}}}{\boxed{\text{ミムメ}}}$ である。

(7)　2でも3でも割り切れて，それ以外の素因数をもたず，正の約数が24個あるような自然数は全部で $\boxed{\text{モ}}$ 個あり，そのうち，最小のものは $\boxed{\text{ヤユヨ}}$ である。ただし，自然数の正の約数には1とその数自身も含める。

(8)　1辺の長さが4の正方形ABCDにおいて，辺ADを3：1に内分する点をP，辺CD上の点をQとし，直線PQは点Bを中心とする半径4の円に点Rで接するとする。このとき，$\mathrm{PR}=\boxed{\text{ラ}}$，$\mathrm{BQ}=\dfrac{\boxed{\text{リル}}\sqrt{\boxed{\text{レ}}}}{\boxed{\text{ロ}}}$ である。

物理

（60分）

次の文章（**A**〜**F**）を読み，問い（問1〜18）に答えよ。

A　図のように，水平面内で回転している円板上の中心Oから20 cmだけ離れた位置に質量60 gの小物体が置いてある。円板はOを中心に1分間に15回転しており，小物体は円板に対して静止している。このとき，小物体と円板との間にはたらく静止摩擦力の大きさは $\boxed{\ 1\ }$ Nである。続いて，円板の回転数を徐々に増していき，1分間に30回転を超えた瞬間に小物体は円板上をすべり出した。これより，小物体と円板との間の静止摩擦係数は $\boxed{\ 2\ }$ である。ここで，重力加速度の大きさを $10\ \mathrm{m/s^2}$ とした。

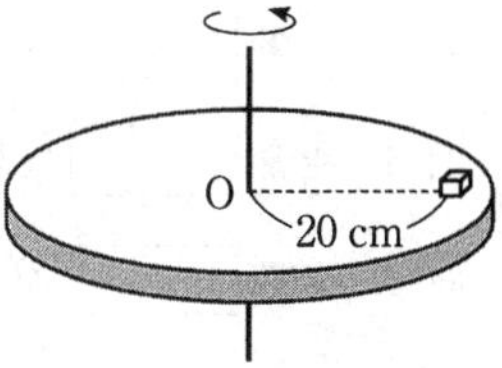

問 1. 空欄 $\boxed{\ 1\ }$ を埋めるのにふさわしいものを，次の共通解答群から1つ選べ。

問 2. 空欄 $\boxed{\ 2\ }$ を埋めるのにふさわしいものを，次の共通解答群から1つ選べ。

共通解答群

① $0.001\pi^2$　② $0.002\pi^2$　③ $0.003\pi^2$　④ $0.01\pi^2$　⑤ $0.02\pi^2$　⑥ $0.03\pi^2$

⑦ $10\pi^2$　⑧ $20\pi^2$　⑨ $30\pi^2$　⑩ $100\pi^2$　⑪ $200\pi^2$　⑫ $300\pi^2$

B 一様な電場の中で，面が電場の向きに垂直となるように平板を入れた。図のように，電場の向きが x 軸の負の向きだとすると，平板が金属の場合の電場の強さの様子を表す図は [3] であり，電位の様子を表す図は [4] となる。また，平板が誘電体の場合の電場の強さの様子を表す図は [5] であり，電位の様子を表す図は [6] となる。ただし，x_A での電位を0とした。

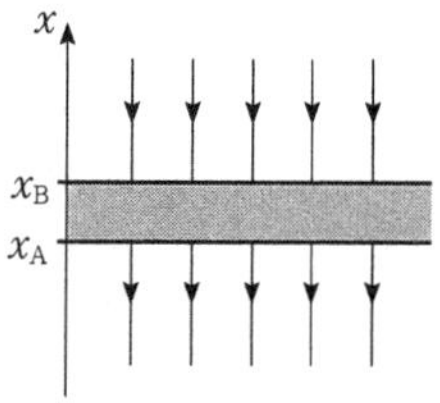

問 3. 空欄 [3] を埋めるのにふさわしいものを，次の共通解答群から1つ選べ。

問 4. 空欄 [4] を埋めるのにふさわしいものを，次の共通解答群から1つ選べ。

問 5. 空欄 [5] を埋めるのにふさわしいものを，次の共通解答群から1つ選べ。

問 6. 空欄 [6] を埋めるのにふさわしいものを，次の共通解答群から1つ選べ。

共通解答群

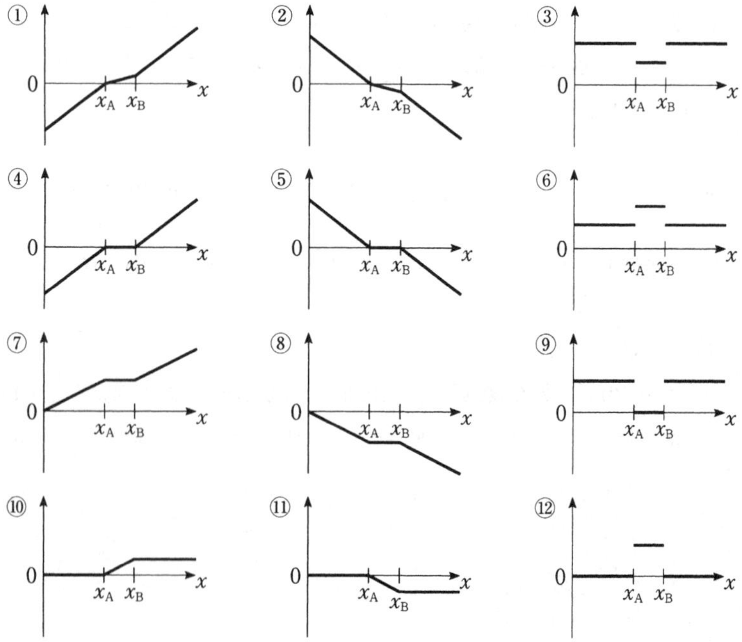

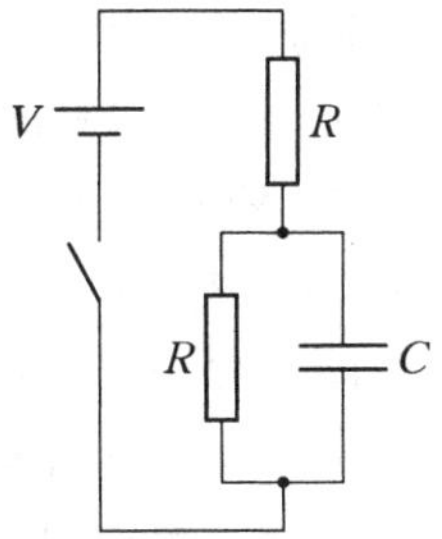

C　抵抗値 R の 2 つの抵抗，電荷が蓄えられていない電気容量 C のコンデンサー，内部抵抗が無視できる起電力 V の電池とスイッチを用いて，図のような回路を組む。スイッチを閉じた瞬間に回路を流れる電流の大きさは [7] となり，十分に時間が経過した後に回路を流れる電流の大きさは [8] となる。また，十分に時間が経過した後に回路で消費される電力は [9] であり，コンデンサーに蓄えられる静電エネルギーは [10] となる。

問 7.　空欄 [7] を埋めるのにふさわしいものを，次の共通解答群から 1 つ選べ。

問 8.　空欄 [8] を埋めるのにふさわしいものを，次の共通解答群から 1 つ選べ。

問 9.　空欄 [9] を埋めるのにふさわしいものを，次の共通解答群から 1 つ選べ。

共通解答群

① $\frac{1}{2}RV$　② RV　③ $2RV$　④ $\frac{1}{2}RV^2$　⑤ RV^2　⑥ $2RV^2$

⑦ $\frac{V^2}{2R}$　⑧ $\frac{V^2}{R}$　⑨ $\frac{2V^2}{R}$　⑩ $\frac{V}{2R}$　⑪ $\frac{V}{R}$　⑫ $\frac{2V}{R}$

問10.　空欄 [10] を埋めるのにふさわしいものを，次の解答群から 1 つ選べ。

① $\frac{1}{8}CV$　② $\frac{1}{4}CV$　③ $\frac{1}{2}CV$　④ $\frac{1}{8}CV^2$　⑤ $\frac{1}{4}CV^2$　⑥ $\frac{1}{2}CV^2$

⑦ $\frac{1}{8}C^2V$　⑧ $\frac{1}{4}C^2V$　⑨ $\frac{1}{2}C^2V$　⑩ $\frac{V}{8C}$　⑪ $\frac{V}{4C}$　⑫ $\frac{V}{2C}$

D　図のように，長さ d の 2 つの透明容器，間隔 s の複スリットおよびスクリーンを空気中に配置した。今，空気中での波長が λ の

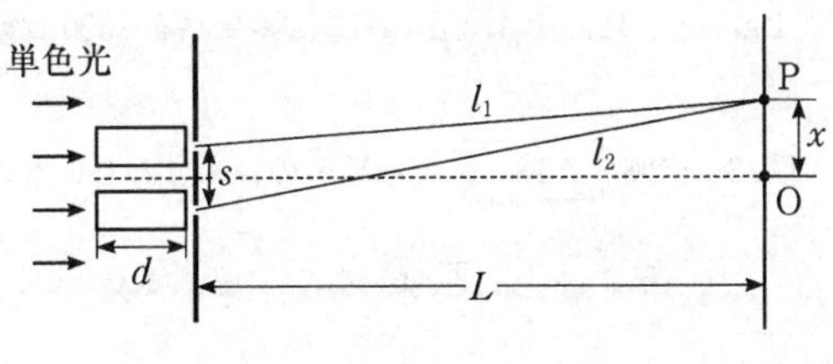

平面波と見なせる単色光を左から照射すると，複スリットから距離 L だけ離れたスクリーン上に明暗の縞模様が生じた。初め，2つの容器を周囲と同じ空気で満たすと，明線となる中央Oから [11] だけ離れた位置Pに最初の暗線が現れる。ここで，2つのスリットからPまでの距離 l_1，l_2 に対して，OP間の距離 x との間には $|l_1-l_2|=\dfrac{sx}{L}$ が成り立つとした。次に，下の容器を真空にして，同様の実験を行うと，空気の屈折率が n のとき，光路長が真空では $\dfrac{1}{n}$ 倍となることを考慮すると，この暗線の位置は [12] だけ上に移動する。ここで，単色光の波面，複スリット，スクリーンは互いに平行であった。

問11．空欄 [11] を埋めるのにふさわしいものを，次の解答群から１つ選べ。

① $\dfrac{L\lambda}{2s}$　② $\dfrac{L\lambda}{s}$　③ $\dfrac{3L\lambda}{2s}$　④ $\dfrac{2L\lambda}{s}$　⑤ $\dfrac{5L\lambda}{2s}$　⑥ $\dfrac{3L\lambda}{s}$

問12．空欄 [12] を埋めるのにふさわしいものを，次の解答群から１つ選べ。

① $\dfrac{dL}{s\lambda}$　② $\dfrac{ndL}{s\lambda}$　③ $\dfrac{dL}{ns\lambda}$　④ $\dfrac{(n-1)dL}{s\lambda}$　⑤ $\dfrac{dL}{(n-1)s\lambda}$　⑥ $\dfrac{(n-1)dL}{ns\lambda}$

⑦ $\dfrac{dL}{s}$　⑧ $\dfrac{ndL}{s}$　⑨ $\dfrac{dL}{ns}$　⑩ $\dfrac{(n-1)dL}{s}$　⑪ $\dfrac{dL}{(n-1)s}$　⑫ $\dfrac{(n-1)dL}{ns}$

E　容器に水が入っており，この水に1s当たり一定の熱量を与え続けたところ，図のように，水の体積は時刻1000sまでは変化せず，その後は直線的に減少した。このことから，水に与えた熱量は1s当たり [13] Jであり，時刻0sにおける水の温度は [14] ℃であることがわかる。ここで，水の沸点を100℃，密度を1 g/cm^3，比熱を4.2 J/(g·K)，蒸発熱を2300 J/gとした。

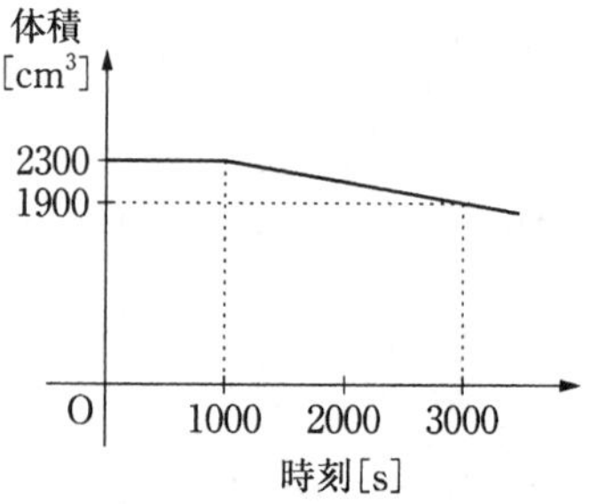

問13．空欄 [13] を埋めるのにふさわしいものを，次の解答群から１つ選べ。

① 0.2　② 0.84　③ 1.0　④ 1.2　⑤ 9.7

⑥　100　　⑦　230　　⑧　460　　⑨　480　　⑩　2300

問14.　空欄 [14] を埋めるのにふさわしいものを，次の解答群から１つ選べ。

①　0　　②　5　　③　16　　④　25　　⑤　34　　⑥　43
⑦　52　　⑧　61　　⑨　70　　⑩　89　　⑪　98　　⑫　100

F　図のように，質量がそれぞれ $2m$，$3m$ の小物体A，Bを軽くて伸びない糸でつなぎ，Aを斜面に置いて手で止め，糸をなめらかに回る軽い定滑車に通してBをつるすと，Bは床からの高さ h で静止した。その後，手をはなすと，Aは斜面を静かにすべり出し，Bは降下した後，床に衝突し，衝突直前の半分の速さで鉛直上方にはね返った。斜面はなめらかで水平面との傾きは30°，Aと滑車との間の糸は斜面に平行であり，重力加速度の大きさを g として，次の問いに答えよ。

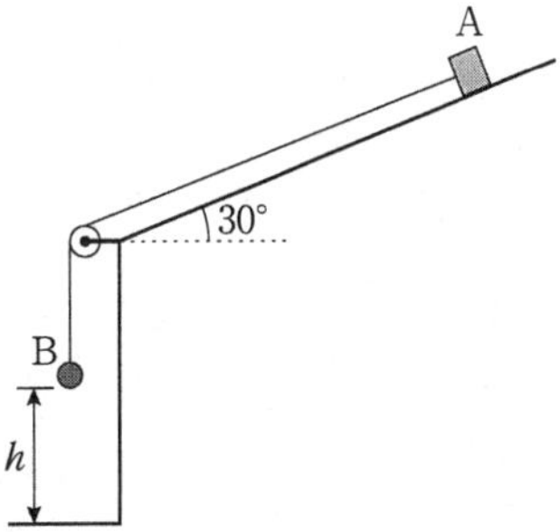

問15.　Aがすべりおりるとき，斜面から受ける垂直抗力の大きさは mg の何倍か。答えを次の共通解答群から１つ選べ。

問16.　Bが床に衝突する前の糸の張力の大きさは mg の何倍か。答えを次の共通解答群から１つ選べ。

問17.　衝突によるBの力学的エネルギーの変化の大きさは mgh の何倍か。答えを次の共通解答群から１つ選べ。

問18.　衝突後，Bが最高点に到達するまでにAがすべりおりる距離は h の何倍か。答えを次の共通解答群から１つ選べ。

共通解答群

① $\frac{1}{3}$　② $\frac{1}{2}$　③ $\frac{\sqrt{3}}{3}$　④ $\frac{3}{10}$　⑤ $\frac{7}{10}$　⑥ $\frac{9}{10}$

⑦ $\frac{3}{5}$　⑧ $\frac{7}{5}$　⑨ $\frac{9}{5}$　⑩ $\frac{\sqrt{3}}{2}$　⑪ $\sqrt{3}$　⑫ 3

化学

（60分）

解答はマーク式解答です。番号の中から適当な答えを選んで，それぞれ所定の記入欄にマークしなさい。また，問題文中の体積の単位記号Lは，リットルを表します。

必要であれば，定数および原子量は問題中に指示がある場合をのぞき，次の値を用いなさい。

アボガドロ定数　$N_A = 6.02 \times 10^{23}$/mol

標準大気圧　1 atm = 1.013×10^5 Pa = 1013 hPa

気体定数　$R = 8.31 \times 10^3$ Pa·L/(K·mol) = 8.31 Pa·m^3/(K·mol)

= 8.31 J/(K·mol)

圧力の単位に atm，体積の単位に L を用いると，

R = 0.0820 atm·L/(K·mol)

ファラデー定数　$F = 9.65 \times 10^4$ C/mol

原子量　H = 1.0，C = 12，N = 14，O = 16，S = 32，Cu = 63.5，

I = 127

問 1. 同位体に関する次の記述(a)～(d)のうち，誤りであるものの記号だけをすべて記載してあるのは，下の①～⑩のうちどれか。

(a) 同一元素の原子で，中性子の数が異なる原子どうしを，互いに同位体という。

(b) 同位体どうしは，質量が異なるだけで化学的性質はほぼ同じである。

(c) 同位体は天然のすべての元素に存在し，各元素の同位体の存在比は地球上でほぼ一定である。

(d) 放射線を放出する同位体を，放射性同位体という。放射性同位体は，がんの診断と治療や，年代測定などに利用されている。

① a　② a，b

③ a，c　④ a，d

⑤ b　⑥ b，c

⑦ b，d　⑧ c

⑨ c，d　⑩ d

問 2. 濃度未知の酢酸水溶液 10 mL を蒸留水で希釈して 50 mL とし，その 25 mL を，0.050 mol/L の水酸化ナトリウム水溶液で滴定したところ，中和点に達するのに水酸化ナトリウム水溶液 10 mL を要した。この中和滴定で用いる指示薬としては，フェノールフタレインとメチルオレンジのどちらがより適切か。また，この濃度未知の酢酸水溶液の濃度(mol/L)はいくらか。適切な指示薬と，最も近い濃度の値の組み合わせとして正しいものは，次の①～⑩のうちどれか。

① フェノールフタレイン，0.010　② フェノールフタレイン，0.020

③ フェノールフタレイン，0.050　④ フェノールフタレイン，0.10

⑤ フェノールフタレイン，0.20　⑥ メチルオレンジ，0.010

⑦ メチルオレンジ，0.020　⑧ メチルオレンジ，0.050

⑨ メチルオレンジ，0.10　⑩ メチルオレンジ，0.20

問 3. 次の化合物(a)～(e)のうち，水と反応して酸を生成するものの記号だけをすべて記載してあるのは，下の①～⑩のうちどれか。

(a)　NO_2　　(b)　CaO　　(c)　SO_3　　(d)　P_4O_{10}　　(e)　Na_2O

①　a，c　②　a，c，d　③　a，d，e　④　a，e　⑤　b，d

⑥　b，e　⑦　b，d，e　⑧　c，d　⑨　c，e　⑩　c，d，e

問 4. 理想気体に関する次の記述(a)，(b)の内容を最もよく表しているグラフを(ア)〜(エ)から選ぶと，それらの組み合わせとして正しいものは，下の①〜⑫のうちどれか。ただし，グラフの x 軸と y 軸は等間隔目盛りとする。

(a)　一定質量の気体について，体積 V を変えず，圧力 P と絶対温度 T を変化させたとき，x 軸を T，y 軸を P として表示したグラフ。

(b)　一定質量の気体について，絶対温度 T，圧力 P，体積 V を変化させたとき，x 軸を P，y 軸を $PV/(RT)$ として表示したグラフ。ただし，R は気体定数である。

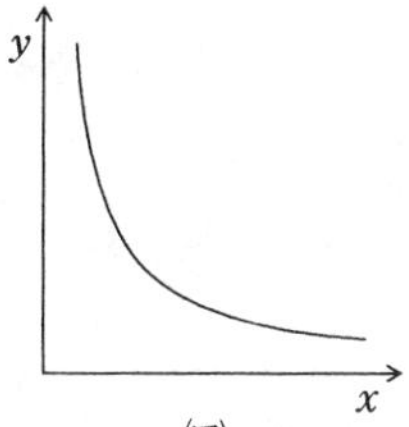

(ア)

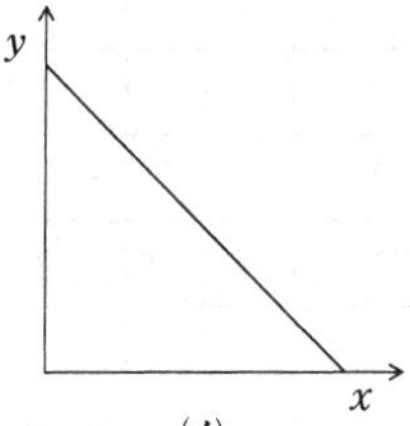

(イ)

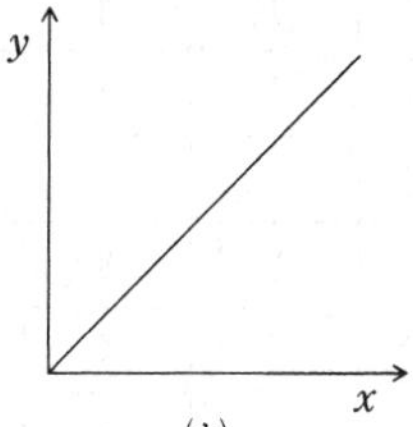

(ウ)

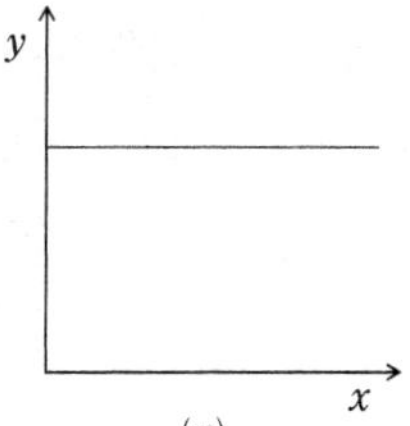

(エ)

①　a：ア，b：イ　　②　a：ア，b：ウ

③　a：ア，b：エ　　④　a：イ，b：ア

⑤　a：イ，b：ウ　　⑥　a：イ，b：エ

⑦　a：ウ，b：ア　　⑧　a：ウ，b：イ

⑨　a：ウ，b：エ　　⑩　a：エ，b：ア

⑪　a：エ，b：イ　　⑫　a：エ，b：ウ

問 5. 水 400 g に塩化ナトリウム NaCl を 5.85 g 溶かした水溶液の凝固点(℃)はいくらか。最も近い数値は，次の①〜⑫のうちどれか。ただし，NaCl の式量は 58.5，水の凝固点は 0 ℃，水のモル凝固点降下は 1.85 K·kg/mol とし，水溶液中では塩化ナトリウムはすべて電離するものとする。

① 0.43　② 0.46　③ 0.49　④ 0.90　⑤ 0.93　⑥ 0.96
⑦ −0.43　⑧ −0.46　⑨ −0.49　⑩ −0.90　⑪ −0.93　⑫ −0.96

問 6. 次の熱化学方程式(a)〜(e)に示されている熱量は，(1)燃焼熱，(2)生成熱，(3)中和熱，(4)溶解熱のいずれに相当するか。正しいものは，下の①〜⑫のうちどれか。

(a)　C_3H_8(気) + $5O_2$(気) = $3CO_2$(気) + $4H_2O$(液) + 2220 kJ

(b)　NaCl(固) + aq = NaCl aq − 3.9 kJ

(c)　HCl aq + NaOH aq = NaCl aq + H_2O(液) + 56.5 kJ

(d)　$2H_2$(気) + C(黒鉛) = CH_4(気) + 75 kJ

(e)　CO(気) + 1/2 O_2(気) = CO_2(気) + 283 kJ

	(a)	(b)	(c)	(d)	(e)
①	1	3	2	4	2
②	1	4	1	2	3
③	1	4	3	2	1
④	2	1	4	3	4
⑤	2	3	1	4	2
⑥	2	4	4	1	3
⑦	3	1	3	2	4
⑧	3	2	4	4	1
⑨	3	3	4	1	2
⑩	4	1	3	2	1
⑪	4	2	1	3	3
⑫	4	2	3	2	4

問 7. 白金電極を用いて，硫酸銅(Ⅱ)水溶液を電気分解したところ，一方の電極の質量が 5.08 g 増加し，もう一方の電極からは気体が発生した。発生した気体の標準状態における体積(mL)はいくらか。最も近い数値は，次の①〜⑧のうちどれか。ただし，原子量は Cu = 63.5 とする。

① 112　② 224　③ 448　④ 672

⑤ 896　⑥ 1.34×10^3　⑦ 1.79×10^3　⑧ 3.58×10^3

問 8. 赤熱したコークス(炭素)と二酸化炭素を反応させると，一酸化炭素が生じて次の式で示される平衡状態になる。

$$\mathrm{C(固) + CO_2(気) \rightleftarrows 2CO(気)}$$

いま，容積 100 L の密閉容器に，1.00 mol の赤熱したコークスと 1.00 mol の二酸化炭素を入れて一定の温度に保った。平衡状態に達したとき，コークスは 0.200 mol 残っていた。このときの平衡定数 K(mol/L)はいくらか。最も近い数値は，次の①～⑧のうちどれか。

① 3.20×10^{-2}　② 1.28×10^{-1}　③ 3.58×10^{-1}　④ 4.00

⑤ 8.00　⑥ 40.0　⑦ 1.28×10^2　⑧ 4.00×10^3

問 9. 炭素およびその化合物に関する次の記述(a)～(e)の正誤の組み合わせとして正しいものは，下の①～⑩のうちどれか。

(a) 炭素は周期表の 14 族に属する遷移元素で，原子は 4 個の価電子をもつ。

(b) 一酸化炭素は，実験室ではギ酸に濃硫酸を加えて加熱すると得られる。

(c) 炭素の単体には，ダイヤモンド，フラーレン，グラファイトなどの同素体が存在する。

(d) 一酸化炭素を水酸化カルシウムの水溶液に通すと，白色の沈殿物が生じる。

(e) 二酸化炭素は，実験室では石灰石に希塩酸を加えて発生させる。

	(a)	(b)	(c)	(d)	(e)
①	正	正	正	正	正
②	正	正	正	正	誤
③	正	正	正	誤	誤
④	正	正	誤	誤	誤
⑤	正	誤	誤	誤	誤
⑥	誤	正	正	正	誤
⑦	誤	正	正	誤	正
⑧	誤	正	正	誤	誤
⑨	誤	誤	正	正	誤
⑩	誤	誤	誤	誤	正

問10. アルミニウムや鉄などいくつかの金属は，濃硝酸の中に入れると不動態と呼ばれる状態になり，溶けない。不動態に関する次の記述①～⑤のうち，正しいものはどれか。

① 金属の表面が硝酸分子で覆われて，金属内部が保護される。
② 金属の表面が水素分子で覆われて，金属内部が保護される。
③ 金属の表面が二酸化窒素分子で覆われて，金属内部が保護される。
④ 金属の表面にち密な酸化物の被膜ができて，金属内部が保護される。
⑤ 金属の表面にち密な硝酸塩の被膜ができて，金属内部が保護される。

問11. 次の記述①～⑥のうち，誤りであるものはどれか。

① 青銅(ブロンズ)は銅とスズの合金であり，さびにくく硬い性質をもち，銅像などの美術工芸品に利用されている。
② 鉄に亜鉛をめっきしたものがブリキであり，鉄にスズをめっきしたものがトタンである。
③ セメント(ポルトランドセメント)は，水を加えると硬化する無機材料であり，石灰石や粘土などからなる原料を高温に加熱したのち，少量のセッコウを

加えて再粉砕してつくられる。

④　窓ガラスや瓶などに用いられているソーダ石灰ガラスは，原子の配列に規則性がない非晶質(アモルファス)である。

⑤　酸化アルミニウム，ヒドロキシアパタイト，窒化ケイ素などの高純度の原料を用いて，精密につくられたものはファインセラミックスと呼ばれ，電子材料，生体材料，耐熱材料などに用いられている。

⑥　チタンの酸化物である酸化チタン(IV) TiO_2 は，おもに白色顔料として，また光触媒として用いられている。

問12. 次の有機化合物①～⑥のうち，それらを完全に燃焼させたときに生じる二酸化炭素の物質量が，生成する水の物質量の1.6倍であるものはどれか。

①　CH_3CHO　　②　CH_3COCH_3　　③　$C_{15}H_{31}COOH$

④　$C_6H_4(CH_3)_2$　　⑤　$C_{14}H_{10}$　　⑥　$(CH_3CO)_2O$

問13. 分子式 C_4H_8 で示される炭化水素のすべての異性体(立体異性体を含む)は［(ア)］種類あり，その中で二重結合をもつものは［(イ)］種類ある。空欄(ア)と(イ)に当てはまる最も適切な数の組み合わせとして正しいものは，次の①～⑫のうちどれか。

	(ア)	(イ)
①	4	1
②	4	2
③	4	3
④	5	2
⑤	5	3
⑥	5	4
⑦	6	2
⑧	6	3
⑨	6	4
⑩	7	3
⑪	7	4
⑫	7	5

問14. 構成脂肪酸がオレイン酸 $C_{17}H_{33}COOH$ のみである油脂 100 g に付加するヨウ素の質量(g)として最も近い数値は，次の①～⑫のうちどれか。ただし，原子量は I = 127 とする。

① 13　② 26　③ 29　④ 40　⑤ 41　⑥ 57
⑦ 83　⑧ 86　⑨ 90　⑩ 124　⑪ 180　⑫ 270

問15. 次の(a)～(d)はベンゼン環の水素原子 1 個をある原子団(基)で置換した化合物である。これらの化合物と，ベンゼン環の水素原子を置換した原子団(基)の組み合わせとして正しいものは，下の①～⑫のうちどれか。

(a) スチレン　(b) トルエン　(c) 安息香酸　(d) アニリン

	(a)	(b)	(c)	(d)
①	メチル基	ビニル基	カルボキシ基	アミノ基
②	メチル基	ビニル基	カルボキシ基	ヒドロキシ基
③	メチル基	ヒドロキシ基	ビニル基	アミノ基
④	メチル基	ヒドロキシ基	ビニル基	カルボキシ基
⑤	ビニル基	カルボキシ基	メチル基	アミノ基
⑥	ビニル基	カルボキシ基	メチル基	ヒドロキシ基
⑦	ビニル基	メチル基	カルボキシ基	アミノ基
⑧	ビニル基	メチル基	カルボキシ基	ヒドロキシ基
⑨	ヒドロキシ基	アミノ基	メチル基	カルボキシ基
⑩	ヒドロキシ基	アミノ基	メチル基	ビニル基
⑪	ヒドロキシ基	ビニル基	アミノ基	カルボキシ基
⑫	ヒドロキシ基	ビニル基	アミノ基	メチル基

d　捕鯨がなくなっても影響を受けない地域もあるが、捕鯨が認められなくなることで住民の多くが生活に困るようになる地域も同じ日本国内に存在するという認識。

問7　傍線部(E)「たとえば、日本には、昆虫食の文化を持つ地域がある、同様に、豚足を食する地域がある、それらと同列に鯨食する地域があるという姿勢で良いのではないだろうか」とあるが、どういうことか。もっとも適当なものをa～dから一つ選びなさい。解答番号は 29 。

a　昆虫食や豚足を食べることが文化として認められている以上、鯨食もそれらと同列の文化として認められるべきだということ。

b　ある食材について食べる地域と食べない地域とがあるというだけの話を、日本の文化がどうこうというような話にする必要はないのではないかということ。

c　鯨食を日本の文化として認めるとしても、日本の各地域に存在する別の食文化が否定されることはないし、また否定する必要もないということ。

d　鯨食は日本国内の全ての地域において一般的だというわけではないが、それは鯨食を日本の文化の一つとして認めない理由にはならないということ。

問8　空欄(F)に入れるのにもっとも適当なものをa～dから一つ選びなさい。解答番号は 30 。

a　伝統の確かさ　b　文化の深さ　c　歴史の重み　d　地域の豊かさ

問5 傍線部(C)「通常の商業捕鯨とも、先住民生存捕鯨とも異なる捕鯨」とあるが、どのような点が異なるのか。もっとも適当なものをa～dから一つ選びなさい。解答番号は 27 。

a 商業捕鯨は捕った鯨類の肉を売り、先住民生存捕鯨では肉だけでなくその他の部位も利用するのに対し、肉は非商業的な方法で分配し他の重要でない部位は販売するという点。

b 商業捕鯨は企業が大規模に捕鯨を行い、先住民生存捕鯨は個人で小規模の捕鯨を行うのに対し、地域で助け合うことで規模の大きな捕鯨を行うという点。

c 商業捕鯨が世界各地の捕鯨が認められた海域を漁場とし、先住民生存捕鯨が地域の沿岸部を漁場とするのに対し、遠洋から沿岸部に鯨類を追い込むという独自の捕鯨方法をとる点。

d 商業捕鯨では捕れた鯨肉を売り、先住民生存捕鯨では捕った自分たちで食べるのに対し、売らずに配るという形で地域内に鯨肉を流通させ消費する仕組みが伝統的にあるという点。

問6 傍線部(D)「この認識」とはどのような認識か。もっとも適当なものをa～dから一つ選びなさい。解答番号は 28 。

a 鯨を捕って食べるということに対する考え方は人それぞれであり、日本人だからといって捕鯨や鯨食に対してみな同じように考えるわけではないという認識。

b イルカや鯨は日本の沿岸のどこにでもいるわけではないし、日本人の全てが沿岸部に暮らしているわけでもないので、捕鯨を身近に感じたり鯨肉を食べたりしたことのない日本人も当然いるという認識。

c 地域によって鯨との関わり方が異なる以上、鯨を捕って食べるということに対する捉え方は、同じ日本国内でも地域によってまったく異なるものになるという認識。

② 総　意　24

a　全員の一致した考え

b　内容をおおまかにまとめたもの

c　集団内に共通する傾向

d　寄せられた意見を全てまとめたもの

問3　空欄(A)に入れるのにもっとも適当なものを、a～dから一つ選びなさい。解答番号は 25 。

a　生きものだからだろう

b　生きものだからではない

c　他の生きものだからだろう

d　他の生きものだからではない

問4　傍線部(B)「先住民生存捕鯨」についての説明に合致するものをa～dから一つ選びなさい。解答番号は 26 。

a　先住民生存捕鯨は、その地域で古くから鯨を捕って暮らしてきた人々の生活を守るという目的で、例外的に認められた捕鯨である。

b　先住民の生活保護とは、先住民がその伝統的な生活様式・文化を保ちながらその地で暮らし続けられるようにすることであり、それゆえに、伝統的な様式の捕鯨や鯨類の利用方法を伝える先住民生存捕鯨が認められている。

c　先住民生存捕鯨は古くから継続的に行われてきた捕鯨であるから、そのために特定の種類の鯨類を絶滅に追い込んだり、資源としての利用が見込めなくなるほど数を減少させたりする心配はないとされる。

d　先住民生存捕鯨が認められているのは、グリーンランドとカリブ海の一部の国のみである。

の免許制。なお、日本の捕鯨は、本注および注1以外に、南極海で国が行う調査捕鯨がある。調査捕鯨により捕獲された鯨類の肉は商業流通する。（本文時点）

問1　空欄(1)(2)に入れるのにもっとも適当なものを、a～dからそれぞれ一つ選びなさい。解答番号は［21］［22］。

(1)［21］　a　俎上《そじょう》の魚　b　風前の灯《ともしび》　c　背水の陣　d　風前の塵《ちり》

(2)［22］　a　思惑　b　深慮　c　計画　d　配慮

問2　傍線部①②の意味としてもっとも適当なものを、a～dからそれぞれ一つ選びなさい。解答番号は［23］［24］。

①　逸脱［23］

a　ルールに違反すること
b　普通の状態でなくなること
c　本来の意味や目的から外れること
d　重要なことを抜かしてしまうこと

とが無理なのだ。(E)たとえば、日本には、昆虫食の文化を持つ地域がある、同様に、豚足を食する地域がある、それらと同列に鯨食する地域があるという姿勢で良いのではないだろうか。

日本は決して均一な文化ではない。冠婚葬祭、衣食住、あるいはゴミの捨て方ひとつとっても地域性がある（太地には、「もえるゴミ」等と並んで「貝類」という分類がある！）。引っ越し先の新居で、あるいは配偶者の実家で、文化的な違いを実感したことがない人は少数ではないか。

コトバにこだわると、「日本には捕鯨文化がある」と「捕鯨は日本文化である」との違いは大きい。たとえると、「飲酒は日本の文化」というのと、「日本には飲酒の文化がある」の違いだ。前者は、飲酒が日本に特徴的な文化であるとし、後者は、飲酒は多くの国でその文化があり日本にもあるというニュアンスだ。捕鯨についても同様に、多くの国に捕鯨をする文化があり、日本にもある。これが正しい。「捕鯨は日本の文化」とするのは、捕鯨は日本を代表する文化、あるいは日本固有の文化としたい（　(2)　）があるように感じる。

捕鯨そのものに私は賛成だ。ただし、捕鯨する場は近場がよい、日本沿岸だ。地産地消の精神でもよい。もし消費が増え、供給が追い付かなくなったら、沿岸では足りなければ遠洋、そして南極海へ行けばよい。捕鯨の発達はそうしたものだったはずだ。沿岸で、きちんとした資源管理の上、堂々と商業捕鯨を展開すべきである。

繰り返す。日本には捕鯨文化がある。日本の捕鯨文化は地域ごとに多様であり、それが　(F)　を表している。

（関口雄祐『イルカを食べちゃダメですか？　科学者の追い込み漁体験記』）

注1　追い込み漁　県知事許可漁業である「いるか漁業」のひとつ。静岡県と和歌山県が許可を出している。

注2　沿岸小型捕鯨　日本沿岸を漁場とする正統の商業捕鯨で、本州と北海道の数カ所を捕鯨基地にして行われている。国

わない、非商業的分配が主流であることは第2章で述べた。これは、追い込み漁[注1]の捕獲物でも、沿岸小型捕鯨[注2]の捕獲物でも同様で、地域的な特性と考えてよい。捕鯨モラトリアム以降、太地を含め日本中で鯨肉の供給量が減り、その結果、太地でも鯨肉の供給量・流通量は減っている。「太地でさえ捕鯨文化は（　(1)　）だ」などとささやかれることもある。実際に1人当たりの消費量は減っているだろう。しかし、非商業的な分配に重きが置かれ、そしてその仕組みが今なお残っていることは、そのまま文化の根の深さを物語るものだ。

(C)通常の商業捕鯨とも、先住民生存捕鯨とも異なる捕鯨の存在は、それ自体が、日本の捕鯨文化の多様性を表している。特に太地に関しては、沿岸小型捕鯨のみが地域の捕鯨文化を表しているわけではなく、イルカ追い込み漁などと相まって形成されている。本来、先住民生存捕鯨は、地域を考える仕組みであり、沿岸小型捕鯨という捕鯨の一タイプについて評価するべきではなかったのだ。

文化とは、固定されたものではなく、変化していくものだ。現在の追い込み漁が40年ほどの歴史しかないとか、沿岸小型捕鯨が捕鯨砲という近代的な装備で捕鯨を用いるとか、そういった特徴は、時代の変化に合わせた文化の変化であり、一連の捕鯨文化からは決して①逸脱したものではない。

「先住民生存捕鯨」のみならず、イルカ漁を含めた捕鯨は、すべてその必要性、すなわち食べるための手段として始まったはずである。現在もこれに関わる漁師たちにとっては、生計を立てるための手段であることに変わりはない。イルカがいるからイルカ漁ができて、鯨がいるから捕鯨が発達する。鯨に対する関わりの深さ、つまり捕鯨文化あるいは鯨食文化になじんでいるかどうかは、日本の国内にも大きな地域差がある。日本人どうしでも、(D)この認識が薄いがために混乱を招く。

捕鯨に強く関わってきた地域があり、別の地域では年に数回の鯨肉の食文化があり、あるいはまったく鯨に関わることのなかった地域がある。これが文化の多様性だ。各個人の背負う文化が異なる以上、「日本の文化」を②総意として表そうとするこ

二

次の文章は、和歌山県太地《たいじ》町の捕鯨文化に関連して書かれたものである。同地では、「追い込み漁」および「沿岸小型捕鯨」により、イルカやクジラの仲間が捕獲されている。文章を読んで、問いに答えなさい。

今の時代にイルカやクジラを捕って食べることはおかしいのだろうか。人は、いや、生きものは、何かを食べて生きていかねばならない。その何かは往々にして、他の生きものである。だとすれば、鯨を食べることに批判が上がることは、［　(A)　］。野生動物だから問題になるのだろうか？

ＩＷＣ（国際捕鯨委員会）は、加盟国における捕鯨を管理し、商業捕鯨は一時停止状態（モラトリアム）であるが、例外的に(B)〝先住民生存捕鯨〟が世界の数ヶ所で認められている。これは、「地域に密着した伝統で生存に直接必要な捕鯨」とされるもので、ＩＷＣ的思考としては珍しく、人の生活に視点を置いた措置で、その意味で評価できる。

たとえば、ベーリング海～チュクチ海（チュコト海）～ボーフォート海海域のホッキョククジラについて、２００８～２０１２年までの間に280頭（1年平均で56頭）捕獲できる（1年間での銛《もり》打ちは67回を超えないこと）とする先住民生存捕鯨捕獲枠がコンセンサス（無投票による全体合意）で設定された。この海域におけるホッキョククジラの生息数は８０００～１万頭と考えられている。この、年平均56頭の捕獲は、最低資源量８０００頭の０・７％に当たり、ホッキョククジラの自然増加率は約３％と考えられているので、資源の利用として問題ないとされる。

先住民生存捕鯨は、他にもグリーンランドとカリブ海の一部の国で認められている。これらは先住民の生活保護のため例外的に認められたとされているが、先住民生存捕鯨だからといって、なにもかも伝統的な様式を保っているわけではない。船も、用具も、処理も、流通も現在様式にまったく関わることなく行うことはできない。

先住民生存捕鯨の必要要素に、鯨肉を商業流通させていないことが挙げられる。太地では、鯨肉はもらうもので基本的に買

問8　傍線部(E)「その実例」とはどのようなものか。**適当でない**ものをa〜dから一つ選びなさい。解答番号は 19 。

a　高評価を得るだろう最先端のテクノロジーアートやサイエンスアートやバイオアート。
b　美術の専門教育を受けなかったため、思い通りにアートの流れを変えることができたバスキア。
c　デジタル時代のアートを作り、アートシーンから幅広く高い評価を受けたビープル。
d　社会問題をアートで表現することによって、たいへん注目を浴びたバンクシー。

問9　傍線部(F)「もしかしたら重要なのは『解決』ではなく、『問題』の中にある『問い』なのかもしれません」とあるが、その理由として**適当でない**ものを、a〜dから一つ選びなさい。解答番号は 20 。

a　「問い」はそれまでの社会の常識をひっくり返す要素を含んでいるので、「問題」が「問題」でなくなるから。
b　「問い」は未来への新しい価値や考え方の提案であり、「解決」以上に社会の「仕組み」を変え得るから。
c　社会にとって重要であるイノベーションは、「問い」からおのずと生み出された「解決」であるから。
d　多くの人の心を揺さぶる「問い」は、時代を画す製品やサービス、出来事などにおのずと結び付くから。

a　カセットテープという小型の磁気テープを使うことで、これまでになかった音色を聴けるようになったこと。

b　小型の磁気テープを使った機械により、記録された楽曲に編集を加えながら再生できるようになったこと。

c　携帯型の持ち運びできる音楽プレーヤーを使うことで、若者のストリート文化を可能にしたこと。

d　ヘッドフォンを用いた再生装置により、部屋の中だけでなく外でも音楽を楽しめるようになったこと。

問6　傍線部(C)「それまでにないやり方」とはどのようなものか。もっとも適当なものをa～dから一つ選びなさい。解答番号は［17］。

a　バスキアの作品の価値を大きく上げるために、バスキア作品を次々と高値で落札するというやり方。

b　バスキアのアートを誰もが目にすることができるように、バスキア作品を美術館の外に持ち出すというやり方。

c　バスキア作品に関心のある人が広くアプローチできるように、自分自身のオンラインストアで扱うというやり方。

d　相場を知るアート関係者を広く驚かせるために、オークション経由で大量に買い入れるというやり方。

問7　傍線部(D)「『仕組み』」の説明として**適当でない**ものを、a～dから一つ選びなさい。解答番号は［18］。

a　アートの世界において、ビジネスの世界におけるよりも先に革新されるように思われる。

b　時代の変化にともなって、つねに新しい変化が求められる。

c　革新することが重要で、誰がいつ革新するかは社会に影響を与えるものではない。

d　アートの分野もビジネスの分野も、その革新により高評価を得ることができる。

(2)　a　例えば　b　見方を変えれば　c　かろうじて　d　論理的には

[11]

(3)　a　したがって　b　おそらく　c　さながら　d　ただ

[12]

(4)　a　いかにも　b　意外にも　c　なおさら　d　結果的に

[13]

(5)　a　雑談　b　放談　c　破談　d　余談

[14]

問4　傍線部(A)「アートシーンの最先端を走る」とはどのようなことか。もっとも適当なものをa～dから一つ選びなさい。解答番号は [15] 。

a　若者に人気の作品を作り、それを最高の値段で落札されること。

b　アートにおいて、最も新しい時代を感じさせる作品を作り出すこと。

c　出費を惜しまず、前代未聞の大作を完成させること。

d　アーティストとして、最高レベルの教育を受けること。

問5　傍線部(B)「機械と人間の関係を大きく変える」とはどのようなことか。もっとも適当なものをa～dから一つ選びなさい。解答番号は [16] 。

② 思案する [7]

a どうしたものかと、あれこれ考えをめぐらすこと
b 安心するために、あきらめずに努力すること
c 少しでも良くなるように、試行錯誤すること
d 周りの人たちに、幅広く相談を持ちかけること

③ 具体的 [8]

a 否定される可能性のない確実な様子
b 変更する必要のない適当な様子
c はっきりとした実体を備えている様子
d 誰にも受け入れられそうな望ましい様子

④ 高騰 [9]

a 予告なく、物が大量に生産されること
b 予想外に、多くの買い手があらわれること
c 突然、思いもよらぬ高評価を受けること
d 物の値段などが、ひどく上がること

問3 空欄(1)～(5)に入れるのにもっとも適当なものを、a～dからそれぞれ一つ選びなさい。解答番号は [10] ～ [14]。

(1) [10]
a いわゆる　b たとえるなら　c さながら　d あくまでも

(エ)　コウ入　[4]

a　集中コウ義
b　定期コウ読
c　コウ果
d　コウ錯

(オ)　対ショウ　[5]

a　ショウ撃
b　ショウ徴
c　鑑ショウ
d　人ショウ代名詞

問2　傍線部①～④の意味としてもっとも適当なものを、a～dからそれぞれ一つ選びなさい（①②は基本形で示している）。
解答番号は [6] ～ [9] 。

①　意図する　[6]

a　細心の注意を払うこと
b　意識して何かをしようとすること
c　わかりやすく図示すること
d　調子に乗って物事を進めること

問1　傍線部(ア)〜(オ)を漢字で書いたときと同じ漢字を含むものをa〜dからそれぞれ一つ選びなさい。解答番号は[1]〜[5]。

(ア)　オク内　[1]

a　オク底
b　オク病
c　家オク
d　一オク円

(イ)　ガイ路　[2]

a　弾ガイ裁判
b　語学ガイ論
c　ガイ虫
d　ガイ灯

(ウ)　待ボウ　[3]

a　有ボウ
b　参ボウ
c　脱ボウ
d　ボウ御

すが、アートの場合は、作品や制作手法にもよりますが、短時間で作ることが可能です。

例えば、バスキアがアートシーンに現れたとき、ソニーのウォークマンが後にヒットしました。バンクシーが社会の注目を浴びたときは、アップルのiPhoneが後にヒットしました。それでは、ビープルがアート界の最高値を付けた今はどうでしょうか。もしかしたらその作品に対応するような製品がやがて現れて、世界的にヒットするかもしれません。また、今後はテクノロジーアート、サイエンスアート、バイオアートが高い評価を得るようになると私は思っていますが、もしそうなれば、そのアートに対応したものがビジネスの世界でもきっと現れることでしょう。

もし「仕組み」を革新する力を養いたければ、アートに触れるのが一番いいのではないかと思います。美術館などに行けば、(E)その実例がたくさんあります。最先端のアートシーンを見てみれば、今どのような作品が高く評価されているかがすぐに分かるでしょう。イノベーションのヒントは、アートにあると私は思います。

アートとは「問い」である。そして、「アート思考」もやはり「問い」であると思います。「問い」は、未来という新しい時代における新しい価値や考え方の提案でもあります。つまり、アートもアート思考も、「問い」を自ら作り出して多くの人に伝わるように表現することであり、その「問い」が画期的であれば、社会の「仕組み」を大きく変えるゲームチェンジの原動力になり得るのです。

アートに限らず、時代を画した製品やサービス、出来事、社会的な事件や現象には、多くの人の心を揺さぶる「問い」があるものです。近年、ビジネスの世界では「問題解決」という言葉がよく聞かれますが、(F)もしかしたら重要なのは「解決」ではなく、「問題」の中にある「問い」なのかもしれません。実は、イノベーションは「解決」ではなく、そんな「問い」から生み出されるものなのかもしれません。

（吉井仁実『〈問い〉から始めるアート思考』）

（　(5)　）ですが、近年、バスキアの作品の価値を大きく上げた日本人がいます。オンライン・ファッションストアの「ＺＯＺＯＴＯＷＮ」を立ち上げたことで知られる実業家の前澤友作氏です。彼はオークションで次々とバスキア作品を競り落とし、２０１６年には『デビル』と呼ばれる作品を５７００万ドル(日本円で約60億円)で落札して話題となりました。これは当時のバスキア作品の最高値で、相場を知るアート関係者は驚くばかりでした。このおよそ半分ぐらいというところがバスキア作品の流通価格でした。

前澤氏は翌２０１７年にもバスキア作品をオークション経由で(エ)コウ入。こちらはさらに高額で、落札価格は約１２３億円でした。こうしてバスキア作品は２０１６年以降に④高騰しました。新たなビジネスで成功を収めた前澤氏は、アートに対しても、(C)それまでにないやり方でアプローチをかけてきました。その対(オ)ショウとなった作品が、やはりそれまでにないやり方で絵を描くアーティストの作品だったことは偶然ではないように思います。

アートディレクターの私から見て、アートとビジネスに共通しているところがあるとすれば、それは(D)「仕組み」に関わるところです。どちらの分野も高評価を得るのは、いつも「仕組み」を革新した者だと言えるでしょう。

例えば、実業の世界では、ソニーはウォークマンを作り、トヨタはハイブリッド車を作り、アップルはiPhoneを作り、グーグルは確度の高い検索システムを作ることで社会から大きな評価を得ました。また、アートの世界では、バスキアがストリートアートを作り、バンクシーが社会的な新たなアートを作り、ビープルがデジタル時代のアートを作り出すことでアートシーンから高い評価を受けました。繰り返しになりますが、共通しているのは、それまでのビジネスモデルやアートの仕組み、言い換えれば枠組みや文脈、流れ、常識を超えてゲームチェンジをした者たちであるということです。

「仕組み」は、時代の変化とともに革新が求められます。誰がいかに革新するか。それはビジネスもアートも同じであるように感じますし、アートのほうが少し先を行くようにも感じます。新たな製品やサービスを作るにはどうしても時間がかかりま

原点とも言えるもので、カセットテープという小型の磁気テープに記録させた音楽を再生できる小さな機械で、世界的な大ヒット商品となりました。

今、私たちは外出中に音楽をヘッドフォンで聴いたりしますが、その文化というか新習慣を作ったのが日本のウォークマンだったのです。この製品が登場するまでは、音楽は部屋の中で聴くものでしたが、この小さな機械が登場してからは外でも音楽を聴くようになりました。(イ)ガイ路でヘッドフォンをかけて音楽を聴く若者の姿は、新たな社会現象にもなったほどです。

この製品からは、（　(2)　）「音楽は部屋の中だけで聴くものなのか」という「問い」を見いだすことができるでしょう。もしかしたら、スマートフォンの原点の一つはこのウォークマンにあるのかもしれません。そこには「コンピューターは部屋の中だけで使うものなのか」という、ウォークマンに似た「問い」が潜んでいるようにも思えます。

ウォークマンを作ったメーカーの方たちは、（　(3)　）バスキアの作品にインスピレーションを受けたわけではないと思いますが、アート作品と社会の変革を起こす製品の背景にはいつも同じような「問い」があったと見いだすことができます。だから、(A)アートシーンの最先端を走るアーティストから「問い」を感じ取ることができれば、例えばビジネスなどで新たな製品やサービスを作り出すときのヒントをつかめることもあると思うのです。

バスキアは若くして亡くなりましたが、（　(4)　）アートの流れを①意図せず大きく変えることになりました。同じようにソニーのウォークマンも、(B)機械と人間の関係を大きく変えることになりました。どちらもイノベーティブな存在だったことは間違いないでしょう。

現代ではイノベーションを待(ウ)ボウする大きな声が産業界から毎日のように聞かれます。アートが関わることで、何か見えない壁を突破するようなものをもたらすことができないかと、日々、②思案しているところです。③具体的な形は見えませんが、模索する価値はあるでしょう。

国語

（六〇分）

一　次の文章を読んで、問いに答えなさい。

私の好きなアーティストの一人にバスキア（1960～1988年）がいます。この「ストリート・アートの巨匠」と呼ばれるアーティストもゲームチェンジャーの一人です。

バスキアの画期性は、アートを街に持ち出したことです。また、美術大学などで美術の専門教育を受けなかったアーティストでもあり、人種的マイノリティのアーティストでもあります。その創作スタイルや作品には、時代を画す「問い」がいくつも潜んでいます。「アートを紙やキャンバスに描く必要があるのか」「アートは美術館のホワイトキューブなどの(ア)オク内やギャラリーに飾らなくてはいけないのか」「アーティストと呼ばれるには美術教育を受けなくてはならないのか」という、それまでのアートの常識をひっくり返す「問い」をバスキアはいくつも社会に投げつけました。おそらく本人はその「問い」を意識していなかったと思いますが、その作品性と「問い」が時代にぴったりと合ったのです。

当時、時代的に若者がストリートに出て活動する流れがありました。（　(1)　）「ストリート文化」です。1979年に発売されたソニーの「ウォークマン」も、そんなストリート文化の花開く中で現れた製品でした。これは携帯型音楽プレーヤーの

解答編

英語

1 **解答** A．(5)―c　(6)―b　(9)―c　(10)―d　(12)―d　(15)―d

B．(1)―b　(7)―c　(11)―a　(13)―d　(14)―b　(17)―b

C．(2)―b　(3)―d　(16)―c　D．(4)―c　(8)―d

E．1―F　2―F　3―T　4―T　5―T

解説 ≪電信の発達史≫

A．(5)関係詞の問題。空所に続く節が，文の要素に欠落のない完全文であるため，空所には関係副詞が入る。よって，c．when が正解。

(6) letters が主語となり，more time を目的語とする他動詞を選択する。他動詞 take は，時間を目的語とすると「～(時間）がかかる」の意味となる。

(9)空所の直前が was seen であるため，知覚動詞 see に続く適切な形を考える。知覚動詞 see は，see *A do*，see *A doing*，see *A done* のいずれかの形で使用するが，*A* を主語とした受動態に書き換えると，それぞれ be seen to *do*，be seen *doing*，be seen *done* の形に書き換わる。本問も受動態であるため，a．get と b．gets は不適。残りの現在分詞 getting と過去分詞 got であるが，元々目的語であった a murderer と get on a train が能動関係で結びつくので，現在分詞とするのが適切。よって，c．getting が正解。

(10) an artist と an interest in telegraphy の関係性を考えると「電信に興味があるアーティスト」とするのが適切。よって，所有を示す前置詞 with が入る。d が正解。

(12) instead of ～ で「～の代わりに」を意味する成句表現。

(15) allow *A* to *do* で「*A* が～するのを可能にする」となる基本表現。

B．(1) at a cost of ～ は「～の費用で」を意味する成句表現。

(7) go back to ～ で「～にさかのぼる」の意味。

⑾形容詞 immediate は「即座の」の意味。

⒀ affect は他動詞で「～に影響する，作用する」の意味。d が最も適切である。

⒁ as well は「同様に」を意味する成句表現。最も意味が近いのは b である。

⒄ exist は自動詞で「存在する」の意味であるが，現在分詞 existing の形となると形容詞化し「既存の」の意味となる。

D．⑷譲歩を示す従属接続詞 although で作られる節の主語には the service が，述語部分には never made money for its owners が当てはまるため，従属節の直訳は「その事業は所有者に全くお金を生み出さなかったけれども」となる。よって，c が正解である。a は「お金が必要でなかったけれども」が，d は「お金がかからなかったけれども」としている部分が誤りである。b は従属節自体の意味が間違っている。

⑻英文半ばの which は関係代名詞であり，直前にコンマがあることから非制限用法である。非制限用法の関係代名詞は，まずコンマまでを訳し，関係代名詞を接続詞と代名詞に置き換えて訳す。本問の場合は，This used five needles までをまず和訳し，which を and they に置き換えて訳す。この訳し方となっているのは d のみである。よって，d が正解。

E．1．第2段第3文（By 1843, the …）に thirty-five kilometers to the west とあり，「西方に53キロ」とするのは誤りである。

2．第3段第5文（In 1855, David …）によると，1855年にデイビッド=ヒューズが発明したのは a printing telegraph で，「メッセージが片方でタイプされ，もう片方で文字で印刷される」ものであった。よって，後半部分が本文の内容と一致しない。

3．第4段第1～4文（In 1851, Britain … the following year.）の内容と一致する。

4．第4段第5文（By the 1870s,…）に「1870年代までに」とあるので「1870年代に」とするのは誤りのようにも思われるが，「極東やオーストラリアなどと」という表現に注目したい。本文中にはインドも記述されているが，「など」にはその他も含まれる示唆があり，海底ケーブルでヨーロッパやアメリカが様々な国や地域とつながったのは1870年以前ではなく，「1870年代」と考えられる。よって，内容と一致する。

5．第5段第2・3文（In Aachen, Germany,… around the world.）の内容と一致する。

2 解答

(1)—a　(2)—e　(3)—d　(4)—b　(5)—c　(6)—e　(7)—c

解説　(1)(He) was late for the meeting because of the traffic jam(.)　be late for ～で「～に遅れる」，because of ～で「～が原因で」の意味。

(2)(Probably the most) enjoyable mode of public transport is the ferry (when the weather is nice.)　副詞節 when the weather is nice とすでに訳出されていることから，和文を「天気が良い時に，おそらく最も楽しめる公共交通機関はフェリーである」と構成しなおしてみるとよい。「公共交通機関」は public transport で，mode は「方法，様式」という意味である。したがって，形容詞最上級の「最も楽しめる」を伴って，「最も楽しめる公共交通機関の方法」となる。これを主語とし，be 動詞である is を動詞に，the ferry を補語として第2文型の英文を成立させる。

(3)(I will) have been to the building (five times if I) go there (again.)　「～に行ったことがある」という経験を示す表現は，動詞 go ではなく，have been to ～の形で表す。よって，主節の動詞となる will の後に have been to ～をつなげ，未来完了形 will have been to「～に行ったことになるだろう」とするとよい。また，時と条件を示す副詞節においては，未来の内容は現在形を用いて表すことにも注意する。

(4) The cherry trees are about to (blossom.)　be about to *do* で「まさに～しようとしている」を意味する表現。

(5) (He) could not have imagined that (she had been) keeping it a secret (all the time.)　英文の書き出しが He であることから，和文の「想像もつかなかっただろう」が英文の動詞となるとわかる。よって，could not have imagined を He の直後に置き，和文の「彼女がそのことをずっと秘密にしていた」の部分を接続詞 that で始まる名詞節として組み立て，他動詞 imagine の目的語とするとよい。

(6) (She) is one of the most famous (tennis players in the United States.)　one of the＋最上級＋名詞複数形で「最も～な…の一人」の意味となる。

(7)(They saw) what looked like a shark in (the deep sea.)「深海で」とあることから，すでに訳出されている the deep sea の直前には，場所を示す前置詞 in が入る。また They が主語，saw が動詞となるため，残りの空所には目的語となる「サメのように見えるもの」が入る。「～するもの」は関係代名詞 what を用いて表現でき，look like ～「～のように見える」と組み合わせて what look like ～「～のように見えるもの」とするとよい。

3 解答

(1)― c　(2)― d　(3)― c　(4)― a　(5)― a　(6)― b
(7)― b

解説　(1)付帯状況を示す前置詞 with に続く適切な形を選択する問題。付帯状況の with は，with *A doing* あるいは with *A done* の形で使用する。*A* に入る名詞と後続の動詞の関係性が，能動関係であれば現在分詞，受動関係であれば過去分詞となる。本問では名詞が his arms，動詞が fold「～を折りたたむ」であるため，受動関係となり過去分詞の形にするのが適切。よって，c．folded が正解。

(2)空所の後に節が続くことから，空所には接続詞が入る。b．through は前置詞であり誤り。また，空所の前が I cannot go home で文型が成立するため，空所以降の節が副詞節となる。接続詞 that は名詞節を作るため不適。残りの when と unless であるが，空所に続く節の意味が「宿題を全て終わらせる」であるため，unless を入れて「宿題を全て終わらせない限り，家に帰れない」とするのが適切である。よって，d．unless が正解。

(3) invite *A* to *B* で「*A* を *B* に招待する」の意味。*B* は場所や行事を表す名詞になることが多い。

(4)他動詞 know は受動態になると，動作主は前置詞 to を用いて表す。よって，a の to を空所に入れて，He is known to everybody「彼はみんなに知られている」とするのが適切。また，be known for ～ だと「～が理由で知られている」の意味となることも覚えておくとよい。

(5) be eagar to *do* で「～したいと熱望している」の意味となる成句表現。

(6)直前の動詞 ran と組み合わさって英文が適切な意味となるものを選択する。それぞれ，run over ～「～をはねる」，run out「尽きる」，run across ～「～に出くわす」, run through「走り抜ける」の意味である。空所の後の副詞節の意味が「全ての質問に答える前に」であるため，空所に out を入れ，「全ての質問に答える前に，時間が尽きた」とするのが適切である。よって，正解は b．out。

(7) beyond *one's* comprehension で「～には理解できない」を意味する成句表現。

4 解答

(1)― c　(2)― a　(3)― b　(4)― b　(5)― a　(6)― c
(7)― a

解説　(1)副詞 occasionally は「時折」の意味で，c．now and then「時々」が同意表現となる。a．at most は「せいぜい」，b．hardly ever は「めったに～しない」，d．once more は「もう一度」の意味である。

(2)本問での concentrate は，直後に前置詞句 under pressure が続くことから自動詞だとわかり，「集中する」の意味となる。最も意味が近いのは a．focus である。

(3)副詞 manually は「手動で」の意味。b．by hand「手で」が最も意味が近くなる。

(4) be in charge of ～は「～の責任者である」の意味となる成句表現で，be responsible for ～と同意表現である。よって，b．responsible for が正解。また，c の make use of ～「～を利用する」も頻出であるため，合わせて覚えておくとよい。

(5) tell *A* to *do*「*A* に～しなさいと言う」の to 不定詞の部分が，否定の to 不定詞形となった tell *A* not to *do*「*A* に～するなと言う」の表現である。最も意味が近いのは，動詞 order「～を命令する」の過去形である a．ordered である。

(6) quite a few ～は「たくさんの～」を意味する基本表現。c．many が正解。

(7)否定文の後に置かれる let alone ～は「～は言うまでもなく」の意味で，not to mention ～も同じ意味である。よって，a が正解。

5 解答

(1)―a　(2)―e　(3)―b　(4)―d　(5)―c　(6)―g
(7)―f

解説　≪旅行についての世間話≫

ナンシー：あら，メアリー。久しぶりね。

メアリー：ああ，まあ，ナンシー。ええ，最近は本当に忙しくて。

ナンシー：忙しい？　今は暇な時期かと思ってた。

メアリー：働いているコーヒーショップではね。でも旅行代理店でもアルバイトをしていて，とても多くの計画変更があるから，お店が追加の手伝いを必要としてるの。

ナンシー：確かにそうだわね。先週旅行に行ったの，そしたら旅程が3回変わったわ。とても不便だった。

メアリー：うーん，新しい規則と直前のキャンセルで仕方のないことだと思うわ。それでどこへ旅行したの？

ナンシー：家族で北海道に。いくつかの温泉に行って，たくさん景勝を見たわ。1週間ほどそこにいたの。

メアリー：素晴らしい。私も休暇が取れて，まるまる1週間旅行できればいいのに。ところで，前回一緒に行ったレストランの名前覚えてる？　来月妹が来たときに，彼女をそこに連れて行きたいの。

ナンシー：私の家の近くの壁に面白い絵を掛けてる店のこと？「ボッカ・ハウス」と呼ばれてたと思う。

メアリー：それよ。そこのイタリア料理も素晴らしくて，値段もとてもお手頃だと思ったの。でも，正確にどこにあるのか思い出せないの。そうだ，一緒に行かない？　また集まるのは楽しいでしょうね。

ナンシー：楽しいでしょうね。あなたの妹はどこから来るの？

メアリー：彼女は今韓国に住んでいて，ずいぶん前から来たがっていたの。ようやく旅行のために休暇が取れたの。

ナンシー：彼女がトラブルにあわないことを願うわ。でも，おそらくあなたの旅行代理店が手伝うのでしょうね。それであなたの妹は何日間この町にいるの？

メアリー：問題がないように私たちが手配できればと思ってる。彼女は15日に到着して，2週間滞在する予定よ。彼女がここに来るのは今回が初めてなの，だから休暇を取って街の史跡を案内するつもり。彼女が到着した後，あなたに電話するわ。それから日取りを決めましょう。

ナンシー：素晴らしいわね。私はほとんどの夜と週末は暇よ。あなたからの連絡を楽しみにしてるわ。

メアリー：わかった。連絡を取り合いましょう。またね。

ナンシー：ええ。じゃあね，メアリー。

〔選択肢訳〕

a．確かにそうだわね。

b．また集まるのは楽しいでしょうね。

c．彼女は 15 日に到着して，2 週間滞在する予定よ。

d．彼女がトラブルにあわないことを願うわ。

e．1 週間ほどそこにいたの。

f．連絡を取り合いましょう。

g．あなたからの連絡を楽しみにしてるわ。

日本史

1 解答 ≪原始・古代の政治・社会・文化≫

問１．②　問２．①　問３．①　問４．④　問５．①　問６．②
問７．①　問８．③　問９．④　問10．②

2 解答 ≪中世の政治・社会・文化≫

問１．③　問２．①　問３．③　問４．②　問５．①　問６．④
問７．②　問８．①　問９．②　問10．④

3 解答 ≪近世の政治≫

問１．④　問２．②　問３．②　問４．③　問５．①　問６．②
問７．④　問８．③　問９．①　問10．③

4 解答 ≪近現代の政治・外交・文化≫

問１．②　問２．③　問３．①　問４．④　問５．④　問６．①
問７．②　問８．③　問９．④　問10．②

現代社会

1　解答　≪近代科学と合理的精神≫

1－⑦　2－③　3－④　4－②　5－③　6－①　7－③　8－②
9－②　10－①

2　解答　≪資本主義経済≫

11－②　12－②　13－③　14－②　15－③　16－②　17－③　18－④
19－③　20－④

3　解答　≪企業≫

21－②　22－①　23－③　24－③　25－②　26－④　27－⑥　28－①
29－⑧　30－④

4　解答　≪大衆社会≫

31－⑥　32－⑤　33－⑦　34－③　35－⑧　36－①　37－①　38－④
39－②　40－④

数学

■理　　系■

解答 (1)ア．5　イ．4　ウエ．14

(2)オカキ．185　クケコ．375　サシ．68

(3)ス．5　セソ．15　タ．2　チ．1　ツ．2

(4)テ．3　ト．4　ナ．3　(5)ニ．1　ヌ．4　ネ．7

(6)ノ．1　ハ．6　ヒ．2　フ．2　へ．2　ホ．3

(7)マミ．80　ムメモ．243　ヤユヨ．131　ラリル．243

(8)レ．6　ロワヲ．864

解説　≪小問7問≫

(1)　$1.4<\sqrt{2}<1.5$ より $2.8<2\sqrt{2}<3$，また $\left(\dfrac{5}{2}\right)^2=\dfrac{25}{4}<7$ より $2.5<\sqrt{7}<3$ であるから

$$5.3<2\sqrt{2}+\sqrt{7}<6$$

よって　　$a=5$　(→ア)，$b=2\sqrt{2}+\sqrt{7}-5$

$$\begin{aligned} ab+b^2+2a+5b&=b^2+10b+10=(b+5)^2-15\\ &=(2\sqrt{2}+\sqrt{7})^2-15=8+4\sqrt{14}+7-15\\ &=4\sqrt{14}\quad(\to イ，ウエ) \end{aligned}$$

(2)　　$a_n=\dfrac{\sqrt{2}}{4}+\dfrac{\sqrt{2}}{4}(n-1)=\dfrac{\sqrt{2}}{4}n$

よって　　$a_n\left(a_n+\dfrac{\sqrt{2}}{2}\right)=\dfrac{1}{8}n(n+2)$

したがって

$$\sum_{n=1}^{15}a_n\left(a_n+\frac{\sqrt{2}}{2}\right)=\frac{1}{8}\left(\sum_{n=1}^{15}n^2+2\sum_{n=1}^{15}n\right)=\frac{1}{8}\left(\frac{1}{6}\cdot15\cdot16\cdot31+15\cdot16\right)=185$$

(→オカキ)

$$\sum_{n=1}^{15}\frac{1}{a_n\left(a_n+\frac{\sqrt{2}}{2}\right)}=8\sum_{n=1}^{15}\frac{1}{n(n+2)}$$

$$=4\sum_{n=1}^{15}\left(\frac{1}{n}-\frac{1}{n+2}\right)$$

$$=4\left\{\left(1-\frac{1}{3}\right)+\left(\frac{1}{2}-\frac{1}{4}\right)+\left(\frac{1}{3}-\frac{1}{5}\right)\right.$$

$$\left.+\cdots+\left(\frac{1}{14}-\frac{1}{16}\right)+\left(\frac{1}{15}-\frac{1}{17}\right)\right\}$$

$$=4\left(1+\frac{1}{2}-\frac{1}{16}-\frac{1}{17}\right)=\frac{375}{68}$$ （→クケコ，サシ）

(3)　点Pと直線 $\sqrt{3}x+y=5$ の距離を d とすると

$$d=\frac{|2\sqrt{3}\cos\theta+\sqrt{3}\sin\theta-5|}{\sqrt{3+1}}=\frac{1}{2}|\sqrt{15}\sin(\theta+\alpha)-5|$$

$$=\frac{1}{2}\{5-\sqrt{15}\sin(\theta+\alpha)\}$$

$\left(\text{ただし，}\alpha\text{は}\sin\alpha=\frac{2}{\sqrt{5}},\ \cos\alpha=\frac{1}{\sqrt{5}},\ 0<\alpha<\frac{\pi}{2}\text{を満たす}\right)$

よって，$0\leqq\theta\leqq2\pi$ より，$-1\leqq\sin(\theta+\alpha)\leqq1$ であるから，d は $\sin(\theta+\alpha)=1$，$\theta=\frac{\pi}{2}-\alpha$ のとき最小値 $\frac{5-\sqrt{15}}{2}$ をとる。（→ス，セソ，タ）

このとき

$$\tan\theta=\tan\left(\frac{\pi}{2}-\alpha\right)=\frac{1}{\tan\alpha}=\frac{\cos\alpha}{\sin\alpha}=\frac{1}{2}$$ （→チ，ツ）

(4)　$\log_7 x+\log_7 y=\log_7 xy=\log_7 343=\log_7 7^3=3$ （→テ）

$\log_7 x=X$ とおく。

$x>1$ より　　$X>0$

また，$\log_7 y=3-X$，$y>1$ より　　$3-X>0$

よって　　$0<X<3$　……①

$T=\frac{1}{\log_7 x}+\frac{1}{\log_7 y}$ とおく。

$$T=\frac{1}{X}+\frac{1}{3-X}=\frac{3}{X(3-X)}$$

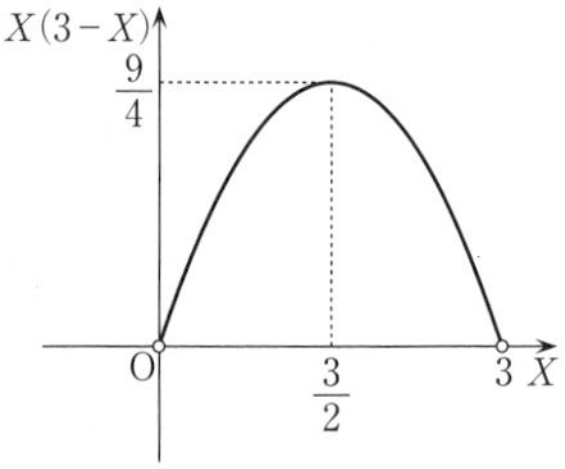

$X(3-X)=-\left(X-\dfrac{3}{2}\right)^2+\dfrac{9}{4}$ であるから

$$0<X(3-X)\leqq\frac{9}{4}$$

よって　　$T\geqq3\cdot\dfrac{4}{9}=\dfrac{4}{3}$　(→ト，ナ)

$\left(\text{等号は } X=\dfrac{3}{2},\ \log_7 x=\log_7 y=\dfrac{3}{2},\ x=y=7\sqrt{7} \text{ のとき成り立つ}\right)$

(5)　　$z^2=\dfrac{2+\sqrt{2}}{4}+2\cdot\dfrac{\sqrt{4-2}}{4}i-\dfrac{2-\sqrt{2}}{4}=\dfrac{\sqrt{2}}{2}+\dfrac{\sqrt{2}}{2}i=\cos\dfrac{\pi}{4}+i\sin\dfrac{\pi}{4}$

z^2 の偏角 θ は　　$\theta=\dfrac{1}{4}\pi$　(→ニ，ヌ)

よって，z の偏角は　　$\dfrac{1}{8}\pi$

$$z^n=\cos\frac{n}{8}\pi+i\sin\frac{n}{8}\pi$$

$$\frac{1}{z}=z^{-1}=\cos\left(-\frac{\pi}{8}\right)+i\sin\left(-\frac{\pi}{8}\right)$$

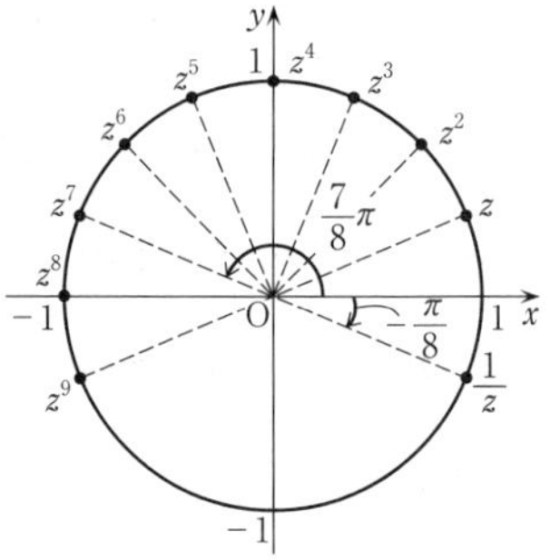

$\left|z^n-\dfrac{1}{z}\right|$ は複素数平面上で2点 z^n，$\dfrac{1}{z}$ の距離であるから，最大となるのは2点が半径1の円の直径の両端となるときで，$n=7$ である。(→ネ)

(6)　P，Q の x 座標をそれぞれ α，β とする。

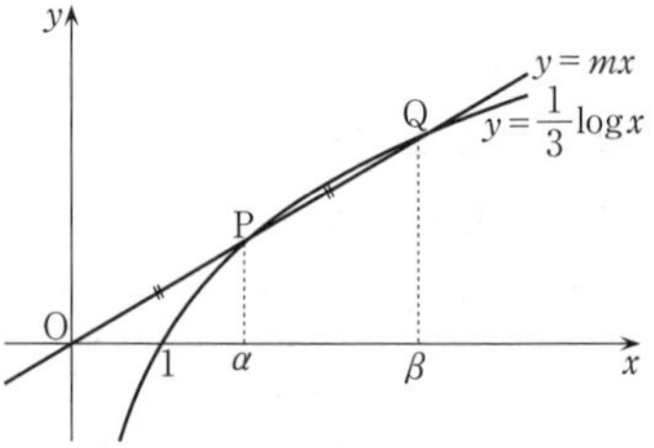

OP＝PQ より　　$2\alpha=\beta$　……①

また

$$m\alpha=\frac{1}{3}\log\alpha\quad\cdots\cdots②$$

$$m\beta=\frac{1}{3}\log\beta\quad\cdots\cdots③$$

①，③より

$$2m\alpha=\frac{1}{3}(\log\alpha+\log2)\quad\cdots\cdots④$$

②，④より

$$\frac{2}{3}\log\alpha=\frac{1}{3}\log\alpha+\frac{1}{3}\log 2$$

$$\log\alpha=\log 2 \qquad \alpha=2 \quad \cdots\cdots⑤$$

よって

$$2m=\frac{1}{3}\log 2 \qquad m=\frac{1}{6}\log 2$$ （→ノ，ハ，ヒ）

求める面積を S とすると，①，⑤より $\beta=4$ であるから

$$S=\int_2^4\left(\frac{1}{3}\log x-\frac{x}{6}\log 2\right)dx$$

ここで

$$\begin{aligned}\int_2^4\log x\,dx&=\Big[x\log x\Big]_2^4-\int_2^4 dx\\&=4\log 4-2\log 2-(4-2)\\&=6\log 2-2\end{aligned}$$

よって

$$S=\frac{1}{3}(6\log 2-2)-\frac{\log 2}{6}\cdot\frac{4^2-2^2}{2}=\log 2-\frac{2}{3}$$ （→フ，へ，ホ）

(7)　1または2が x 回出るとき，A，Bの得点をそれぞれ a，b とすると

$$a=3x,\quad b=2(5-x)=10-2x$$

であるから，$a=b$ となるのは

$$3x=10-2x \qquad x=2$$

よって，AとBの得点が等しくなる確率は

$${}_5C_2\cdot\left(\frac{1}{3}\right)^2\cdot\left(\frac{2}{3}\right)^3=\frac{80}{243}$$ （→マミ，ムメモ）

$a+b\geqq 12$ となるのは

$$3x+10-2x=x+10\geqq 12 \qquad x\geqq 2$$

よって，AとBの得点の合計が 12 点以上になる確率は

$$1-\left\{{}_5C_0\left(\frac{2}{3}\right)^5+{}_5C_1\frac{1}{3}\cdot\left(\frac{2}{3}\right)^4\right\}=\frac{131}{243}$$ （→ヤユヨ，ラリル）

(8)　条件を満たす自然数を N とすると

$$N=2^n\cdot 3^m$$ （n，m は自然数）

このとき，Nの正の約数の個数は $(n+1)(m+1)$ であるから

$$(n+1)(m+1)=24$$

よって

$$(n,\ m)=(1,\ 11),\ (2,\ 7),\ (3,\ 5),\ (5,\ 3),\ (7,\ 2),\ (11,\ 1)$$

したがって，Nは6個ある。（→レ）

Nは，$2\cdot3^{11}$，$2^2\cdot3^7$，$2^3\cdot3^5$，$2^5\cdot3^3$，$2^7\cdot3^2$，$2^{11}\cdot3$であるから，最小のものは

$$2^5\cdot3^3=864$$　（→ロワヲ）

■文　　系■

解答　(1)ア．5　イ．4　ウエ．14

(2)オ．1　カ．6　キ．2　ク．7　ケ．3

(3)コ．3　サ．6　シス．11

(4)セ．4　ソ．2　タ．3　チ．6　ツ．2　テ．2

(5)ト．6　ナ．5　ニヌ．25

(6)ネノ．80　ハヒフ．243　ヘホマ．131　ミムメ．243

(7)モ．6　ヤユヨ．864　(8)ラ．3　リル．20　レ．2　ロ．7

解 説　≪小問７問≫

(1)　■理系■(1)に同じ。

(2)　$f(x) = -x^2 + 2ax - a$

$= -(x-a)^2 + a^2 - a$

$0 \leqq x \leqq 2$ における $f(x)$ の最大値を M とおく。

$0 < a \leqq 2$ のとき　$M = a^2 - a$

$2 < a$ のとき　$M = f(2) = 3a - 4$

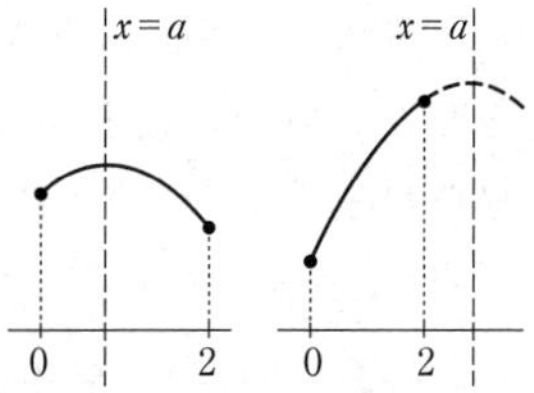

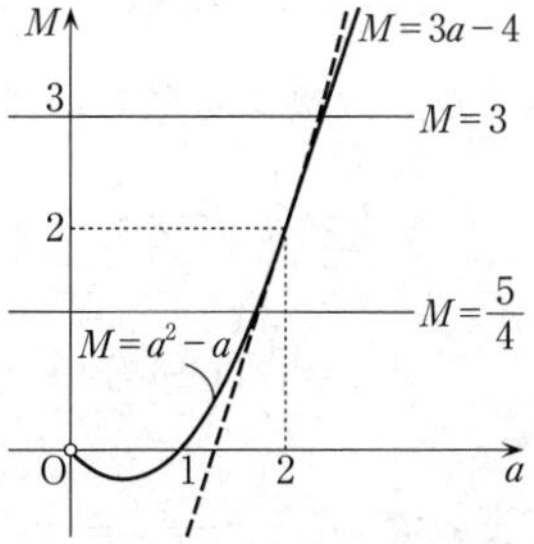

右図より考えて，$M = \frac{5}{4}$ となるのは

$a^2 - a = \frac{5}{4}$　　$a = \frac{1 \pm \sqrt{6}}{2}$

$0 < a \leqq 2$ より　$a = \frac{1+\sqrt{6}}{2}$　（→オ，カ，キ）

$M = 3$ となるのは

$3a - 4 = 3$　　$a = \frac{7}{3}$　（→ク，ケ）

(3)　△ABC，△ACM の外接円の半径をそれぞれ R，R' とする。

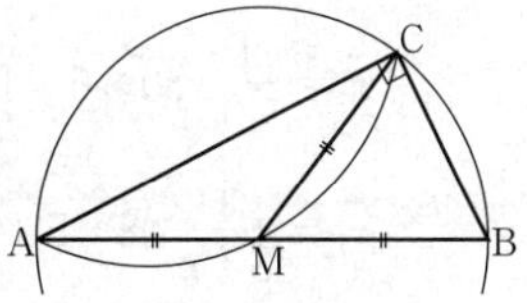

$3\pi R^2 = \pi R'^2$　　$R' = \sqrt{3}R$

$R = \mathrm{AM} = \mathrm{CM}$

△ACM について正弦定理を用いて

$$\sin\angle \mathrm{ACM}=\frac{\mathrm{AM}}{2R'}=\frac{R}{2\sqrt{3}R}=\frac{\sqrt{3}}{6}$$　(→コ，サ)

$$\mathrm{AC}\tan\angle \mathrm{BAC}=\mathrm{BC}$$　……①

$\angle \mathrm{BAC}=\angle \mathrm{ACM}$ であるから

$$\tan^2\angle \mathrm{BAC}=\frac{\sin^2\angle \mathrm{BAC}}{\cos^2\angle \mathrm{BAC}}=\frac{\frac{1}{12}}{1-\frac{1}{12}}=\frac{1}{11}$$

$\angle$ BAC は鋭角であるから

$$\tan\angle \mathrm{BAC}>0$$

よって　　$\tan\angle \mathrm{BAC}=\dfrac{1}{\sqrt{11}}$　……②

①，②より　　$\mathrm{AC}=\sqrt{11}\,\mathrm{BC}$　(→シス)

(4)　右図のように頂点A，B，C，D，O をとり，Oから底面 ABCD に下ろした垂線を OH，四角錐の体積を V とすると

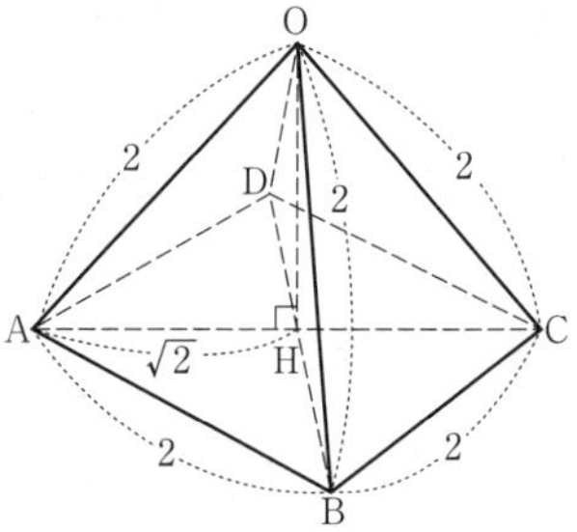

$$\mathrm{OH}=\sqrt{2^2-(\sqrt{2})^2}=\sqrt{2}$$

$$V=\frac{1}{3}\cdot 2^2\cdot\sqrt{2}=\frac{4\sqrt{2}}{3}$$　(→セ，ソ，タ)

また，内接する球の半径を r とすると

$$V=\frac{1}{3}\cdot 2^2\cdot r+4\times\left\{\frac{1}{3}\left(\frac{1}{2}\cdot 2^2\cdot\sin 60^\circ\right)r\right\}$$

$$=\frac{4}{3}(1+\sqrt{3})\,r=\frac{4\sqrt{2}}{3}$$

よって　　$r=\dfrac{\sqrt{2}}{1+\sqrt{3}}=\dfrac{\sqrt{6}-\sqrt{2}}{2}$　(→チ，ツ，テ)

(5)　AとBのグループの平均点をそれぞれ $\bar{x}_{\mathrm{A}}$，$\bar{x}_{\mathrm{B}}$ とする。

$$\bar{x}_{\mathrm{A}}=\frac{1}{40}(30\times 6+10\times 8)=\frac{13}{2}=6.5$$ 点　(→ト，ナ)

$$\bar{x}_{\mathrm{B}}=\frac{1}{8+n}(8\times 5+7n)=\frac{7n+40}{n+8}$$

$\bar{x}_{\mathrm{B}}>\bar{x}_{\mathrm{A}}$ となるのは

$$\frac{7n+40}{n+8}>\frac{13}{2}\qquad 14n+80>13n+104\qquad n>24$$

n は自然数であるから，求める n の最小値は　　$n=25$　（→ニヌ）

(6)　■理系■(7)に同じ。

(7)　■理系■(8)に同じ。

(8)　点Pから円に引いた接線の長さは等しいから

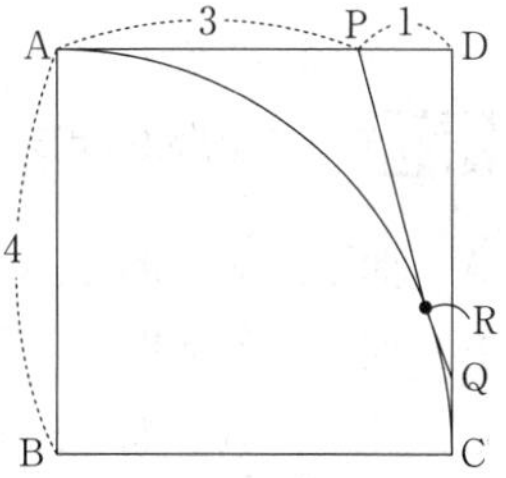

$$PR=PA=3$$　（→ラ）

同様に

$$QR=QC$$

$QC=t$ $(0<t<4)$ とおく。

△PQD において

$$(3+t)^2=(4-t)^2+1^2 \qquad t=\frac{4}{7}$$　（$0<t<4$ を満たす）

よって

$$BQ=\sqrt{BC^2+CQ^2}=\sqrt{4^2+\left(\frac{4}{7}\right)^2}=\frac{20\sqrt{2}}{7}$$　（→リル，レ，ロ）

物理

解答　≪小問6問≫

A．問1．③　問2．⑤

B．問3．⑨　問4．④　問5．③　問6．①

C．問7．⑪　問8．⑩　問9．⑦　問10．④

D．問11．①　問12．⑫

E．問13．⑧　問14．⑦

F．問15．⑪　問16．⑦　問17．⑨　問18．⑥

化学

解答　≪小問 15 問≫

問 1．⑧　問 2．④　問 3．②　問 4．⑨　問 5．⑪　問 6．③
問 7．⑤　問 8．②　問 9．⑦　問 10．④　問 11．②　問 12．④
問 13．⑨　問 14．⑧　問 15．⑦

問3　b
問4　a
問5　d
問6　c
問7　d
問8　b

国語

一

出典　吉井仁実『〈問い〉から始めるアート思考』（光文社新書）

解答

問1　(ア)―c　(イ)―d　(ウ)―a　(エ)―b　(オ)―b

問2　①―b　②―a　③―c　④―d

問3　(1)―a　(2)―a　(3)―b　(4)―d　(5)―d

問4　b

問5　d

問6　a

問7　c

問8　b

問9　c

二

出典　関口雄祐『イルカを食べちゃダメですか？――科学者の追い込み漁体験記』（光文社新書）

解答

問1　(1)―b　(2)―a

問2　①―c　②―a

MEMO

MEMO

MEMO

教学社 刊行一覧

2024年版 大学入試シリーズ（赤本）

378大学555点
全都道府県を網羅

国公立大学（都道府県順）

全国の書店で取り扱っています。店頭にない場合は，お取り寄せができます。

1 北海道大学（文系－前期日程）
2 北海道大学（理系－前期日程） 医
3 北海道大学（後期日程）
4 旭川医科大学（医学部〈医学科〉） 医
5 小樽商科大学
6 帯広畜産大学
7 北海道教育大学
8 室蘭工業大学／北見工業大学
9 釧路公立大学
10 公立千歳科学技術大学
11 公立はこだて未来大学 総推
12 札幌医科大学（医学部） 医
13 弘前大学 医
14 岩手大学
15 岩手県立大学・盛岡短期大学部・宮古短期大学部
16 東北大学（文系－前期日程）
17 東北大学（理系－前期日程） 医
18 東北大学（後期日程）
19 宮城教育大学
20 宮城大学
21 秋田大学 医
22 秋田県立大学
23 国際教養大学 総推
24 山形大学 医
25 福島大学
26 会津大学
27 福島県立医科大学（医・保健科学部） 医
28 茨城大学（文系）
29 茨城大学（理系）
30 筑波大学（推薦入試） 医 総推
31 筑波大学（前期日程） 医
32 筑波大学（後期日程）
33 宇都宮大学
34 群馬大学 医
35 群馬県立女子大学
36 高崎経済大学
37 前橋工科大学
38 埼玉大学（文系）
39 埼玉大学（理系）
40 千葉大学（文系－前期日程）
41 千葉大学（理系－前期日程） 医
42 千葉大学（後期日程） 医
43 東京大学（文科） DL
44 東京大学（理科） DL 医
45 お茶の水女子大学
46 電気通信大学
47 東京医科歯科大学 医
48 東京外国語大学 DL
49 東京海洋大学
50 東京学芸大学
51 東京藝術大学
52 東京工業大学
53 東京農工大学
54 一橋大学（前期日程） DL
55 一橋大学（後期日程）
56 東京都立大学（文系）
57 東京都立大学（理系）
58 横浜国立大学（文系）
59 横浜国立大学（理系）
60 横浜市立大学（国際教養・国際商・理・データサイエンス・医〈看護〉学部）
61 横浜市立大学（医学部〈医学科〉） 医
62 新潟大学（人文・教育〈文系〉・法・経済科・医〈看護〉・創生学部）
63 新潟大学（教育〈理系〉・理・医〈看護を除く〉・歯・工・農学部） 医
64 新潟県立大学
65 富山大学（文系）
66 富山大学（理系） 医
67 富山県立大学
68 金沢大学（文系）
69 金沢大学（理系） 医
70 福井大学（教育・医〈看護〉・工・国際地域学部）
71 福井大学（医学部〈医学科〉） 医
72 福井県立大学
73 山梨大学（教育・医〈看護〉・工・生命環境学部）
74 山梨大学（医学部〈医学科〉） 医
75 都留文科大学
76 信州大学（文系－前期日程）
77 信州大学（理系－前期日程） 医
78 信州大学（後期日程）
79 公立諏訪東京理科大学 総推
80 岐阜大学（前期日程） 医
81 岐阜大学（後期日程）
82 岐阜薬科大学
83 静岡大学（前期日程）
84 静岡大学（後期日程）
85 浜松医科大学（医学部〈医学科〉） 医
86 静岡県立大学
87 静岡文化芸術大学
88 名古屋大学（文系）
89 名古屋大学（理系） 医
90 愛知教育大学
91 名古屋工業大学
92 愛知県立大学
93 名古屋市立大学（経済・人文社会・芸術工・看護・総合生命理・データサイエンス学部）
94 名古屋市立大学（医学部） 医
95 名古屋市立大学（薬学部）
96 三重大学（人文・教育・医〈看護〉学部）
97 三重大学（医〈医〉・工・生物資源学部） 医
98 滋賀大学
99 滋賀医科大学（医学部〈医学科〉） 医
100 滋賀県立大学
101 京都大学（文系）
102 京都大学（理系） 医
103 京都教育大学
104 京都工芸繊維大学
105 京都府立大学
106 京都府立医科大学（医学部〈医学科〉） 医
107 大阪大学（文系） DL
108 大阪大学（理系） 医
109 大阪教育大学
110 大阪公立大学（現代システム科学域〈文系〉・文・法・経済・商・看護・生活科〈居住環境・人間福祉〉学部－前期日程）
111 大阪公立大学（現代システム科学域〈理系〉・理・工・農・獣医・医・生活科〈食栄養〉学部－前期日程） 医
112 大阪公立大学（中期日程）
113 大阪公立大学（後期日程）
114 神戸大学（文系－前期日程）
115 神戸大学（理系－前期日程） 医
116 神戸大学（後期日程）
117 神戸市外国語大学 DL
118 兵庫県立大学（国際商経・社会情報科・看護学部）
119 兵庫県立大学（工・理・環境人間学部）
120 奈良教育大学／奈良県立大学
121 奈良女子大学
122 奈良県立医科大学（医学部〈医学科〉） 医
123 和歌山大学
124 和歌山県立医科大学（医・薬学部） 医
125 鳥取大学 医
126 公立鳥取環境大学
127 島根大学 医
128 岡山大学（文系）
129 岡山大学（理系） 医
130 岡山県立大学
131 広島大学（文系－前期日程）
132 広島大学（理系－前期日程） 医
133 広島大学（後期日程）
134 尾道市立大学 総推
135 県立広島大学
136 広島市立大学
137 福山市立大学 総推
138 山口大学（人文・教育〈文系〉・経済・医〈看護〉・国際総合科学部）
139 山口大学（教育〈理系〉・理・医〈看護を除く〉・工・農・共同獣医学部） 医
140 山陽小野田市立山口東京理科大学 総推
141 下関市立大学／山口県立大学
142 徳島大学 医
143 香川大学 医
144 愛媛大学 医
145 高知大学 医
146 高知工科大学
147 九州大学（文系－前期日程）
148 九州大学（理系－前期日程） 医
149 九州大学（後期日程）
150 九州工業大学
151 福岡教育大学
152 北九州市立大学
153 九州歯科大学
154 福岡県立大学／福岡女子大学
155 佐賀大学 医
156 長崎大学（多文化社会・教育〈文系〉・経済・医〈保健〉・環境科〈文系〉学部）
157 長崎大学（教育〈理系〉・医〈医〉・歯・薬・情報データ科・工・環境科〈理系〉・水産学部） 医
158 長崎県立大学 総推
159 熊本大学（文・教育・法・医〈看護〉学部）
160 熊本大学（理・医〈看護を除く〉・薬・工学部） 医
161 熊本県立大学
162 大分大学（教育・経済・医〈看護〉・理工・福祉健康科学部）
163 大分大学（医学部〈医学科〉） 医
164 宮崎大学（教育・医〈看護〉・工・農・地域資源創成学部）
165 宮崎大学（医学部〈医学科〉） 医
166 鹿児島大学（文系）
167 鹿児島大学（理系） 医
168 琉球大学 医

2024年版　大学入試シリーズ（赤本）

国公立大学 その他

169 〔国公立大〕医学部医学科 総合型選抜・学校推薦型選抜 医 総推
170 看護・医療系大学〈国公立 東日本〉
171 看護・医療系大学〈国公立 中日本〉
172 看護・医療系大学〈国公立 西日本〉
173 海上保安大学校／気象大学校
174 航空保安大学校
175 国立看護大学校
176 防衛大学校 総推
177 防衛医科大学校（医学科） 医
178 防衛医科大学校（看護学科）

※No.169～172の収載大学は赤本ウェブサイト（http://akahon.net/）でご確認ください。

私立大学①

北海道の大学（50音順）

201 札幌大学
202 札幌学院大学
203 北星学園大学・短期大学部
204 北海学園大学
205 北海道医療大学
206 北海道科学大学
207 北海道武蔵女子短期大学
208 酪農学園大学（獣医学群〈獣医学類〉）

東北の大学（50音順）

209 岩手医科大学（医・歯・薬学部） 医
210 仙台大学 総推
211 東北医科薬科大学（医・薬学部） 医
212 東北学院大学
213 東北工業大学
214 東北福祉大学
215 宮城学院女子大学 総推

関東の大学（50音順）

あ行（関東の大学）

216 青山学院大学（法・国際政治経済学部－個別学部日程）
217 青山学院大学（経済学部－個別学部日程）
218 青山学院大学（経営学部－個別学部日程）
219 青山学院大学（文・教育人間科学部－個別学部日程）
220 青山学院大学（総合文化政策・社会情報・地球社会共生・コミュニティ人間科学部－個別学部日程）
221 青山学院大学（理工学部－個別学部日程）
222 青山学院大学（全学部日程）
223 麻布大学（獣医、生命・環境科学部）
224 亜細亜大学
225 跡見学園女子大学
226 桜美林大学
227 大妻女子大学・短期大学部

か行（関東の大学）

228 学習院大学（法学部－コア試験）
229 学習院大学（経済学部－コア試験）
230 学習院大学（文学部－コア試験）
231 学習院大学（国際社会科学部－コア試験）
232 学習院大学（理学部－コア試験）
233 学習院女子大学
234 神奈川大学（給費生試験）
235 神奈川大学（一般入試）
236 神奈川工科大学
237 鎌倉女子大学・短期大学部
238 川村学園女子大学
239 神田外語大学
240 関東学院大学
241 北里大学（理学部）
242 北里大学（医学部） 医
243 北里大学（薬学部）
244 北里大学（看護・医療衛生学部）
245 北里大学（未来工・獣医・海洋生命科学部）
246 共立女子大学・短期大学
247 杏林大学（医学部） 医
248 杏林大学（保健学部）
249 群馬医療福祉大学 新
250 群馬パース大学 総推
251 慶應義塾大学（法学部）
252 慶應義塾大学（経済学部）
253 慶應義塾大学（商学部）
254 慶應義塾大学（文学部） 総推
255 慶應義塾大学（総合政策学部）
256 慶應義塾大学（環境情報学部）
257 慶應義塾大学（理工学部）
258 慶應義塾大学（医学部） 医
259 慶應義塾大学（薬学部）
260 慶應義塾大学（看護医療学部）
261 工学院大学
262 國學院大學
263 国際医療福祉大学 医
264 国際基督教大学
265 国士舘大学
266 駒澤大学（一般選抜T方式・S方式）
267 駒澤大学（全学部統一日程選抜）

さ行（関東の大学）

268 埼玉医科大学（医学部） 医
269 相模女子大学・短期大学部
270 産業能率大学
271 自治医科大学（医学部） 医
272 自治医科大学（看護学部）／東京慈恵会医科大学（医学部〈看護学科〉）
273 実践女子大学 総推
274 芝浦工業大学（前期日程〈英語資格・検定試験利用方式を含む〉）
275 芝浦工業大学（全学統一日程〈英語資格・検定試験利用方式を含む〉・後期日程）
276 十文字学園女子大学
277 淑徳大学
278 順天堂大学（医学部） 医
279 順天堂大学（スポーツ健康科・医療看護・保健看護・国際教養・保健医療・医療科・健康データサイエンス学部） 総推
280 城西国際大学 新
281 上智大学（神・文・総合人間科学部）
282 上智大学（法・経済学部）
283 上智大学（外国語・総合グローバル学部）
284 上智大学（理工学部）
285 上智大学（TEAPスコア利用方式）
286 湘南工科大学
287 昭和大学（医学部） 医
288 昭和大学（歯・薬・保健医療学部）
289 昭和女子大学
290 昭和薬科大学
291 女子栄養大学・短期大学部
292 白百合女子大学
293 成蹊大学（法学部－A方式）
294 成蹊大学（経済・経営学部－A方式）
295 成蹊大学（文学部－A方式）
296 成蹊大学（理工学部－A方式）
297 成蹊大学（E方式・G方式・P方式）
298 成城大学（経済・社会イノベーション学部－A方式）
299 成城大学（文芸・法学部－A方式）
300 成城大学（S方式〈全学部統一選抜〉）
301 聖心女子大学
302 清泉女子大学
303 聖徳大学・短期大学部
304 聖マリアンナ医科大学 医
305 聖路加国際大学（看護学部）
306 専修大学（スカラシップ・全国入試）
307 専修大学（学部個別入試）
308 専修大学（全学部統一入試）

た行（関東の大学）

309 大正大学
310 大東文化大学
311 高崎健康福祉大学 総推
312 拓殖大学
313 玉川大学
314 多摩美術大学
315 千葉工業大学
316 千葉商科大学
317 中央大学（法学部－学部別選抜）
318 中央大学（経済学部－学部別選抜）
319 中央大学（商学部－学部別選抜）
320 中央大学（文学部－学部別選抜）
321 中央大学（総合政策学部－学部別選抜）
322 中央大学（国際経営・国際情報学部－学部別選抜）
323 中央大学（理工学部－学部別選抜）
324 中央大学（6学部共通選抜）
325 中央学院大学
326 津田塾大学
327 帝京大学（薬・経済・法・文・外国語・教育・理工・医療技術・福岡医療技術学部）
328 帝京大学（医学部） 医
329 帝京科学大学 総推
330 帝京平成大学 総推
331 東海大学（医〈医〉学部を除く－一般選抜）
332 東海大学（文系・理系学部統一選抜）
333 東海大学（医学部〈医学科〉） 医
334 東京医科大学（医学部〈医学科〉） 医
335 東京家政大学・短期大学部 総推
336 東京経済大学
337 東京工科大学
338 東京工芸大学
339 東京国際大学
340 東京歯科大学
341 東京慈恵会医科大学（医学部〈医学科〉） 医
342 東京情報大学
343 東京女子大学
344 東京女子医科大学（医学部） 医
345 東京電機大学
346 東京都市大学
347 東京農業大学
348 東京薬科大学（薬学部） 総推
349 東京薬科大学（生命科学部） 総推
350 東京理科大学（理学部〈第一部〉－B方式）
351 東京理科大学（創域理工学部－B方式・S方式）
352 東京理科大学（工学部－B方式）
353 東京理科大学（先進工学部－B方式）
354 東京理科大学（薬学部－B方式）
355 東京理科大学（経営学部－B方式）
356 東京理科大学（C方式、グローバル方式、理学部〈第二部〉－B方式）

2024年版　大学入試シリーズ（赤本）

私立大学②

357 東邦大学（医学部） 医
358 東邦大学（薬学部）
359 東邦大学（理・看護・健康科学部）
360 東洋大学（文・経済・経営・法・社会・国際・国際観光学部）
361 東洋大学（情報連携・福祉社会デザイン・健康スポーツ科・理工・総合情報・生命科・食環境科学部）
362 東洋大学（英語〈3日程×3カ年〉） 新
363 東洋大学（国語〈3日程×3カ年〉） 新
364 東洋大学（日本史・世界史〈2日程×3カ年〉） 新
365 東洋英和女学院大学
366 常磐大学・短期大学 総推
367 獨協大学
368 獨協医科大学（医学部） 医

な行（関東の大学）

369 二松学舎大学
370 日本大学（法学部）
371 日本大学（経済学部）
372 日本大学（商学部）
373 日本大学（文理学部〈文系〉）
374 日本大学（文理学部〈理系〉）
375 日本大学（芸術学部）
376 日本大学（国際関係学部）
377 日本大学（危機管理・スポーツ科学部）
378 日本大学（理工学部）
379 日本大学（生産工・工学部）
380 日本大学（生物資源科学部）
381 日本大学（医学部） 医
382 日本大学（歯・松戸歯学部）
383 日本大学（薬学部）
384 日本大学（医学部を除く−N全学統一方式）
385 日本医科大学 医
386 日本工業大学
387 日本歯科大学
388 日本社会事業大学 新 総推
389 日本獣医生命科学大学
390 日本女子大学
391 日本体育大学

は行（関東の大学）

392 白鷗大学（学業特待選抜・一般選抜）
393 フェリス女学院大学
394 文教大学
395 法政大学（法〈法律・政治〉・国際文化・キャリアデザイン学部−A方式）
396 法政大学（法〈国際政治〉・文・経営・人間環境・グローバル教養学部−A方式）
397 法政大学（経済・社会・現代福祉・スポーツ健康学部−A方式）
398 法政大学（情報科・デザイン工・理工・生命科学部−A方式）
399 法政大学（T日程〈統一日程〉・英語外部試験利用入試）
400 星薬科大学 総推

ま行（関東の大学）

401 武蔵大学
402 武蔵野大学
403 武蔵野美術大学
404 明海大学
405 明治大学（法学部−学部別入試）
406 明治大学（政治経済学部−学部別入試）
407 明治大学（商学部−学部別入試）
408 明治大学（経営学部−学部別入試）
409 明治大学（文学部−学部別入試）
410 明治大学（国際日本学部−学部別入試）
411 明治大学（情報コミュニケーション学部−学部別入試）
412 明治大学（理工学部−学部別入試）
413 明治大学（総合数理学部−学部別入試）
414 明治大学（農学部−学部別入試）
415 明治大学（全学部統一入試）
416 明治学院大学（A日程）
417 明治学院大学（全学部日程）
418 明治薬科大学 総推
419 明星大学
420 目白大学・短期大学部

ら・わ行（関東の大学）

421 立教大学（文系学部−一般入試〈大学独自の英語を課さない日程〉）
422 立教大学（国語〈3日程×3カ年〉）
423 立教大学（日本史・世界史〈2日程×3カ年〉）
424 立教大学（文学部−一般入試〈大学独自の英語を課す日程〉）
425 立教大学（理学部−一般入試）
426 立正大学
427 早稲田大学（法学部）
428 早稲田大学（政治経済学部）
429 早稲田大学（商学部）
430 早稲田大学（社会科学部）
431 早稲田大学（文学部）
432 早稲田大学（文化構想学部）
433 早稲田大学（教育学部〈文科系〉）
434 早稲田大学（教育学部〈理科系〉）
435 早稲田大学（人間科・スポーツ科学部）
436 早稲田大学（国際教養学部）
437 早稲田大学（基幹理工・創造理工・先進理工学部）
438 和洋女子大学 総推

中部の大学（50音順）

439 愛知大学
440 愛知医科大学（医学部） 医
441 愛知学院大学・短期大学部
442 愛知工業大学 総推
443 愛知淑徳大学
444 朝日大学 総推
445 金沢医科大学（医学部） 医
446 金沢工業大学
447 岐阜聖徳学園大学・短期大学部 総推
448 金城学院大学
449 至学館大学 総推
450 静岡理工科大学
451 椙山女学園大学
452 大同大学
453 中京大学
454 中部大学
455 名古屋外国語大学 総推
456 名古屋学院大学 総推
457 名古屋学芸大学 総推
458 名古屋女子大学・短期大学部 総推
459 南山大学（外国語〈英米〉・法・総合政策・国際教養学部）
460 南山大学（人文・外国語〈英米を除く〉・経済・経営・理工学部）
461 新潟国際情報大学
462 日本福祉大学
463 福井工業大学
464 藤田医科大学（医学部） 医
465 藤田医科大学（医療科・保健衛生学部）
466 名城大学（法・経営・経済・外国語・人間・都市情報学部）
467 名城大学（情報工・理工・農・薬学部）
468 山梨学院大学

近畿の大学（50音順）

469 追手門学院大学 総推
470 大阪医科薬科大学（医学部） 医
471 大阪医科薬科大学（薬学部） 総推
472 大阪学院大学 総推
473 大阪経済大学 総推
474 大阪経済法科大学 総推
475 大阪工業大学 総推
476 大阪国際大学・短期大学部 総推
477 大阪産業大学 総推
478 大阪歯科大学（歯学部）
479 大阪商業大学 総推
481 大阪成蹊大学・短期大学 総推
482 大谷大学 総推
483 大手前大学・短期大学 総推
484 関西大学（文系）
485 関西大学（理系）
486 関西大学（英語〈3日程×3カ年〉）
487 関西大学（国語〈3日程×3カ年〉）
488 関西大学（文系選択科目〈2日程×3カ年〉）
489 関西医科大学（医学部） 医
490 関西医療大学 総推
491 関西外国語大学・短期大学部 総推
492 関西学院大学（文・社会・法学部−学部個別日程）
493 関西学院大学（経済・人間福祉・国際学部−学部個別日程）
494 関西学院大学（神・商・教育・総合政策学部−学部個別日程）
495 関西学院大学（全学部日程〈文系型〉）
496 関西学院大学（全学部日程〈理系型〉）
497 関西学院大学（共通テスト併用日程・英数日程）
498 畿央大学 総推
499 京都外国語大学・短期大学 総推
500 京都光華女子大学・短期大学部 総推
501 京都産業大学（公募推薦入試） 総推
502 京都産業大学（一般選抜入試〈前期日程〉）
503 京都女子大学 総推
504 京都先端科学大学 総推
505 京都橘大学 総推
506 京都ノートルダム女子大学 総推
507 京都薬科大学 総推
508 近畿大学・短期大学部（医学部を除く−推薦入試） 総推
509 近畿大学・短期大学部（医学部を除く−一般入試前期）
510 近畿大学（英語〈医学部を除く3日程×3カ年〉） 新
511 近畿大学（理系数学〈医学部を除く3日程×3カ年〉） 新
512 近畿大学（国語〈医学部を除く3日程×3カ年〉） 新
513 近畿大学（医学部−推薦入試・一般入試前期） 医 総推
514 近畿大学・短期大学部（一般入試後期） 医
515 皇學館大学 総推
516 甲南大学 総推
517 神戸学院大学 総推
518 神戸国際大学 総推
519 神戸女学院大学 総推
520 神戸女子大学・短期大学 総推
521 神戸薬科大学 総推
522 四天王寺大学・短期大学部 総推
523 摂南大学（公募制推薦入試） 総推
524 摂南大学（一般選抜前期日程）
525 帝塚山学院大学 新 総推
526 同志社大学（法、グローバル・コミュニケーション学部−学部個別日程）
527 同志社大学（文・経済学部−学部個別日程）
528 同志社大学（神・商・心理・グローバル地域文化学部−学部個別日程）
529 同志社大学（社会学部−学部個別日程）

2024年版　大学入試シリーズ（赤本）

私立大学③

530 同志社大学（政策・文化情報〈文系型〉・スポーツ健康科〈文系型〉学部－学部個別日程）
531 同志社大学（理工・生命医科・文化情報〈理系型〉・スポーツ健康科〈理系型〉学部－学部個別日程）
532 同志社大学（全学部日程）
533 同志社女子大学 総推
534 奈良大学 総推
535 奈良学園大学 総推
536 阪南大学 総推
537 姫路獨協大学 総推
538 兵庫医科大学（医学部） 医
539 兵庫医科大学（薬・看護・リハビリテーション学部） 総推
540 佛教大学 総推
541 武庫川女子大学・短期大学部 総推
542 桃山学院大学／桃山学院教育大学 総推
543 大和大学・大和大学白鳳短期大学 総推
544 立命館大学（文系－全学統一方式・学部個別配点方式）／立命館アジア太平洋大学（前期方式・英語重視方式）
545 立命館大学（理系－全学統一方式・学部個別配点方式・理系型3教科方式・薬学方式）
546 立命館大学（英語〈全学統一方式3日程×3カ年〉）
547 立命館大学（国語〈全学統一方式3日程×3カ年〉）
548 立命館大学（文系選択科目〈全学統一方式2日程×3カ年〉）
549 立命館大学（IR方式〈英語資格試験利用型〉・共通テスト併用方式）／立命館アジア太平洋大学（共通テスト併用方式）
550 立命館大学（後期分割方式・「経営学部で学ぶ感性＋共通テスト」方式）／立命館アジア太平洋大学（後期方式）
551 龍谷大学・短期大学部（公募推薦入試） 総推
552 龍谷大学・短期大学部（一般選抜入試）

中国の大学（50音順）

553 岡山商科大学 総推
554 岡山理科大学 総推
555 川崎医科大学 医
556 吉備国際大学 総推
557 就実大学 総推
558 広島経済大学
560 広島国際大学 総推
561 広島修道大学
562 広島文教大学 総推
563 福山大学／福山平成大学
564 安田女子大学・短期大学 総推

四国の大学（50音順）

565 徳島文理大学
566 松山大学

九州の大学（50音順）

567 九州産業大学
568 九州保健福祉大学 総推
569 熊本学園大学
570 久留米大学（文・人間健康・法・経済・商学部）
571 久留米大学（医学部〈医学科〉） 医
572 産業医科大学（医学部） 医
573 西南学院大学（商・経済・法・人間科学部－A日程）
574 西南学院大学（神・外国語・国際文化学部－A日程／全学部－F日程）
575 福岡大学（医学部医学科を除く－学校推薦型選抜・一般選抜系統別日程） 総推
576 福岡大学（医学部医学科を除く－一般選抜前期日程）
577 福岡大学（医学部〈医学科〉－学校推薦型選抜・一般選抜系統別日程） 医 総推
578 福岡工業大学
579 令和健康科学大学 総推

医 医学部医学科を含む
総推 総合型選抜または学校推薦型選抜を含む
DL リスニング音声配信　新 2023年 新刊・復刊

掲載している入試の種類や試験科目，収載年数などはそれぞれ異なります。詳細については，それぞれの本の目次や赤本ウェブサイトでご確認ください。

akahon.net

赤本｜ 検索

難関校過去問シリーズ

出題形式別・分野別に収録した

「入試問題事典」

19大学 71点

定価2,310～2,530円（本体2,100～2,300円）

先輩合格者はこう使った！
「難関校過去問シリーズの使い方」

61年，全部載せ！
要約演習で，
総合力を鍛える

東大の英語
要約問題 UNLIMITED

国公立大学

東大の英語25カ年［第11版］
東大の英語リスニング20カ年［第8版］ CD
東大の英語 要約問題 UNLIMITED
東大の文系数学25カ年［第11版］
東大の理系数学25カ年［第11版］
東大の現代文25カ年［第11版］
東大の古典25カ年［第11版］
東大の日本史25カ年［第8版］
東大の世界史25カ年［第8版］
東大の地理25カ年［第8版］
東大の物理25カ年［第8版］
東大の化学25カ年［第8版］
東大の生物25カ年［第8版］
東工大の英語20カ年［第7版］
東工大の数学20カ年［第8版］
東工大の物理20カ年［第4版］
東工大の化学20カ年［第4版］
一橋大の英語20カ年［第8版］
一橋大の数学20カ年［第8版］
一橋大の国語20カ年［第5版］
一橋大の日本史20カ年［第5版］
一橋大の世界史20カ年［第5版］
京大の英語25カ年［第12版］ 改
京大の文系数学25カ年［第12版］ 改
京大の理系数学25カ年［第12版］ 改
京大の現代文25カ年［第2版］ 改
京大の古典25カ年［第2版］ 改
京大の日本史20カ年［第3版］ 改
京大の世界史20カ年［第3版］ 改
京大の物理25カ年［第9版］ 改
京大の化学25カ年［第9版］ 改
北大の英語15カ年［第8版］ 改
北大の理系数学15カ年［第8版］ 改
北大の物理15カ年［第2版］ 改
北大の化学15カ年［第2版］ 改
東北大の英語15カ年［第8版］ 改
東北大の理系数学15カ年［第8版］ 改
東北大の物理15カ年［第2版］ 改
東北大の化学15カ年［第2版］ 改
名古屋大の英語15カ年［第8版］ 改
名古屋大の理系数学15カ年［第8版］ 改
名古屋大の物理15カ年［第2版］ 改
名古屋大の化学15カ年［第2版］ 改
阪大の英語20カ年［第9版］ 改
阪大の文系数学20カ年［第3版］ 改
阪大の理系数学20カ年［第9版］ 改
阪大の国語15カ年［第3版］ 改
阪大の物理20カ年［第8版］ 改
阪大の化学20カ年［第6版］ 改
九大の英語15カ年［第8版］ 改
九大の理系数学15カ年［第7版］ 改
九大の物理15カ年［第2版］ 改
九大の化学15カ年［第2版］ 改
神戸大の英語15カ年［第9版］ 改
神戸大の数学15カ年［第5版］ 改
神戸大の国語15カ年［第3版］ 改

私立大学

早稲田の英語［第10版］
早稲田の国語［第8版］
早稲田の日本史［第8版］
早稲田の世界史
慶應の英語［第10版］
慶應の小論文［第2版］
明治大の英語［第8版］
明治大の国語
明治大の日本史
中央大の英語［第8版］
法政大の英語［第8版］
同志社大の英語［第10版］ 改
立命館大の英語［第10版］ 改
関西大の英語［第10版］ 改
関西学院大の英語［第10版］ 改

CD リスニングCDつき
改 2023年 改訂

共通テスト対策関連書籍

共通テスト対策も赤本で

① 過去問演習

2024年版

共通テスト赤本シリーズ

全13点

A5判／定価1,210円
（本体1,100円）

- これまでの共通テスト本試験 全日程収載!!＋プレテストも
- 英語・数学・国語には，本書オリジナル模試も収載！
- 英語はリスニングを11回分収載！ 赤本の音声サイトで本番さながらの対策！

- 英語 リスニング／リーディング※1 DL
- 数学I・A／II・B※2
- 国語※2
- 日本史B
- 世界史B
- 地理B
- 現代社会
- 倫理，政治・経済／倫理
- 政治・経済
- 物理／物理基礎
- 化学／化学基礎
- 生物／生物基礎
- 地学基礎
  付録：地学

DL 音声無料配信　※1 模試2回分収載　※2 模試1回分収載

② 自己分析

赤本ノートシリーズ 過去問演習の効果を最大化

▶共通テスト対策には

赤本ノート（共通テスト用）　赤本ルーズリーフ（共通テスト用）

共通テスト赤本シリーズ
Smart Start シリーズ
全28点に対応!!

▶二次・私大対策には

大学入試シリーズ
全555点に対応!!

赤本ノート（二次・私大用）

③ 重点対策

Smart Start シリーズ

共通テスト スマート対策 3訂版

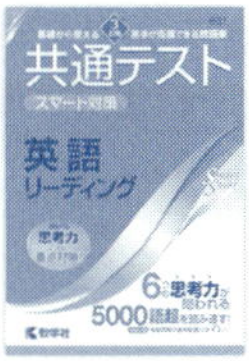

基礎固め＆苦手克服のための**分野別対策問題集**!!

- 英語（リーディング） DL
- 英語（リスニング） DL
- 数学I・A
- 数学II・B
- 国語（現代文）
- 国語（古文・漢文）
- 日本史B
- 世界史B
- 地理B
- 現代社会
- 物理
- 化学
- 生物
- 化学基礎・生物基礎
- 生物基礎・地学基礎

DL 音声無料配信

共通テスト本番の内容を反映！
全15点 好評発売中！

A5判／定価1,210円（本体1,100円）

手軽なサイズの実戦的参考書

目からウロコのコツが満載！
直前期にも！

満点のコツ シリーズ

赤本ポケット

いつも受験生のそばに──赤本

大学入試シリーズ+α
入試対策も共通テスト対策も赤本で

入試対策
赤本プラス

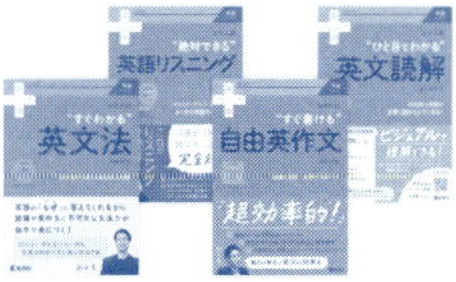

赤本プラスとは，過去問演習の効果を最大にするためのシリーズです。「赤本」であぶり出された弱点を，赤本プラスで克服しましょう。

大学入試 すぐわかる英文法 DL
大学入試 ひと目でわかる英文読解
大学入試 絶対できる英語リスニング DL
大学入試 すぐ書ける自由英作文
大学入試 ぐんぐん読める英語長文〔BASIC〕
大学入試 ぐんぐん読める英語長文〔STANDARD〕
大学入試 ぐんぐん読める英語長文〔ADVANCED〕
大学入試 最短でマスターする
数学I・II・III・A・B・C 新 ◎
大学入試 突破力を鍛える最難関の数学 新 ◎
大学入試 ちゃんと身につく物理 新 ◎
大学入試 もっと身につく物理問題集
(①力学・波動) 新 ◎
大学入試 もっと身につく物理問題集
(②熱力学・電磁気・原子) 新 ◎

入試対策
英検®赤本シリーズ

英検®（実用英語技能検定）の対策書。
過去問集と参考書で万全の対策ができます。

▶**過去問集（2023年度版）**
英検®準1級過去問集 DL
英検®2級過去問集 DL
英検®準2級過去問集 DL
英検®3級過去問集 DL

▶**参考書**
竹岡の英検®準1級マスター DL
竹岡の英検®2級マスター CD DL
竹岡の英検®準2級マスター CD DL
竹岡の英検®3級マスター CD DL

入試対策
赤本プレミアム

「これぞ京大!」という問題・テーマのみで構成したベストセレクションの決定版!

京大数学プレミアム〔改訂版〕
京大古典プレミアム

CD リスニングCDつき　DL 音声無料配信
新 2023年刊行　◎ 新課程版

入試対策
赤本メディカルシリーズ

過去問を徹底的に研究し，独自の出題傾向をもつメディカル系の入試に役立つ内容を精選した実戦的なシリーズ。

〔国公立大〕医学部の英語〔3訂版〕
私立医大の英語〔長文読解編〕〔3訂版〕
私立医大の英語〔文法・語法編〕〔改訂版〕
医学部の実戦小論文〔3訂版〕
〔国公立大〕医学部の数学
私立医大の数学
医歯薬系の英単語〔4訂版〕
医系小論文 最頻出論点20〔3訂版〕
医学部の面接〔4訂版〕

入試対策
体系シリーズ

国公立大二次・難関私大突破へ，自学自習に適したハイレベル問題集。

体系英語長文	体系日本史
体系英作文	体系世界史
体系数学I・A	体系物理〔第6版〕
体系数学II・B	体系物理〔第7版〕 新 ◎
体系現代文	体系化学〔第2版〕
体系古文	体系生物

入試対策
単行本

▶**英語**
Q&A即決英語勉強法
TEAP攻略問題集 CD
東大の英単語〔新装版〕
早慶上智の英単語〔改訂版〕

▶**数学**
稲荷の独習数学

▶**国語・小論文**
著者に注目! 現代文問題集
ブレない小論文の書き方 樋口式ワークノート

▶**理科**
折戸の独習物理

▶**レシピ集**
奥薗壽子の赤本合格レシピ

入試対策　共通テスト対策
赤本手帳

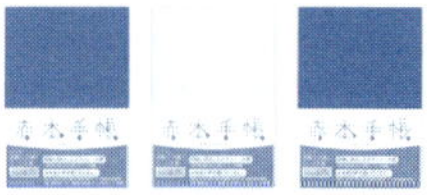

赤本手帳（2024年度受験用）プラムレッド
赤本手帳（2024年度受験用）インディゴブルー
赤本手帳（2024年度受験用）ナチュラルホワイト

入試対策
風呂で覚えるシリーズ

水をはじく特殊な紙を使用。いつでもどこでも読めるから，ちょっとした時間を有効に使える!

風呂で覚える英単語〔4訂新装版〕
風呂で覚える英熟語〔改訂新装版〕
風呂で覚える古文単語〔改訂新装版〕
風呂で覚える古文文法〔改訂新装版〕
風呂で覚える漢文〔改訂新装版〕
風呂で覚える日本史〔年代〕〔改訂新装版〕
風呂で覚える世界史〔年代〕〔改訂新装版〕
風呂で覚える倫理〔改訂版〕
風呂で覚える化学〔3訂新装版〕
風呂で覚える百人一首〔改訂版〕

共通テスト対策
満点のコツシリーズ

共通テストで満点を狙うための実戦的参考書。
重要度の増したリスニング対策は
「カリスマ講師」竹岡広信が一回読みにも
対応できるコツを伝授!

共通テスト英語〔リスニング〕満点のコツ CD DL
共通テスト古文 満点のコツ
共通テスト漢文 満点のコツ
共通テスト化学基礎 満点のコツ
共通テスト生物基礎 満点のコツ

入試対策　共通テスト対策
赤本ポケットシリーズ

▶**共通テスト対策**
共通テスト日本史〔文化史〕

▶**系統別進路ガイド**
デザイン系学科をめざすあなたへ
心理学科をめざすあなたへ〔改訂版〕